HARRAP'S

German Verbs

Compiled by
LEXUS
with
Horst Kopleck

HARRAP
London

Distributed in the United States by
PRENTICE HALL
New York

First published in Great Britain 1988
by HARRAP BOOKS Ltd
Chelsea House, 26 Market Square, Bromley, Kent BR1 1NA

© *Harrap Books Limited* 1988

Reprinted 1989 (twice)

ISBN 0 245-54629-4

In the United States, ISBN 0-13-382953-7

Library of Congress Cataloging-in-Publication Data

Harrap's German verbs / compiled by Lexus with Horst Kopleck.
p.   cm.
ISBN 0-13-382953-7 (Prentice Hall) : $4.95
1. German language — Verb — Tables. 2. German language —
Textbooks for foreign speakers — English.
I. Kopleck, Horst. II. Lexus (Firm).
PF3271.H34 1988
438.2'421 — dc20   89-70898
                                                                   CIP

Printed and bound in Great Britain by
Richard Clay Ltd, Bungay, Suffolk

CONTENTS

A GLOSSARY OF GRAMMATICAL TERMS   v

INTRODUCTION   ix

    A.   TYPES OF VERB   ix

    B.   USE OF TENSES   x

    C.   MODAL VERBS   xiv

    D.   *du, ihr* OR *Sie*?   xv

    E.   VERBS WHICH TAKE EITHER
       'SEIN' OR 'HABEN'   xvi

    F.   THE PASSIVE   xvii

    G.   PREFIXES   xix

    H.   VERBS TAKING THE DATIVE   xxi

    I.   VERBS FOLLOWED BY
       PREPOSITIONS   xxii

VERB TABLES   xxv

INDEX   *following verb 207*

A GLOSSARY OF GRAMMATICAL TERMS

ACTIVE
The active form of a verb is the basic form as in *I remember him*. It is normally opposed to the passive form of the verb as in *he will be remembered*.

AUXILIARY
Auxiliary verbs are used to form compound tenses of other verbs, eg **have** in *I have seen* or **will** in *she will go*. The main auxiliary verbs in German are **sein**, **haben** and **werden**.

COMPOUND
Compound tenses are verb tenses consisting of more than one element. In German, the compound tenses of a verb are formed by the **auxiliary** verb and the **past participle** and/or **infinitive**: *ich habe gesehen, er ist gekommen, er wird kommen*.

CONDITIONAL
This mood is used to describe what someone would do, or something that would happen if a condition were fulfilled (eg *I would come if I was well*; *the chair would have broken if he had sat on it*).

CONJUGATION
The conjugation of a verb is the set of different forms taken in the particular tenses or moods of that verb.

DIRECT OBJECT
A noun or a pronoun which in English follows a verb without any linking preposition, eg *I met a friend*. In German the direct object is always in the accusative case, eg *ich kenne ihn* (*I know him*). Note that in English a preposition is often omitted, eg *I sent him a present* — *him* is equivalent to *to him* — *a present* is the direct object.

ENDING
The ending of a verb is determined by the **person** (1st, 2nd, 3rd) and **number** (singular/plural) of its subject.

IMPERATIVE
A mood used for giving orders (eg *stop!*, *don't go!*) or for making suggestions (eg *let's go*).

INDICATIVE
The normal form of a verb as in *I like*, *he came*, *we are trying*. It is opposed to the subjunctive, conditional and imperative.

INFINITIVE
The infinitive is the form of the verb as found in dictionaries. Thus *to eat*, *to finish*, *to take* are infinitives. In German, all infinitives end in -n: *leben*, *gehen*, *lächeln*, *ärgern*.

MOOD
The name given to the four main areas within which a verb is conjugated. See INDICATIVE, SUBJUNCTIVE, CONDITIONAL, IMPERATIVE.

OBJECT
See DIRECT OBJECT.

PASSIVE
A verb is used in the passive when the subject of the verb does not perform the action but is subjected to it. In English, the passive is formed with a part of the verb *to be* and the past participle of the verb, eg *he was rewarded*.

PAST PARTICIPLE
The past participle of a verb is the form which is used after *to have* in English, eg *I have **eaten**, I have **said**, you have **tried***.

PERSON
In any tense, there are three persons in the singular (1st: *I* ..., 2nd: *you* ..., 3rd: *he/she* ...), and three in the plural (1st: *we* ..., 2nd: *you* ..., 3rd: *they* ...).

PRESENT PARTICIPLE
The present participle is the verb form which ends in *-ing* in English (*-end* in German).

REFLEXIVE
Reflexive verbs 'reflect' the action back onto the subject (eg *I dressed myself*). They are always found with a reflexive pronoun and are more common in German than in English.

SUBJUNCTIVE	The subjunctive is a verb form which is rarely used in English (eg *if I were you*, *God save the Queen*). It is more common in German.
SUBORDINATE CLAUSE	A group of words with a subject and a verb which is dependent on another clause. For example, in *he said he would leave*, *he would leave* is the subordinate clause dependent on *he said*.
STEM	See VERB STEM.
TENSE	Verbs are used in tenses, which indicate when an action takes place, eg in the present, the past, the future.
VERB STEM	The stem of a verb is its 'basic unit' to which the various endings are added. To find the stem of a German verb, remove *-en* or *-n* from the infinitive. The stem of *sagen* is *sag*, the stem of *ärgern* is *ärger*.
VOICE	The two voices of a verb are its active and passive forms.

INTRODUCTION

A. TYPES OF VERB

There are two main types of verb in German, generally referred to as weak verbs and strong verbs.

The main difference between these two types is in the formation of the imperfect tense and of the past participle: the weak verbs add a characteristic **-t-** to the verb stem (= infinitive without **-(e)n** ending); strong verbs change the stem vowel when forming the imperfect tense and past participle, for example:

		imperfect	past participle
weak:	**packen**	**ich packte**	**gepackt**
strong:	**singen**	**ich sang**	**gesungen**

As you can see, these two basic types of verb are similar to the two basic verb types in English (from the examples above, English pack – packed – packed and sing – sang – sung).

This similarity of verb form between English and German is very helpful in learning German verbs – but it does not always apply. However, if an English and German verb have the same root, eg **packen** (to pack), **singen** (to sing), **sagen** (to say), **lieben** (to love), the likelihood is that they will both be of the same type. Exceptions such as **helfen** (strong in German) and help (weak in English) should warn you to check if in doubt.

By far the largest number of verbs belong to the weak group. New creations are always weak, eg **managen** – **gemanagt** (to manage). Many strong verbs, however, are very common verbs, eg **sein** (to be), **gehen** (to go) *etc*, and their parts have to be learnt.

In German there is also a group of what is known as 'mixed verbs'. There are nine of these:

brennen (to burn)	**rennen** (to run)
bringen (to bring)	**senden** (to send)
denken (to think)	**wenden** (to turn)
kennen (to know)	**wissen** (to know)
nennen (to name)	

These verbs share some of the features of strong verbs and some of the features of weak verbs. Their full forms are given in the verb tables.

B. USE OF TENSES

The following section gives explanations and examples of usage of the various verb tenses and moods that are listed in the verb tables in this book.

1. The **PRESENT TENSE** is used:

   i) to express present states or actions:

   ich fühle mich schlecht
   I feel ill

   es regnet
   it rains/it is raining

   ii) to express general or universal truths:

   Sabine hört gern Rockmusik
   Sabine likes rock music

   Zeit ist Geld
   time is money

   iii) as a very common way in German of expressing the future:

   ich bin gleich zurück
   I'll be right back

   du bekommst einen Brief
   you'll be getting a letter

2. The **IMPERFECT TENSE** is the standard tense for stories, novels and newspaper reports:

   er ging die Straße entlang
   he went along the road

   der sowjetische Außenminister traf gestern in Bonn ein
   the Soviet foreign secretary arrived in Bonn yesterday

   The imperfect tense is the one most commonly used with **sein**, **haben** and the modal verbs when referring to the past:

   das war klasse!
   that was great!

   es war die einzige, die sie hatten
   it was the only one they had

   ich konnte es kaum glauben
   I could hardly believe it

3.   The **PERFECT TENSE** is the standard tense for conversation
     when talking about the past (with the exception of the use of
     haben, **sein** and the modals as shown in 2.):

> **hast du ihn gesehen?**　　　**wann ist sie angekommen?**
> did you see him?　　　　　　　when did she arrive?

This does not mean to say that the imperfect cannot be used in
German in conversation. If, for example, you are relating a series
of events then it is quite in order to use the imperfect (it's like
telling a story). But for single utterances as in the two examples
above, the use of the imperfect would sound odd.

4.   The **PLUPERFECT TENSE** is used to refer to events that
     happened before a particular time in the past:

> **nachdem wir den Film gesehen hatten, gingen wir ins Café**
> after we had seen the film we went to a café

5.   The **FUTURE TENSE** is used to express future matters but is less
     common in German than in English (see 1iii above). The future as
     in:

> **ich werde ihn morgen treffen**
> I'm going to meet him tomorrow

is very often expressed by the present:

> **ich treffe ihn morgen**
> I'm meeting him tomorrow

It is also used to express suppositions about the present:

> **er hört mich nicht, er wird das Radio an haben**
> he can't hear me, he's probably got the radio on

6.   The **FUTURE PERFECT TENSE** is used to refer to an event that
     will be completed at some stage in the future (as in 'I will have
     done it by Monday'). It is also commonly used in German to
     express a supposition about the present:

> **er wird es vergessen haben**
> he'll have forgotten it

7.   The **CONDITIONAL** is used to refer to what would happen or
     what someone would do under certain circumstances:

> **wenn das passiert, würde ich mich sehr freuen**
> if that happened, I would be very pleased

das würden wir nicht akzeptieren
we wouldn't accept that

8. The **SUBJUNCTIVE** is mainly used:

   i) in conditional statements where the condition is unlikely to be fulfilled:

   wenn ich mehr Zeit hätte, ginge ich öfter spazieren
   if I had more time, I would go for more walks

   wenn er mich gefragt hätte, hätte ich ihm das Geld geliehen
   if he had asked me, I would have lent him the money

   wenn es nur schon Weihnachten wäre
   if only it were Christmas

   ii) in formal German, eg news bulletins, for reported statements or what is known as 'indirect speech':

   | direct speech: | I will go there |
   | indirect speech: | he said he would go there |

   The indirect speech usually comes after a verb of speaking or asking. In German, this is the only time when the introductory **daß** may be omitted; if there is no **daß** the sentence keeps the normal word order:

   der Minister erklärte, daß dies unmöglich sei/wäre
   the minister said that this was impossible

   der Minister erklärte, dies sei/wäre unmöglich
   the minister said this was impossible

   The choice of tense for the indirect statement depends on the tense of the original direct speech as shown in the following table:

indicative tense of direct speech	subjunctive tense of indirect speech
present	present or imperfect
imperfect, perfect or pluperfect	perfect, pluperfect
future	future, **würde** + infinitive

Examples:

ich finde es schwierig I find it difficult	**er hat gesagt, er finde/fände es schwierig** he said he found it difficult
ich fand es schwierig	
ich habe es schwierig gefunden	**er hat gesagt, er habe/hätte es schwierig gefunden**
ich hatte es schwierig gefunden	
ich werde es schwierig finden	**er hat gesagt, er werde/würde es schwierig finden**

9. The uses of the ***PARTICIPLES***:

   i) The PRESENT PARTICIPLE is used mainly as an adjective either before the noun or after **sein**:

   eine ansteckende Krankheit
   an infectious disease

   diese Krankheit ist ansteckend
   this disease is infectious

   ii) The PAST PARTICIPLE, apart from its use to form tenses, is also used as an adjective:

   das verdammte Auto   **seine gesammelten Werke**
   that damned car   his collected works

10. The ***IMPERATIVE*** (normally followed by an exclamation mark in German) is used to give orders or to make suggestions. The order of the imperatives given in the verb tables is: **du** form; **ihr** form; **Sie** form and **wir** form:

    komm her!
    come here!

    kommt doch mit!
    why don't you (all) come with us?

    bleiben Sie stehen!
    stop!

    gehen wir!
    let's go

    In the verb tables you will see that an optional 'e' is given in brackets. In ordinary conversation or normal spoken German the 'e' is omitted.

C. MODAL VERBS

The German modal verbs are:

dürfen	to be allowed to
können	to be able to
mögen	to like to
müssen	to have to
sollen	to be supposed to
wollen	to want to

A major feature of modal verbs is that when they are used together with another verb, this verb is in the infinitive:

ich darf kein Salz essen
I'm not allowed to eat salt

er soll morgen abreisen
he is supposed to leave tomorrow

ich habe ihn nicht verstehen können
I wasn't able to understand him

D. *du, ihr* OR *Sie*?

du and **ihr** are familiar forms of the second person and are used to address members of your family, other relatives, friends. Adults address children by **du** as do children each other; it is always used to animals. It is also used to address God or saints.

Sie is both singular and plural and is used to address people with whom you are not on **du** terms.

ihr is often used when talking to a group of people when you are only on **du** terms with some of them; it is not a faux pas to use **ihr** in this case, though you might revert to **Sie** when addressing one of the group individually.

E. VERBS WHICH TAKE EITHER 'SEIN' OR 'HABEN'

1. Many verbs of motion can form their perfect tense with **sein** or **haben**, depending on the sense. Motion from one place to another requires **sein**, motion seen as a way of spending time takes **haben**, for example:

> **sie sind nach Griechenland gesegelt**
> they sailed to Greece

> **im Urlaub hat er jeden Tag gesegelt**
> on holiday he went sailing every day

2. Some verbs of motion can be used both transitively and intransitively; in the first case they are conjugated with **haben**, in the second with **sein**:

> **gestern hat er den Wagen gefahren**
> he drove the car yesterday

> **sie ist nach Hause gefahren**
> she drove home

> **er hat das Rohr gebogen**
> he bent the pipe

> **sie ist um die Ecke gebogen**
> she went round the corner

F. THE PASSIVE

In the passive the active form ('he does it') is turned round so that the object becomes subject ('it was done by him').

There are two forms of the passive in German: the passive of action and the passive of state. The first (formed with **werden**) emphasises the action that was carried out, the second (formed with **sein**) denotes the result:

> **die Vase wurde zerbrochen**
> the vase was broken (*ie when it fell, when he knocked it over etc*)

> **die Vase war zerbochen**
> the vase was broken (*ie was in a broken state*)

When an agent is mentioned (who it was done by) the passive formed with **werden** must be used:

> **diese Wohnungen werden von der Stadt gebaut**
> these flats are being built by the council

but:

> **unser Haus ist schon gebaut**
> our house is already built

Here is a full conjugation of a verb in the passive:

GEBRAUCHT WERDEN
to be used/needed

PRESENT	**IMPERFECT**	**FUTURE**
ich werde gebraucht	ich wurde gebraucht	ich werde gebraucht werden
du wirst gebraucht	du wurdest gebraucht	du wirst gebraucht werden
er/sie wird gebraucht	er/sie wurde gebraucht	er/sie wird gebraucht werden
wir werden gebraucht	wir wurden gebraucht	wir werden gebraucht werden
ihr werdet gebraucht	ihr wurdet gebraucht	ihr werdet gebraucht werden
Sie werden gebraucht	Sie wurden gebraucht	Sie werden gebraucht werden
sie werden gebraucht	sie wurden gebraucht	sie werden gebraucht werden

PERFECT	**PLUPERFECT**	**CONDITIONAL**
ich bin gebraucht worden	ich war gebraucht worden	ich würde gebraucht (werden)
du bist gebraucht worden	du warst gebraucht worden	du würdest gebraucht (werden)
er/sie ist gebraucht worden	er/sie war gebraucht worden	er/sie würde gebraucht (werden)
wir sind gebraucht worden	wir waren gebraucht worden	wir würden gebraucht (werden)
ihr seid gebraucht worden	ihr wart gebraucht worden	ihr würdet gebraucht (werden)
Sie sind gebraucht worden	Sie waren gebraucht worden	Sie würden gebraucht (werden)
sie sind gebraucht worden	sie waren gebraucht worden	sie würden gebraucht (werden)

SUBJUNCTIVE

PRESENT	**PERFECT**
ich werde gebraucht	ich würde gebraucht
du werdest gebraucht	du würdest gebraucht
er/sie werde gebraucht	er/sie würde gebraucht
wir werden gebraucht	wir würden gebraucht
ihr werdet gebraucht	ihr würdet gebraucht
Sie werden gebraucht	Sie würden gebraucht
sie werden gebraucht	sie würden gebraucht

IMPERFECT	**PLUPERFECT**
ich sei gebraucht worden	ich wäre gebraucht worden
du sei(e)st gebraucht worden	du wär(e)st gebraucht worden
er/sie sei gebraucht worden	er/sie wäre gebraucht worden
wir seien gebraucht worden	wir wären gebraucht worden
ihr seiet gebraucht worden	ihr wär(e)t gebraucht worden
Sie seien gebraucht worden	Sie wären gebraucht worden
sie seien gebraucht worden	sie wären gebraucht worden

INFINITIVE

PRESENT
gebraucht werden

PAST
gebraucht worden sein

PARTICIPLE

PRESENT
gebraucht werdend

PAST
gebraucht worden

IMPERATIVE

werde gebraucht!
werdet gebraucht!
werden Sie gebraucht!
werden wir gebraucht!

FUTURE PERFECT

ich werde gebraucht worden sein
du wirst gebraucht worden sein *etc*

G. PREFIXES

1. The *INSEPARABLE PREFIXES* are:

be-	**ge-**
emp-	**miß-**
ent-	**ver-**
er-	**zer-**

The two main features about inseparable prefixes are that they are never separated off from the verb and that a verb with an inseparable prefix has no **ge-** in the past participle:

er hat es mir empfohlen
he recommended it to me

ich bat ihn, mir ein Restaurant zu empfehlen
I asked him to recommend a restaurant to me

die Software hat versagt
the software failed

2. All other common prefixes are *SEPARABLE*. This means that they separate off from the verb as shown in the following examples with the separable verb **mitkommen**:

sie kommt mit
she's coming too

kommst du mit?
are you coming?

wir kommen nicht mit
we're not coming

kommen Sie mit!
come with me/us

But with modal verbs and in subordinate clauses these verbs do not separate:

ich kann leider nicht mitkommen
I'm afraid I can't come

ich weiß nicht, ob er mitkommt
I don't know whether he's coming

The past participle for verbs with a separable prefix is formed with the **-ge-** coming between the prefix and verb stem:

mitkommen – mitgekommen
anfangen – angefangen

sie haben schon angefangen
they have already begun

When a verb with a separable prefix is in the infinitive form and is used with **zu**, the **zu** comes between the prefix and the verb stem:

er bat uns mitzukommen
he asked us to come too

er versuchte, den Weg abzukürzen
he tried to take a short cut

3.   The following prefixes can either be *SEPARABLE* or *INSEPARABLE*:

durch-	**unter-**
hinter-	**wider-**
über-	**voll-**
um-	

In most such cases the separable and inseparable verbs have different meanings:

der Gärtner gräbt den Dung unter
the gardener digs the dung in

but:

er untergräbt seine Gesundheit
he is undermining his health

Usually the separable verb has a concrete, physical meaning, the inseparable verb a figurative meaning.

H. VERBS TAKING THE DATIVE

Here is a list of many of the commoner verbs that take a dative object as in:

er folgt mir
he is following me

ich glaube ihr nicht
I don't believe her

auffallen	to strike, be noticed
ausweichen	to get out of the way of
befehlen	to order
begegnen	to meet
danken	to thank
dienen	to serve
empfehlen	to recommend
erlauben	to allow
fehlen	to be lacking
folgen	to follow
gefallen	to please
gehorchen	to obey
gehören	to belong to
gelingen	to succeed
genügen	to be enough for
glauben	to believe
gratulieren	to congratulate
helfen	to help
mißtrauen	to distrust
passen	to suit
raten	to advise
reichen	to be enough for
schaden	to harm
schmeicheln	to flatter
trauen	to trust
verbieten	to forbid
versichern	to assure
vertrauen	to trust
verzeihen	to forgive
vorstehen	to preside over
weh tun	to hurt
widersprechen	to contradict
widerstehen	to resist
zusehen	to watch
zustimmen	to agree to

I. VERBS FOLLOWED BY PREPOSITIONS

Many German verbs are followed by prepositions. Very often these are not the obvious ones from the English equivalent and should be learnt – along with the case if necessary – with the verb. Here is a list of some of the commoner verbs with prepositions:

1. **an** + *acc*

denken an	to think of (*have in one's mind*)
sich erinnern an	to remember
erinnern an	to remind
sich gewöhnen an	to become accustomed to
leiden an	to suffer from (disease)

2. **an** + *dat*

es fehlt an	there is a lack of
leiden an	to suffer from (disease)

3. **auf** + *acc*

achtgeben auf	to pay attention to
aufpassen auf	to keep an eye on
sich beschränken auf	to restrict oneself to
sich freuen auf	to look forward to
hoffen auf	to hope for
reagieren auf	to react to
rechnen auf	to count on
sich verlassen auf	to rely upon
verzichten auf	to renounce
warten auf	to wait for

4. **auf** + *dat*

bestehen auf	to insist upon

5. **aus** + *dat*

bestehen aus	to consist of

6. **für** + *acc*

sich bedanken für	to say thank you for
sich einsetzen für	to do a lot for
sich entscheiden für	to decide in favour of
halten für	to consider
sich interessieren für	to be interested in
sorgen für	to look after

7. **mit** + *dat*
   aufhören mit — to stop doing
   einverstanden sein mit — to be in agreement with
   rechnen mit — to count on

8. **nach** + *dat*
   fragen nach — to ask for
   schmecken nach — to taste of
   suchen nach — to look for

9. **über** + *acc*
   sich freuen über — to be pleased at
   lachen über — to laugh at
   nachdenken über — to reflect upon

10. **um** + *acc*
    sich kümmern um — to care for
    sich sorgen um — to be worried about
    es geht um — it is a matter of
    es handelt sich um — it is a matter of

11. **unter** + *dat*
    leiden unter — to suffer from (noise etc)
    verstehen unter — to understand by

12. **von** + *dat*
    abhängen von — to be dependent on
    sich erholen von — to recuperate from
    handeln von — to be about

13. **vor** + *dat*
    sich fürchten vor — to be afraid of

14. **zu** + *dat*
    beitragen zu — to contribute to
    sich entschließen zu — to decide upon

VERB TABLES

ABLEHNEN
to reject, decline

PRESENT	**IMPERFECT**	**FUTURE**
ich lehne ab	ich lehnte ab	ich werde ablehnen
du lehnst ab	du lehntest ab	du wirst ablehnen
er/sie lehnt ab	er/sie lehnte ab	er/sie wird ablehnen
wir lehnen ab	wir lehnten ab	wir werden ablehnen
ihr lehnt ab	ihr lehntet ab	ihr werdet ablehnen
Sie lehnen ab	Sie lehnten ab	Sie werden ablehnen
sie lehnen ab	sie lehnten ab	sie werden ablehnen

PERFECT	**PLUPERFECT**	**CONDITIONAL**
ich habe abgelehnt	ich hatte abgelehnt	ich würde ablehnen
du hast abgelehnt	du hattest abgelehnt	du würdest ablehnen
er/sie hat abgelehnt	er/sie hatte abgelehnt	er/sie würde ablehnen
wir haben abgelehnt	wir hatten abgelehnt	wir würden ablehnen
ihr habt abgelehnt	ihr hattet abgelehnt	ihr würdet ablehnen
Sie haben abgelehnt	Sie hatten abgelehnt	Sie würden ablehnen
sie haben abgelehnt	sie hatten abgelehnt	sie würden ablehnen

SUBJUNCTIVE

PRESENT	**PERFECT**
ich lehne ab	ich habe abgelehnt
du lehnest ab	du habest abgelehnt
er/sie lehne ab	er/sie habe abgelehnt
wir lehnen ab	wir haben abgelehnt
ihr lehnet ab	ihr habet abgelehnt
Sie lehnen ab	Sie haben abgelehnt
sie lehnen ab	sie haben abgelehnt

IMPERFECT	**PLUPERFECT**
ich lehnte ab	ich hätte abgelehnt
du lehntest ab	du hättest abgelehnt
er/sie lehnte ab	er/sie hätte abgelehnt
wir lehnten ab	wir hätten abgelehnt
ihr lehntet ab	ihr hättet abgelehnt
Sie lehnten ab	Sie hätten abgelehnt
sie lehnten ab	sie hätten abgelehnt

FUTURE PERFECT

ich werde abgelehnt
haben
du wirst abgelehnt
haben *etc*

INFINITIVE

PRESENT
ablehnen

PAST
abgelehnt haben

PARTICIPLE

PRESENT
ablehnend

PAST
abgelehnt

IMPERATIVE

lehn(e) ab!
lehnt ab!
lehnen Sie ab!
lehnen wir ab!

2

ABREISEN
to depart

PRESENT	**IMPERFECT**	**FUTURE**
ich reise ab	ich reiste ab	ich werde abreisen
du reist ab	du reistest ab	du wirst abreisen
er/sie reist ab	er/sie reiste ab	er/sie wird abreisen
wir reisen ab	wir reisten ab	wir werden abreisen
ihr reist ab	ihr reistet ab	ihr werdet abreisen
Sie reisen ab	Sie reisten ab	Sie werden abreisen
sie reisen ab	sie reisten ab	sie werden abreisen

PERFECT	**PLUPERFECT**	**CONDITIONAL**
ich bin abgereist	ich war abgereist	ich würde abreisen
du bist abgereist	du warst abgereist	du würdest abreisen
er/sie ist abgereist	er/sie war abgereist	er/sie würde abreisen
wir sind abgereist	wir waren abgereist	wir würden abreisen
ihr seid abgereist	ihr wart abgereist	ihr würdet abreisen
Sie sind abgereist	Sie waren abgereist	Sie würden abreisen
sie sind abgereist	sie waren abgereist	sie würden abreisen

SUBJUNCTIVE

PRESENT	**PERFECT**	*INFINITIVE*
ich reise ab	ich sei abgereist	**PRESENT**
du reisest ab	du sei(e)st abgereist	abreisen
er/sie reise ab	er/sie sei abgereist	**PAST**
wir reisen ab	wir seien abgereist	abgereist sein
ihr reiset ab	ihr seiet abgereist	
Sie reisen ab	Sie seien abgereist	*PARTICIPLE*
sie reisen ab	sie seien abgereist	**PRESENT**

IMPERFECT	**PLUPERFECT**	abreisend
ich reiste ab	ich wäre abgereist	**PAST**
du reistest ab	du wär(e)st abgereist	abgereist
er/sie reiste ab	er/sie wäre abgereist	
wir reisten ab	wir wären abgereist	*IMPERATIVE*
ihr reistet ab	ihr wär(e)t abgereist	reis(e) ab!
Sie reisten ab	Sie wären abgereist	reist ab!
sie reisten ab	sie wären abgereist	reisen Sie ab!
		reisen wir ab!

FUTURE PERFECT

ich werde abgereist sein
du wirst abgereist sein *etc*

SICH ÄNDERN
to change

3

PRESENT	**IMPERFECT**	**FUTURE**
ich änd(e)re mich	ich änderte mich	ich werde mich ändern
du änderst dich	du ändertest dich	du wirst dich ändern
er/sie ändert sich	er/sie änderte sich	er/sie wird sich ändern
wir ändern uns	wir änderten uns	wir werden uns ändern
ihr ändert euch	ihr ändertet euch	ihr werdet euch ändern
Sie ändern sich	Sie änderten sich	Sie werden sich ändern
sie ändern sich	sie änderten sich	sie werden sich ändern

PERFECT	**PLUPERFECT**	**CONDITIONAL**
ich habe mich geändert	ich hatte mich geändert	ich würde mich ändern
du hast dich geändert	du hattest dich geändert	du würdest dich ändern
er/sie hat sich geändert	er/sie hatte sich geändert	er/sie würde sich ändern
wir haben uns geändert	wir hatten uns geändert	wir würden uns ändern
ihr habt euch geändert	ihr hattet euch geändert	ihr würdet euch ändern
Sie haben sich geändert	Sie hatten sich geändert	Sie würden sich ändern
sie haben sich geändert	sie hatten sich geändert	sie würden sich ändern

SUBJUNCTIVE

PRESENT	**PERFECT**	*INFINITIVE*
ich ändere mich	ich habe mich geändert	**PRESENT**
du änderest dich	du habest dich geändert	sich ändern
er/sie ändere sich	er/sie habe sich geändert	**PAST**
wir ändern uns	wir haben uns geändert	sich geändert haben
ihr änderet euch	ihr habet euch geändert	
Sie änderen sich	Sie haben sich geändert	*PARTICIPLE*
sie änderen sich	sie haben sich geändert	**PRESENT**
		mich/sich *etc* ändernd

IMPERFECT	**PLUPERFECT**	
ich änderte mich	ich hätte mich geändert	
du ändertest dich	du hättest dich geändert	
er/sie änderte sich	er/sie hätte sich geändert	*IMPERATIVE*
wir änderten uns	wir hätten uns geändert	
ihr ändertet euch	ihr hättet euch geändert	änd(e)re dich!
Sie änderten sich	Sie hätten sich geändert	ändert euch!
sie änderten sich	sie hätten sich geändert	ändern Sie sich !
		ändern wir uns!

FUTURE PERFECT

ich werde mich geändert
haben
du wirst dich geändert
haben *etc*

4 ANFANGEN
to start, begin

PRESENT	IMPERFECT	FUTURE
ich fange an	ich fing an	ich werde anfangen
du fängst an	du fingst an	du wirst anfangen
er/sie fängt an	er/sie fing an	er/sie wird anfangen
wir fangen an	wir fingen an	wir werden anfangen
ihr fangt an	ihr fingt an	ihr werdet anfangen
Sie fangen an	Sie fingen an	Sie werden anfangen
sie fangen an	sie fingen an	sie werden anfangen

PERFECT	PLUPERFECT	CONDITIONAL
ich habe angefangen	ich hatte angefangen	ich würde anfangen
du hast angefangen	du hattest angefangen	du würdest anfangen
er/sie hat angefangen	er/sie hatte angefangen	er/sie würde anfangen
wir haben angefangen	wir hatten angefangen	wir würden anfangen
ihr habt angefangen	ihr hattet angefangen	ihr würdet anfangen
Sie haben angefangen	Sie hatten angefangen	Sie würden anfangen
sie haben angefangen	sie hatten angefangen	sie würden anfangen

SUBJUNCTIVE

PRESENT	PERFECT
ich fange an	ich habe angefangen
du fangest an	du habest angefangen
er/sie fange an	er/sie habe angefangen
wir fangen an	wir haben angefangen
ihr fanget an	ihr habet angefangen
Sie fangen an	Sie haben angefangen
sie fangen an	sie haben angefangen

IMPERFECT	PLUPERFECT
ich finge an	ich hätte angefangen
du fingest an	du hättest angefangen
er/sie finge an	er/sie hätte angefangen
wir fingen an	wir hätten angefangen
ihr finget an	ihr hättet angefangen
Sie fingen an	Sie hätten angefangen
sie fingen an	sie hätten angefangen

INFINITIVE

PRESENT
anfangen

PAST
angefangen haben

PARTICIPLE

PRESENT
anfangend

PAST
angefangen

IMPERATIVE

fang(e) an!
fangt an!
fangen Sie an!
fangen wir an!

FUTURE PERFECT

ich werde angefangen
haben
du wirst angefangen
haben *etc*

SICH ANHÖREN
to listen to

5

PRESENT

ich höre mir an
du hörst dir an
er/sie hört sich an
wir hören uns an
ihr hört euch an
Sie hören sich an
sie hören sich an

IMPERFECT

ich hörte mir an
du hörtest dir an
er/sie hörte sich an
wir hörten uns an
ihr hörtet euch an
Sie hörten sich an
sie hörten sich an

FUTURE

ich werde mir anhören
du wirst dir anhören
er/sie wird sich anhören
wir werden uns anhören
ihr werdet euch anhören
Sie werden sich anhören
sie werden sich anhören

PERFECT

ich habe mir angehört
du hast dir angehört
er/sie hat sich angehört
wir haben uns angehört
ihr habt euch angehört
Sie haben sich angehört
sie haben sich angehört

PLUPERFECT

ich hatte mir angehört
du hattest dir angehört
er/sie hatte sich angehört
wir hatten uns angehört
ihr hattet euch angehört
Sie hatten sich angehört
sie hatten sich angehört

CONDITIONAL

ich würde mir anhören
du würdest dir anhören
er/sie würde sich anhören
wir würden uns anhören
ihr würdet euch anhören
Sie würden sich anhören
sie würden sich anhören

SUBJUNCTIVE

PRESENT

ich höre mir an
du hörest dir an
er/sie höre sich an
wir hören uns an
ihr höret euch an
Sie hören sich an
sie hören sich an

PERFECT

ich habe mir angehört
du habest dir angehört
er/sie habe sich angehört
wir haben uns angehört
ihr habet euch angehört
Sie haben sich angehört
sie haben sich angehört

INFINITIVE

PRESENT

sich anhören

PAST

sich angehört haben

IMPERFECT

ich hörte mir an
du hörtest dir an
er/sie hörte sich an
wir hörten uns an
ihr hörtet euch an
Sie hörten sich an
sie hörten sich an

PLUPERFECT

ich hätte mir angehört
du hättest dir angehört
er/sie hätte sich angehört
wir hätten uns angehört
ihr hättet euch angehört
Sie hätten sich angehört
sie hätten sich angehört

PARTICIPLE

PRESENT

mir/sich *etc* anhörend

IMPERATIVE

hör(e) dir an!
hört euch an!
hören Sie sich an!
hören wir uns an!

FUTURE PERFECT

ich werde mir angehört
haben
du wirst dir angehört
haben *etc*

6

ANKOMMEN
to arrive

PRESENT	**IMPERFECT**	**FUTURE**
ich komme an	ich kam an	ich werde ankommen
du kommst an	du kamst an	du wirst ankommen
er/sie kommt an	er/sie kam an	er/sie wird ankommen
wir kommen an	wir kamen an	wir werden ankommen
ihr kommt an	ihr kamt an	ihr werdet ankommen
Sie kommen an	Sie kamen an	Sie werden ankommen
sie kommen an	sie kamen an	sie werden ankommen

PERFECT	**PLUPERFECT**	**CONDITIONAL**
ich bin angekommen	ich war angekommen	ich würde ankommen
du bist angekommen	du warst angekommen	du würdest ankommen
er/sie ist angekommen	er/sie war angekommen	er/sie würde ankommen
wir sind angekommen	wir waren angekommen	wir würden ankommen
ihr seid angekommen	ihr wart angekommen	ihr würdet ankommen
Sie sind angekommen	Sie waren angekommen	Sie würden ankommen
sie sind angekommen	sie waren angekommen	sie würden ankommen

SUBJUNCTIVE

PRESENT	**PERFECT**
ich komme an	ich sei angekommen
du kommest an	du sei(e)st angekommen
er/sie komme an	er/sie sei angekommen
wir kommen an	wir seien angekommen
ihr kommet an	ihr seiet angekommen
Sie kommen an	Sie seien angekommen
sie kommen an	sie seien angekommen

IMPERFECT	**PLUPERFECT**
ich käme an	ich wäre angekommen
du kämest an	du wär(e)st angekommen
er/sie käme an	er/sie wäre angekommen
wir kämen an	wir wären angekommen
ihr kämet an	ihr wär(e)t angekommen
Sie kämen an	Sie wären angekommen
sie kämen an	sie wären angekommen

FUTURE PERFECT

ich werde angekommen
sein
du wirst angekommen sein
etc

INFINITIVE

PRESENT
ankommen

PAST
angekommen sein

PARTICIPLE

PRESENT
ankommend

PAST
angekommen

IMPERATIVE

komm(e) an!
kommt an!
kommen Sie an!
kommen wir an!

SICH ANMELDEN
to register

7

PRESENT

ich melde mich an
du meldest dich an
er/sie meldet sich an
wir melden uns an
ihr meldet euch an
Sie melden sich an
sie melden sich an

IMPERFECT

ich meldete mich an
du meldetest dich an
er/sie meldete sich an
wir meldeten uns an
ihr meldetet euch an
Sie meldeten sich an
sie meldeten sich an

FUTURE

ich werde mich anmelden
du wirst dich anmelden
er/sie wird sich anmelden
wir werden uns anmelden
ihr werdet euch anmelden
Sie werden sich anmelden
sie werden sich anmelden

PERFECT

ich habe mich angemeldet
du hast dich angemeldet
er/sie hat sich angemeldet
wir haben uns angemeldet
ihr habt euch angemeldet
Sie haben sich angemeldet
sie haben sich angemeldet

PLUPERFECT

ich hatte mich angemeldet
du hattest dich angemeldet
er/sie hatte sich angemeldet
wir hatten uns angemeldet
ihr hattet euch angemeldet
Sie hatten sich angemeldet
sie hatten sich angemeldet

CONDITIONAL

ich würde mich anmelden
du würdest dich anmelden
er/sie würde sich anmelden
wir würden uns anmelden
ihr würdet euch anmelden
Sie würden sich anmelden
sie würden sich anmelden

SUBJUNCTIVE
PRESENT

ich melde mich an
du meldest dich an
er/sie melde sich an
wir melden uns an
ihr meldet euch an
Sie melden sich an
sie melden sich an

PERFECT

ich habe mich angemeldet
du habest dich angemeldet
er/sie habe sich angemeldet
wir haben uns angemeldet
ihr habet euch angemeldet
Sie haben sich angemeldet
sie haben sich angemeldet

INFINITIVE
PRESENT
sich anmelden
PAST
sich angemeldet haben

PARTICIPLE
PRESENT
mich/sich *etc* anmeldend

IMPERFECT

ich meldete mich an
du meldetest dich an
er/sie meldete sich an
wir meldeten uns an
ihr meldetet euch an
Sie meldeten sich an
sie meldeten sich an

PLUPERFECT

ich hätte mich angemeldet
du hättest dich angemeldet
er/sie hätte sich angemeldet
wir hätten uns angemeldet
ihr hättet euch angemeldet
Sie hätten sich angemeldet
sie hätten sich angemeldet

IMPERATIVE

meld(e) dich an!
meldet euch an!
melden Sie sich an!
melden wir uns an!

FUTURE PERFECT

ich werde mich
angemeldet haben
du wirst dich angemeldet
haben *etc*

8 ÄRGERN
to annoy

PRESENT	**IMPERFECT**	**FUTURE**
ich ärg(e)re	ich ärgerte	ich werde ärgern
du ärgerst	du ärgertest	du wirst ärgern
er/sie ärgert	er/sie ärgerte	er/sie wird ärgern
wir ärgern	wir ärgerten	wir werden ärgern
ihr ärgert	ihr ärgertet	ihr werdet ärgern
Sie ärgern	Sie ärgerten	Sie werden ärgern
sie ärgern	sie ärgerten	sie werden ärgern

PERFECT	**PLUPERFECT**	**CONDITIONAL**
ich habe geärgert	ich hatte geärgert	ich würde ärgern
du hast geärgert	du hattest geärgert	du würdest ärgern
er/sie hat geärgert	er/sie hatte geärgert	er/sie würde ärgern
wir haben geärgert	wir hatten geärgert	wir würden ärgern
ihr habt geärgert	ihr hattet geärgert	ihr würdet ärgern
Sie haben geärgert	Sie hatten geärgert	Sie würden ärgern
sie haben geärgert	sie hatten geärgert	sie würden ärgern

SUBJUNCTIVE

PRESENT	**PERFECT**
ich ärgere	ich habe geärgert
du ärgerest	du habest geärgert
er/sie ärgere	er/sie habe geärgert
wir ärgeren	wir haben geärgert
ihr ärgeret	ihr habet geärgert
Sie ärgeren	Sie haben geärgert
sie ärgeren	sie haben geärgert

IMPERFECT	**PLUPERFECT**
ich ärgerte	ich hätte geärgert
du ärgertest	du hättest geärgert
er/sie ärgerte	er/sie hätte geärgert
wir ärgerten	wir hätten geärgert
ihr ärgertet	ihr hättet geärgert
Sie ärgerten	Sie hätten geärgert
sie ärgerten	sie hätten geärgert

FUTURE PERFECT

ich werde geärgert haben
du wirst geärgert haben
etc

INFINITIVE

PRESENT
ärgern

PAST
geärgert haben

PARTICIPLE

PRESENT
ärgernd

PAST
geärgert

IMPERATIVE

ärg(e)re!
ärgert!
ärgern Sie!
ärgern wir!

BACKEN
to bake

PRESENT	**IMPERFECT** *(2)*	**FUTURE**
ich backe	ich backte	ich werde backen
du backst *(1)*	du backtest	du wirst backen
er/sie backt *(1)*	er/sie backte	er/sie wird backen
wir backen	wir backten	wir werden backen
ihr backt	ihr backtet	ihr werdet backen
Sie backen	Sie backten	Sie werden backen
sie backen	sie backten	sie werden backen

PERFECT	**PLUPERFECT**	**CONDITIONAL**
ich habe gebacken	ich hatte gebacken	ich würde backen
du hast gebacken	du hattest gebacken	du würdest backen
er/sie hat gebacken	er/sie hatte gebacken	er/sie würde backen
wir haben gebacken	wir hatten gebacken	wir würden backen
ihr habt gebacken	ihr hattet gebacken	ihr würdet backen
Sie haben gebacken	Sie hatten gebacken	Sie würden backen
sie haben gebacken	sie hatten gebacken	sie würden backen

SUBJUNCTIVE

PRESENT	**PERFECT**
ich backe	ich habe gebacken
du backest	du habest gebacken
er/sie backe	er/sie habe gebacken
wir backen	wir haben gebacken
ihr backet	ihr habet gebacken
Sie backen	Sie haben gebacken
sie backen	sie haben gebacken

IMPERFECT	**PLUPERFECT**
ich backte	ich hätte gebacken
du backtest	du hättest gebacken
er/sie backte	er/sie hätte gebacken
wir backten	wir hätten gebacken
ihr backtet	ihr hättet gebacken
Sie backten	Sie hätten gebacken
sie backten	sie hätten gebacken

INFINITIVE

PRESENT
backen

PAST
gebacken haben

PARTICIPLE

PRESENT
backend

PAST
gebacken

IMPERATIVE

back(e)!
backt!
backen Sie!
backen wir!

FUTURE PERFECT

ich werde gebacken
haben
du wirst gebacken haben
etc

NOTE

(1) du bäckst and er/sie bäckt are also possible
(2) older forms: ich buk, du bukst, er/sie buk etc

SICH BEEILEN
to hurry, rush

PRESENT	**IMPERFECT**	**FUTURE**
ich beeile mich	ich beeilte mich	ich werde mich beeilen
du beeilst dich	du beeiltest dich	du wirst dich beeilen
er/sie beeilt sich	er/sie beeilte sich	er/sie wird sich beeilen
wir beeilen uns	wir beeilten uns	wir werden uns beeilen
ihr beeilt euch	ihr beeiltet euch	ihr werdet euch beeilen
Sie beeilen sich	Sie beeilten sich	Sie werden sich beeilen
sie beeilen sich	sie beeilten sich	sie werden sich beeilen

PERFECT	**PLUPERFECT**	**CONDITIONAL**
ich habe mich beeilt	ich hatte mich beeilt	ich würde mich beeilen
du hast dich beeilt	du hattest dich beeilt	du würdest dich beeilen
er/sie hat sich beeilt	er/sie hatte sich beeilt	er/sie würde sich beeilen
wir haben uns beeilt	wir hatten uns beeilt	wir würden uns beeilen
ihr habt euch beeilt	ihr hattet euch beeilt	ihr würdet euch beeilen
Sie haben sich beeilt	Sie hatten sich beeilt	Sie würden sich beeilen
sie haben sich beeilt	sie hatten sich beeilt	sie würden sich beeilen

SUBJUNCTIVE

PRESENT	**PERFECT**	*INFINITIVE*
ich beeile mich	ich habe mich beeilt	**PRESENT**
du beeilest dich	du habest dich beeilt	sich beeilen
er/sie beeile sich	er/sie habe sich beeilt	**PAST**
wir beeilen uns	wir haben uns beeilt	sich beeilt haben
ihr beeilet euch	ihr habet euch beeilt	
Sie beeilen sich	Sie haben sich beeilt	*PARTICIPLE*
sie beeilen sich	sie haben sich beeilt	**PRESENT**
		mich/sich *etc* beeilend

IMPERFECT	**PLUPERFECT**	
ich beeilte mich	ich hätte mich beeilt	
du beeiltest dich	du hättest dich beeilt	
er/sie beeilte sich	er/sie hätte sich beeilt	*IMPERATIVE*
wir beeilten uns	wir hätten uns beeilt	beeile dich!
ihr beeiltet euch	ihr hättet euch beeilt	beeilt euch!
Sie beeilten sich	Sie hätten sich beeilt	beeilen Sie sich!
sie beeilten sich	sie hätten sich beeilt	beeilen wir uns!

FUTURE PERFECT

ich werde mich beeilt
haben
du wirst dich beeilt haben
etc

BEFEHLEN
to order

PRESENT	IMPERFECT	FUTURE
ich befehle	ich befahl	ich werde befehlen
du befiehlst	du befahlst	du wirst befehlen
er/sie befiehlt	er/sie befahl	er/sie wird befehlen
wir befehlen	wir befahlen	wir werden befehlen
ihr befehlt	ihr befahlt	ihr werdet befehlen
Sie befehlen	Sie befahlen	Sie werden befehlen
sie befehlen	sie befahlen	sie werden befehlen

PERFECT	PLUPERFECT	CONDITIONAL
ich habe befohlen	ich hatte befohlen	ich würde befehlen
du hast befohlen	du hattest befohlen	du würdest befehlen
er/sie hat befohlen	er/sie hatte befohlen	er/sie würde befehlen
wir haben befohlen	wir hatten befohlen	wir würden befehlen
ihr habt befohlen	ihr hattet befohlen	ihr würdet befehlen
Sie haben befohlen	Sie hatten befohlen	Sie würden befehlen
sie haben befohlen	sie hatten befohlen	sie würden befehlen

SUBJUNCTIVE

PRESENT

	PERFECT
ich befehle	ich habe befohlen
du befehlest	du habest befohlen
er/sie befehle	er/sie habe befohlen
wir befehlen	wir haben befohlen
ihr befehlet	ihr habet befohlen
Sie befehlen	Sie haben befohlen
sie befehlen	sie haben befohlen

IMPERFECT *(1)*

	PLUPERFECT
ich befähle	ich hätte befohlen
du befählest	du hättest befohlen
er/sie befähle	er/sie hätte befohlen
wir befählen	wir hätten befohlen
ihr befählet	ihr hättet befohlen
Sie befählen	Sie hätten befohlen
sie befählen	sie hätten befohlen

FUTURE PERFECT

ich werde befohlen
haben
du wirst befohlen haben
etc

INFINITIVE

PRESENT
befehlen

PAST
befohlen haben

PARTICIPLE

PRESENT
befehlend

PAST
befohlen

IMPERATIVE

befiehl!
befehlt!
befehlen Sie!
befehlen wir!

NOTE

(1) ich beföhle, du beföhlest etc is also possible

12 BEGEGNEN
to meet

PRESENT	**IMPERFECT**	**FUTURE**
ich begegne	ich begegnete	ich werde begegnen
du begegnest	du begegnetest	du wirst begegnen
er/sie begegnet	er/sie begegnete	er/sie wird begegnen
wir begegnen	wir begegneten	wir werden begegnen
ihr begegnet	ihr begegnetet	ihr werdet begegnen
Sie begegnen	Sie begegneten	Sie werden begegnen
sie begegnen	sie begegneten	sie werden begegnen

PERFECT	**PLUPERFECT**	**CONDITIONAL**
ich bin begegnet	ich war begegnet	ich würde begegnen
du bist begegnet	du warst begegnet	du würdest begegnen
er/sie ist begegnet	er/sie war begegnet	er/sie würde begegnen
wir sind begegnet	wir waren begegnet	wir würden begegnen
ihr seid begegnet	ihr wart begegnet	ihr würdet begegnen
Sie sind begegnet	Sie waren begegnet	Sie würden begegnen
sie sind begegnet	sie waren begegnet	sie würden begegnen

SUBJUNCTIVE

PRESENT	**PERFECT**
ich begegne	ich sei begegnet
du begegnest	du sei(e)st begegnet
er/sie begegne	er/sie sei begegnet
wir begegnen	wir seien begegnet
ihr begegnet	ihr seiet begegnet
Sie begegnen	Sie seien begegnet
sie begegnen	sie seien begegnet

IMPERFECT	**PLUPERFECT**
ich begegnete	ich wäre begegnet
du begegnetest	du wär(e)st begegnet
er/sie begegnete	er/sie wäre begegnet
wir begegneten	wir wären begegnet
ihr begegnetet	ihr wär(e)t begegnet
Sie begegneten	Sie wären begegnet
sie begegneten	sie wären begegnet

INFINITIVE

PRESENT
begegnen

PAST
begegnet sein

PARTICIPLE

PRESENT
begegnend

PAST
begegnet

IMPERATIVE

begegn(e)!
begegnet!
begegnen Sie!
begegnen wir!

FUTURE PERFECT

ich werde begegnet sein
du wirst begegnet sein *etc*

NOTE

takes the dative: ich begegne ihm, ich bin ihm begegnet *etc*

BEGINNEN
to begin

13

PRESENT	IMPERFECT	FUTURE
ich beginne	ich begann	ich werde beginnen
du beginnst	du begannst	du wirst beginnen
er/sie beginnt	er/sie begann	er/sie wird beginnen
wir beginnen	wir begannen	wir werden beginnen
ihr beginnt	ihr begannt	ihr werdet beginnen
Sie beginnen	Sie begannen	Sie werden beginnen
sie beginnen	sie begannen	sie werden beginnen

PERFECT	PLUPERFECT	CONDITIONAL
ich habe begonnen	ich hatte begonnen	ich würde beginnen
du hast begonnen	du hattest begonnen	du würdest beginnen
er/sie hat begonnen	er/sie hatte begonnen	er/sie würde beginnen
wir haben begonnen	wir hatten begonnen	wir würden beginnen
ihr habt begonnen	ihr hattet begonnen	ihr würdet beginnen
Sie haben begonnen	Sie hatten begonnen	Sie würden beginnen
sie haben begonnen	sie hatten begonnen	sie würden beginnen

SUBJUNCTIVE

PRESENT	PERFECT	*INFINITIVE*
ich beginne	ich habe begonnen	**PRESENT**
du beginnest	du habest begonnen	beginnen
er/sie beginne	er/sie habe begonnen	**PAST**
wir beginnen	wir haben begonnen	begonnen haben
ihr beginnet	ihr habet begonnen	
Sie beginnen	Sie haben begonnen	*PARTICIPLE*
sie beginnen	sie haben begonnen	**PRESENT**
		beginnend

IMPERFECT	PLUPERFECT	PAST
ich begänne	ich hätte begonnen	begonnen
du begännest	du hättest begonnen	
er/sie begänne	er/sie hätte begonnen	*IMPERATIVE*
wir begännen	wir hätten begonnen	
ihr begännet	ihr hättet begonnen	beginn(e)!
Sie begännen	Sie hätten begonnen	beginnt!
sie begännen	sie hätten begonnen	beginnen Sie!
		beginnen wir!

FUTURE PERFECT

ich werde begonnen
haben
du wirst begonnen haben
etc

14 BEISSEN
to bite

PRESENT	IMPERFECT	FUTURE
ich beiße	ich biß	ich werde beißen
du beißt	du bissest	du wirst beißen
er/sie beißt	er/sie biß	er/sie wird beißen
wir beißen	wir bissen	wir werden beißen
ihr beißt	ihr bißt	ihr werdet beißen
Sie beißen	Sie bissen	Sie werden beißen
sie beißen	sie bissen	sie werden beißen

PERFECT	PLUPERFECT	CONDITIONAL
ich habe gebissen	ich hatte gebissen	ich würde beißen
du hast gebissen	du hattest gebissen	du würdest beißen
er/sie hat gebissen	er/sie hatte gebissen	er/sie würde beißen
wir haben gebissen	wir hatten gebissen	wir würden beißen
ihr habt gebissen	ihr hattet gebissen	ihr würdet beißen
Sie haben gebissen	Sie hatten gebissen	Sie würden beißen
sie haben gebissen	sie hatten gebissen	sie würden beißen

SUBJUNCTIVE

PRESENT	PERFECT	INFINITIVE
		PRESENT
ich beiße	ich habe gebissen	beißen
du beißest	du habest gebissen	**PAST**
er/sie beiße	er/sie habe gebissen	gebissen haben
wir beißen	wir haben gebissen	
ihr beißet	ihr habet gebissen	**PARTICIPLE**
Sie beißen	Sie haben gebissen	**PRESENT**
sie beißen	sie haben gebissen	beißend

IMPERFECT	PLUPERFECT	PAST
		gebissen
ich bisse	ich hätte gebissen	
du bissest	du hättest gebissen	**IMPERATIVE**
er/sie bisse	er/sie hätte gebissen	
wir bissen	wir hätten gebissen	beiß(e)!
ihr bisset	ihr hättet gebissen	beißt!
Sie bissen	Sie hätten gebissen	beißen Sie!
sie bissen	sie hätten gebissen	beißen wir!

FUTURE PERFECT

ich werde gebissen haben
du wirst gebissen haben
etc

BEKOMMEN
to get

15

PRESENT	**IMPERFECT**	**FUTURE**
ich bekomme	ich bekam	ich werde bekommen
du bekommst	du bekamst	du wirst bekommen
er/sie bekommt	er/sie bekam	er/sie wird bekommen
wir bekommen	wir bekamen	wir werden bekommen
ihr bekommet	ihr bekamt	ihr werdet bekommen
Sie bekommen	Sie bekamen	Sie werden bekommen
sie bekommen	sie bekamen	sie werden bekommen

PERFECT	**PLUPERFECT**	**CONDITIONAL**
ich habe bekommen	ich hatte bekommen	ich würde bekommen
du hast bekommen	du hattest bekommen	du würdest bekommen
er/sie hat bekommen	er/sie hatte bekommen	er/sie würde bekommen
wir haben bekommen	wir hatten bekommen	wir würden bekommen
ihr habt bekommen	ihr hattet bekommen	ihr würdet bekommen
Sie haben bekommen	Sie hatten bekommen	Sie würden bekommen
sie haben bekommen	sie hatten bekommen	sie würden bekommen

SUBJUNCTIVE

PRESENT	**PERFECT**
ich bekomme	ich habe bekommen
du bekommest	du habest bekommen
er/sie bekomme	er/sie habe bekommen
wir bekommen	wir haben bekommen
ihr bekommet	ihr habet bekommen
Sie bekommen	Sie haben bekommen
sie bekommen	sie haben bekommen

IMPERFECT	**PLUPERFECT**
ich bekäme	ich hätte bekommen
du bekämest	du hättest bekommen
er/sie bekäme	er/sie hätte bekommen
wir bekämen	wir hätten bekommen
ihr bekämet	ihr hättet bekommen
Sie bekämen	Sie hätten bekommen
sie bekämen	sie hätten bekommen

INFINITIVE

PRESENT
bekommen

PAST
bekommen haben

PARTICIPLE

PRESENT
bekommend

PAST
bekommen

IMPERATIVE

bekomm(e)!
bekommt!
bekommen Sie!
bekommen wir!

FUTURE PERFECT

ich werde bekommen
haben
du wirst bekommen
haben *etc*

16 BERGEN
to rescue, salvage

PRESENT	IMPERFECT	FUTURE
ich berge	ich barg	ich werde bergen
du birgst	du bargest	du wirst bergen
er/sie birgt	er/sie barg	er/sie wird bergen
wir bergen	wir bargen	wir werden bergen
ihr bergt	ihr bargt	ihr werdet bergen
Sie bergen	Sie bargen	Sie werden bergen
sie bergen	sie bargen	sie werden bergen

PERFECT	PLUPERFECT	CONDITIONAL
ich habe geborgen	ich hatte geborgen	ich würde bergen
du hast geborgen	du hattest geborgen	du würdest bergen
er/sie hat geborgen	er/sie hatte geborgen	er/sie würde bergen
wir haben geborgen	wir hatten geborgen	wir würden bergen
ihr habt geborgen	ihr hattet geborgen	ihr würdet bergen
Sie haben geborgen	Sie hatten geborgen	Sie würden bergen
sie haben geborgen	sie hatten geborgen	sie würden bergen

SUBJUNCTIVE

PRESENT	PERFECT	INFINITIVE
ich berge	ich habe geborgen	**PRESENT**
du bergest	du habest geborgen	bergen
er/sie berge	er/sie habe geborgen	**PAST**
wir bergen	wir haben geborgen	geborgen haben
ihr berget	ihr habet geborgen	
Sie bergen	Sie haben geborgen	**PARTICIPLE**
sie bergen	sie haben geborgen	**PRESENT**
		bergend

IMPERFECT	PLUPERFECT	PAST
ich bärge	ich hätte geborgen	geborgen
du bärgest	du hättest geborgen	
er/sie bärge	er/sie hätte geborgen	**IMPERATIVE**
wir bärgen	wir hätten geborgen	birg!
ihr bärget	ihr hättet geborgen	bergt!
Sie bärgen	Sie hätten geborgen	bergen Sie!
sie bärgen	sie hätten geborgen	bergen wir!

FUTURE PERFECT

ich werde geborgen
haben
du wirst geborgen haben
etc

BERSTEN
to burst

PRESENT	**IMPERFECT**	**FUTURE**
ich berste	ich barst	ich werde bersten
du berst	du barstest	du wirst bersten
er/sie birst	er/sie barst	er/sie wird bersten
wir bersten	wir barsten	wir werden bersten
ihr berstet	ihr barstet	ihr werdet bersten
Sie bersten	Sie barsten	Sie werden bersten
sie bersten	sie barsten	sie werden bersten

PERFECT	**PLUPERFECT**	**CONDITIONAL**
ich bin geborsten	ich war geborsten	ich würde bersten
du bist geborsten	du warst geborsten	du würdest bersten
er/sie ist geborsten	er/sie war geborsten	er/sie würde bersten
wir sind geborsten	wir waren geborsten	wir würden bersten
ihr seid geborsten	ihr wart geborsten	ihr würdet bersten
Sie sind geborsten	Sie waren geborsten	Sie würden bersten
sie sind geborsten	sie waren geborsten	sie würden bersten

SUBJUNCTIVE

PRESENT	**PERFECT**	*INFINITIVE*
ich berste	ich sei geborsten	**PRESENT**
du berstest	du sei(e)st geborsten	bersten
er/sie berste	er/sie sei geborsten	**PAST**
wir bersten	wir seien geborsten	geborsten sein
ihr berstet	ihr seiet geborsten	
Sie bersten	Sie seien geborsten	*PARTICIPLE*
sie bersten	sie seien geborsten	**PRESENT**
		berstend

IMPERFECT	**PLUPERFECT**	**PAST**
ich bärste	ich wäre geborsten	geborsten
du bärstest	du wär(e)st geborsten	
er/sie bärste	er/sie wäre geborsten	*IMPERATIVE*
wir bärsten	wir wären geborsten	
ihr bärstet	ihr wär(e)t geborsten	birst!
Sie bärsten	Sie wären geborsten	berstet!
sie bärsten	sie wären geborsten	bersten Sie!
		bersten wir!

FUTURE PERFECT

ich werde geborsten sein
du wirst geborsten sein
etc

18 BESTELLEN
to order

PRESENT	IMPERFECT	FUTURE
ich bestelle	ich bestellte	ich werde bestellen
du bestellst	du bestelltest	du wirst bestellen
er/sie bestellt	er/sie bestellte	er/sie wird bestellen
wir bestellen	wir bestellten	wir werden bestellen
ihr bestellt	ihr bestelltet	ihr werdet bestellen
Sie bestellen	Sie bestellten	Sie werden bestellen
sie bestellen	sie bestellten	sie werden bestellen

PERFECT	PLUPERFECT	CONDITIONAL
ich habe bestellt	ich hatte bestellt	ich würde bestellen
du hast bestellt	du hattest bestellt	du würdest bestellen
er/sie hat bestellt	er/sie hatte bestellt	er/sie würde bestellen
wir haben bestellt	wir hatten bestellt	wir würden bestellen
ihr habt bestellt	ihr hattet bestellt	ihr würdet bestellen
Sie haben bestellt	Sie hatten bestellt	Sie würden bestellen
sie haben bestellt	sie hatten bestellt	sie würden bestellen

SUBJUNCTIVE

PRESENT	PERFECT
ich bestelle	ich habe bestellt
du bestellest	du habest bestellt
er/sie bestelle	er/sie habe bestellt
wir bestellen	wir haben bestellt
ihr bestellet	ihr habet bestellt
Sie bestellen	Sie haben bestellt
sie bestellen	sie haben bestellt

IMPERFECT	PLUPERFECT
ich bestellte	ich hätte bestellt
du bestelltest	du hättest bestellt
er/sie bestellte	er/sie hätte bestellt
wir bestellten	wir hätten bestellt
ihr bestelltet	ihr hättet bestellt
Sie bestellten	Sie hätten bestellt
sie bestellten	sie hätten bestellt

INFINITIVE
PRESENT
bestellen
PAST
bestellt haben

PARTICIPLE
PRESENT
bestellend
PAST
bestellt

IMPERATIVE
bestell(e)!
bestellt!
bestellen Sie!
bestellen wir!

FUTURE PERFECT
ich werde bestellt haben
du wirst bestellt haben
etc

BEWEGEN
to induce, persuade *(1)*

PRESENT	IMPERFECT	FUTURE
ich bewege	ich bewog	ich werde bewegen
du bewegst	du bewogst	du wirst bewegen
er/sie bewegt	er/sie bewog	er/sie wird bewegen
wir bewegen	wir bewogen	wir werden bewegen
ihr bewegt	ihr bewogt	ihr werdet bewegen
Sie bewegen	Sie bewogen	Sie werden bewegen
sie bewegen	sie bewogen	sie werden bewegen

PERFECT	PLUPERFECT	CONDITIONAL
ich habe bewogen	ich hatte bewogen	ich würde bewegen
du hast bewogen	du hattest bewogen	du würdest bewegen
er/sie hat bewogen	er/sie hatte bewogen	er/sie würde bewegen
wir haben bewogen	wir hatten bewogen	wir würden bewegen
ihr habt bewogen	ihr hattet bewogen	ihr würdet bewegen
Sie haben bewogen	Sie hatten bewogen	Sie würden bewegen
sie haben bewogen	sie hatten bewogen	sie würden bewegen

SUBJUNCTIVE

PRESENT	PERFECT
ich bewege	ich habe bewogen
du bewegest	du habest bewogen
er/sie bewege	er/sie habe bewogen
wir bewegen	wir haben bewogen
ihr beweget	ihr habet bewogen
Sie bewegen	Sie haben bewogen
sie bewegen	sie haben bewogen

IMPERFECT	PLUPERFECT
ich bewöge	ich hätte bewogen
du bewögest	du hättest bewogen
er/sie bewöge	er/sie hätte bewogen
wir bewögen	wir hätten bewogen
ihr bewöget	ihr hättet bewogen
Sie bewögen	Sie hätten bewogen
sie bewögen	sie hätten bewogen

FUTURE PERFECT

ich werde bewogen
haben
du wirst bewogen haben
etc

INFINITIVE

PRESENT
bewegen

PAST
bewogen haben

PARTICIPLE

PRESENT
bewegend

PAST
bewogen

IMPERATIVE

beweg(e)!
bewegt!
bewegen Sie!
bewegen wir!

NOTE

(1) also a weak verb meaning 'to move': ich
bewegte, ich habe bewegt *etc*

20

BIEGEN
to bend

PRESENT	IMPERFECT	FUTURE
ich biege	ich bog	ich werde biegen
du biegst	du bogst	du wirst biegen
er/sie biegt	er/sie bog	er/sie wird biegen
wir biegen	wir bogen	wir werden biegen
ihr biegt	ihr bogt	ihr werdet biegen
Sie biegen	Sie bogen	Sie werden biegen
sie biegen	sie bogen	sie werden biegen

PERFECT *(1)*	PLUPERFECT *(2)*	CONDITIONAL
ich habe gebogen	ich hatte gebogen	ich würde biegen
du hast gebogen	du hattest gebogen	du würdest biegen
er/sie hat gebogen	er/sie hatte gebogen	er/sie würde biegen
wir haben gebogen	wir hatten gebogen	wir würden biegen
ihr habt gebogen	ihr hattet gebogen	ihr würdet biegen
Sie haben gebogen	Sie hatten gebogen	Sie würden biegen
sie haben gebogen	sie hatten gebogen	sie würden biegen

SUBJUNCTIVE

PRESENT

	PERFECT *(3)*
ich biege	ich habe gebogen
du biegest	du habest gebogen
er/sie biege	er/sie habe gebogen
wir biegen	wir haben gebogen
ihr bieget	ihr habet gebogen
Sie biegen	Sie haben gebogen
sie biegen	sie haben gebogen

IMPERFECT

	PLUPERFECT *(4)*
ich böge	ich hätte gebogen
du bögest	du hättest gebogen
er/sie böge	er/sie hätte gebogen
wir bögen	wir hätten gebogen
ihr böget	ihr hättet gebogen
Sie bögen	Sie hätten gebogen
sie bögen	sie hätten gebogen

INFINITIVE

PRESENT
biegen

PAST *(6)*
gebogen haben

PARTICIPLE

PRESENT
biegend

PAST
gebogen

IMPERATIVE

bieg(e)!
biegt!
biegen Sie!
biegen wir!

FUTURE PERFECT *(5)* NOTE

ich werde gebogen haben
du wirst gebogen haben
etc

also intransitive ('to turn'): (1) ich bin gebogen *etc*
(2) ich war gebogen *etc (3)* ich sei gebogen *etc (4)*
ich wäre gebogen *etc (5)* ich werde gebogen sein
etc (6) gebogen sein

BIETEN
to offer

PRESENT	IMPERFECT	FUTURE
ich biete	ich bot	ich werde bieten
du bietest	du bot(e)st	du wirst bieten
er/sie bietet	er/sie bot	er/sie wird bieten
wir bieten	wir boten	wir werden bieten
ihr bietet	ihr botet	ihr werdet bieten
Sie bieten	Sie boten	Sie werden bieten
sie bieten	sie boten	sie werden bieten

PERFECT	PLUPERFECT	CONDITIONAL
ich habe geboten	ich hatte geboten	ich würde bieten
du hast geboten	du hattest geboten	du würdest bieten
er/sie hat geboten	er/sie hatte geboten	er/sie würde bieten
wir haben geboten	wir hatten geboten	wir würden bieten
ihr habt geboten	ihr hattet geboten	ihr würdet bieten
Sie haben geboten	Sie hatten geboten	Sie würden bieten
sie haben geboten	sie hatten geboten	sie würden bieten

SUBJUNCTIVE

PRESENT	PERFECT	INFINITIVE
ich biete	ich habe geboten	**PRESENT**
du bietest	du habest geboten	bieten
er/sie biete	er/sie habe geboten	**PAST**
wir bieten	wir haben geboten	geboten haben
ihr bietet	ihr habet geboten	
Sie bieten	Sie haben geboten	**PARTICIPLE**
sie bieten	sie haben geboten	**PRESENT**
		bietend

IMPERFECT	PLUPERFECT	PAST
ich böte	ich hätte geboten	geboten
du bötest	du hättest geboten	
er/sie böte	er/sie hätte geboten	**IMPERATIVE**
wir böten	wir hätten geboten	
ihr bötet	ihr hättet geboten	biet(e)!
Sie böten	Sie hätten geboten	bietet!
sie böten	sie hätten geboten	bieten Sie!
		bieten wir!

FUTURE PERFECT

ich werde geboten haben
du wirst geboten haben
etc

22 BINDEN
to tie

PRESENT	IMPERFECT	FUTURE
ich binde	ich band	ich werde binden
du bindest	du band(e)st	du wirst binden
er/sie bindet	er/sie band	er/sie wird binden
wir binden	wir banden	wir werden binden
ihr bindet	ihr bandet	ihr werdet binden
Sie binden	Sie banden	Sie werden binden
sie binden	sie banden	sie werden binden

PERFECT (1)	PLUPERFECT (2)	CONDITIONAL
ich habe gebunden	ich hatte gebunden	ich würde binden
du hast gebunden	du hattest gebunden	du würdest binden
er/sie hat gebunden	er/sie hatte gebunden	er/sie würde binden
wir haben gebunden	wir hatten gebunden	wir würden binden
ihr habt gebunden	ihr hattet gebunden	ihr würdet binden
Sie haben gebunden	Sie hatten gebunden	Sie würden binden
sie haben gebunden	sie hatten gebunden	sie würden binden

SUBJUNCTIVE

PRESENT	PERFECT (3)	*INFINITIVE*
ich binde	ich habe gebunden	**PRESENT**
du bindest	du habest gebunden	binden
er/sie binde	er/sie habe gebunden	**PAST** (6)
wir binden	wir haben gebunden	gebunden haben
ihr bindet	ihr habet gebunden	
Sie binden	Sie haben gebunden	*PARTICIPLE*
sie binden	sie haben gebunden	**PRESENT**
		bindend

IMPERFECT	PLUPERFECT (4)	**PAST**
ich bände	ich hätte gebunden	gebunden
du bändest	du hättest gebunden	
er/sie bände	er/sie hätte gebunden	*IMPERATIVE*
wir bänden	wir hätten gebunden	bind(e)!
ihr bändet	ihr hättet gebunden	bindet!
Sie bänden	Sie hätten gebunden	binden Sie!
sie bänden	sie hätten gebunden	binden wir!

FUTURE PERFECT (5) *NOTE*

ich werde gebunden haben
du wirst gebunden haben
etc

also intransitive: (1) ich bin gebunden *etc (2)* ich war gebunden *etc (3)* ich sei gebunden *etc (4)* ich wäre gebunden *etc (5)* ich werde gebunden sein *etc (6)* gebunden sein

BITTEN
to ask, request

PRESENT	**IMPERFECT**	**FUTURE**
ich bitte	ich bat	ich werde bitten
du bittest	du bat(e)st	du wirst bitten
er/sie bittet	er/sie bat	er/sie wird bitten
wir bitten	wir baten	wir werden bitten
ihr bittet	ihr batet	ihr werdet bitten
Sie bitten	Sie baten	Sie werden bitten
sie bitten	sie baten	sie werden bitten

PERFECT	**PLUPERFECT**	**CONDITIONAL**
ich habe gebeten	ich hatte gebeten	ich würde bitten
du hast gebeten	du hattest gebeten	du würdest bitten
er/sie hat gebeten	er/sie hatte gebeten	er/sie würde bitten
wir haben gebeten	wir hatten gebeten	wir würden bitten
ihr habt gebeten	ihr hattet gebeten	ihr würdet bitten
Sie haben gebeten	Sie hatten gebeten	Sie würden bitten
sie haben gebeten	sie hatten gebeten	sie würden bitten

SUBJUNCTIVE

PRESENT	**PERFECT**	
ich bitte	ich habe gebeten	
du bittest	du habest gebeten	
er/sie bitte	er/sie habe gebeten	
wir bitten	wir haben gebeten	
ihr bittet	ihr habet gebeten	
Sie bitten	Sie haben gebeten	
sie bitten	sie haben gebeten	

INFINITIVE

PRESENT
bitten

PAST
gebeten haben

IMPERFECT	**PLUPERFECT**
ich bäte	ich hätte gebeten
du bätest	du hättest gebeten
er/sie bäte	er/sie hätte gebeten
wir bäten	wir hätten gebeten
ihr bätet	ihr hättet gebeten
Sie bäten	Sie hätten gebeten
sie bäten	sie hätten gebeten

PARTICIPLE

PRESENT
bittend

PAST
gebeten

IMPERATIVE

bitt(e)!
bittet!
bitten Sie!
bitten wir!

FUTURE PERFECT

ich werde gebeten haben
du wirst gebeten haben
etc

BLASEN
to blow

PRESENT	IMPERFECT	FUTURE
ich blase	ich blies	ich werde blasen
du bläst	du bliesest	du wirst blasen
er/sie bläst	er/sie blies	er/sie wird blasen
wir blasen	wir bliesen	wir werden blasen
ihr blast	ihr bliest	ihr werdet blasen
Sie blasen	Sie bliesen	Sie werden blasen
sie blasen	sie bliesen	sie werden blasen

PERFECT	PLUPERFECT	CONDITIONAL
ich habe geblasen	ich hatte geblasen	ich würde blasen
du hast geblasen	du hattest geblasen	du würdest blasen
er/sie hat geblasen	er/sie hatte geblasen	er/sie würde blasen
wir haben geblasen	wir hatten geblasen	wir würden blasen
ihr habt geblasen	ihr hattet geblasen	ihr würdet blasen
Sie haben geblasen	Sie hatten geblasen	Sie würden blasen
sie haben geblasen	sie hatten geblasen	sie würden blasen

SUBJUNCTIVE

PRESENT	PERFECT	*INFINITIVE*
ich blase	ich habe geblasen	**PRESENT**
du blasest	du habest geblasen	blasen
er/sie blase	er/sie habe geblasen	**PAST**
wir blasen	wir haben geblasen	geblasen haben
ihr blaset	ihr habet geblasen	
Sie blasen	Sie haben geblasen	*PARTICIPLE*
sie blasen	sie haben geblasen	**PRESENT**
		blasend

IMPERFECT	PLUPERFECT	PAST
ich bliese	ich hätte geblasen	geblasen
du bliesest	du hättest geblasen	
er/sie bliese	er/sie hätte geblasen	*IMPERATIVE*
wir bliesen	wir hätten geblasen	
ihr blieset	ihr hättet geblasen	blas(e)!
Sie bliesen	Sie hätten geblasen	blast!
sie bliesen	sie hätten geblasen	blasen Sie!
		blasen wir!

FUTURE PERFECT

ich werde geblasen haben
du wirst geblasen haben
etc

BLEIBEN
to stay, remain

25

PRESENT	IMPERFECT	FUTURE
ich bleibe	ich blieb	ich werde bleiben
du bleibst	du bliebst	du wirst bleiben
er/sie bleibt	er/sie blieb	er/sie wird bleiben
wir bleiben	wir blieben	wir werden bleiben
ihr bleibt	ihr bliebt	ihr werdet bleiben
Sie bleiben	Sie blieben	Sie werden bleiben
sie bleiben	sie blieben	sie werden bleiben

PERFECT	PLUPERFECT	CONDITIONAL
ich bin geblieben	ich war geblieben	ich würde bleiben
du bist geblieben	du warst geblieben	du würdest bleiben
er/sie ist geblieben	er/sie war geblieben	er/sie würde bleiben
wir sind geblieben	wir waren geblieben	wir würden bleiben
ihr seid geblieben	ihr wart geblieben	ihr würdet bleiben
Sie sind geblieben	Sie waren geblieben	Sie würden bleiben
sie sind geblieben	sie waren geblieben	sie würden bleiben

SUBJUNCTIVE

PRESENT	PERFECT
ich bleibe	ich sei geblieben
du bleibest	du sei(e)st geblieben
er/sie bleibe	er/sie sei geblieben
wir bleiben	wir seien geblieben
ihr bleibet	ihr seiet geblieben
Sie bleiben	Sie seien geblieben
sie bleiben	sie seien geblieben

IMPERFECT	PLUPERFECT
ich bliebe	ich wäre geblieben
du bliebest	du wär(e)st geblieben
er/sie bliebe	er/sie wäre geblieben
wir blieben	wir wären geblieben
ihr bliebet	ihr wär(e)t geblieben
Sie blieben	Sie wären geblieben
sie blieben	sie wären geblieben

INFINITIVE

PRESENT
bleiben

PAST
geblieben sein

PARTICIPLE

PRESENT
bleibend

PAST
geblieben

IMPERATIVE

bleib(e)!
bleibt!
bleiben Sie!
bleiben wir!

FUTURE PERFECT

ich werde geblieben sein
du wirst geblieben sein
etc

BRATEN
to roast, fry

PRESENT	IMPERFECT	FUTURE
ich brate	ich briet	ich werde braten
du brätst	du brietst	du wirst braten
er/sie brät	er/sie briet	er/sie wird braten
wir braten	wir brieten	wir werden braten
ihr bratet	ihr brietet	ihr werdet braten
Sie braten	Sie brieten	Sie werden braten
sie braten	sie brieten	sie werden braten

PERFECT	PLUPERFECT	CONDITIONAL
ich habe gebraten	ich hatte gebraten	ich würde braten
du hast gebraten	du hattest gebraten	du würdest braten
er/sie hat gebraten	er/sie hatte gebraten	er/sie würde braten
wir haben gebraten	wir hatten gebraten	wir würden braten
ihr habt gebraten	ihr hattet gebraten	ihr würdet braten
Sie haben gebraten	Sie hatten gebraten	Sie würden braten
sie haben gebraten	sie hatten gebraten	sie würden braten

SUBJUNCTIVE

PRESENT	PERFECT	*INFINITIVE*
ich brate	ich habe gebraten	**PRESENT**
du bratest	du habest gebraten	braten
er/sie brate	er/sie habe gebraten	**PAST**
wir braten	wir haben gebraten	gebraten haben
ihr bratet	ihr habet gebraten	
Sie braten	Sie haben gebraten	*PARTICIPLE*
sie braten	sie haben gebraten	**PRESENT**
		bratend

IMPERFECT	PLUPERFECT	PAST
ich briete	ich hätte gebraten	gebraten
du brietest	du hättest gebraten	
er/sie briete	er/sie hätte gebraten	*IMPERATIVE*
wir brieten	wir hätten gebraten	brat(e)!
ihr brietet	ihr hättet gebraten	bratet!
Sie brieten	Sie hätten gebraten	braten Sie!
sie brieten	sie hätten gebraten	braten wir!

FUTURE PERFECT

ich werde gebraten
haben
du wirst gebraten
haben *etc*

BRAUCHEN
to need

PRESENT	**IMPERFECT**	**FUTURE**
ich brauche	ich brauchte	ich werde brauchen
du brauchst	du brauchtest	du wirst brauchen
er/sie braucht	er/sie brauchte	er/sie wird brauchen
wir brauchen	wir brauchten	wir werden brauchen
ihr braucht	ihr brauchtet	ihr werdet brauchen
Sie brauchen	Sie brauchten	Sie werden brauchen
sie brauchen	sie brauchten	sie werden brauchen

PERFECT	**PLUPERFECT**	**CONDITIONAL**
ich habe gebraucht	ich hatte gebraucht	ich würde brauchen
du hast gebraucht	du hattest gebraucht	du würdest brauchen
er/sie hat gebraucht	er/sie hatte gebraucht	er/sie würde brauchen
wir haben gebraucht	wir hatten gebraucht	wir würden brauchen
ihr habt gebraucht	ihr hattet gebraucht	ihr würdet brauchen
Sie haben gebraucht	Sie hatten gebraucht	Sie würden brauchen
sie haben gebraucht	sie hatten gebraucht	sie würden brauchen

SUBJUNCTIVE

PRESENT	**PERFECT**
ich brauche	ich habe gebraucht
du brauchest	du habest gebraucht
er/sie brauche	er/sie habe gebraucht
wir brauchen	wir haben gebraucht
ihr brauchet	ihr habet gebraucht
Sie brauchen	Sie haben gebraucht
sie brauchen	sie haben gebraucht

IMPERFECT	**PLUPERFECT**
ich brauchte	ich hätte gebraucht
du brauchtest	du hättest gebraucht
er/sie brauchte	er/sie hätte gebraucht
wir brauchten	wir hätten gebraucht
ihr brauchtet	ihr hättet gebraucht
Sie brauchten	Sie hätten gebraucht
sie brauchten	sie hätten gebraucht

FUTURE PERFECT

ich werde gebraucht
haben
du wirst gebraucht
haben *etc*

INFINITIVE

PRESENT
brauchen
PAST
gebraucht haben

PARTICIPLE

PRESENT
brauchend
PAST
gebraucht

IMPERATIVE

brauch(e)!
braucht!
brauchen Sie!
brauchen wir!

BRECHEN
to break

PRESENT	IMPERFECT	FUTURE
ich breche	ich brach	ich werde brechen
du brichst	du brachst	du wirst brechen
er/sie bricht	er/sie brach	er/sie wird brechen
wir brechen	wir brachen	wir werden brechen
ihr brecht	ihr bracht	ihr werdet brechen
Sie brechen	Sie brachen	Sie werden brechen
sie brechen	sie brachen	sie werden brechen

PERFECT (1)	PLUPERFECT (2)	CONDITIONAL
ich habe gebrochen	ich hatte gebrochen	ich würde brechen
du hast gebrochen	du hattest gebrochen	du würdest brechen
er/sie hat gebrochen	er/sie hatte gebrochen	er/sie würde brechen
wir haben gebrochen	wir hatten gebrochen	wir würden brechen
ihr habt gebrochen	ihr hattet gebrochen	ihr würdet brechen
Sie haben gebrochen	Sie hatten gebrochen	Sie würden brechen
sie haben gebrochen	sie hatten gebrochen	sie würden brechen

SUBJUNCTIVE

PRESENT	PERFECT (3)
ich breche	ich habe gebrochen
du brechest	du habest gebrochen
er/sie breche	er/sie habe gebrochen
wir brechen	wir haben gebrochen
ihr brechet	ihr habet gebrochen
Sie brechen	Sie haben gebrochen
sie brechen	sie haben gebrochen

IMPERFECT	PLUPERFECT (4)
ich bräche	ich hätte gebrochen
du brächest	du hättest gebrochen
er/sie bräche	er/sie hätte gebrochen
wir brächen	wir hätten gebrochen
ihr brächet	ihr hättet gebrochen
Sie brächen	Sie hätten gebrochen
sie brächen	sie hätten gebrochen

INFINITIVE

PRESENT
brechen

PAST (6)
gebrochen haben

PARTICIPLE

PRESENT
brechend

PAST
gebrochen

IMPERATIVE

brich!
brecht!
brechen Sie!
brechen wir!

FUTURE PERFECT (5)

ich werde gebrochen
haben
du wirst gebrochen
haben *etc*

NOTE

also intransitive: (1) ich bin gebrochen *etc (2)* ich
war gebrochen *etc (3)* ich sei gebrochen *etc (4)* ich
wäre gebrochen *etc (5)* ich werde gebrochen sein
etc (6) gebrochen sein

BRENNEN
to burn

PRESENT	**IMPERFECT**	**FUTURE**
ich brenne	ich brannte	ich werde brennen
du brennst	du branntest	du wirst brennen
er/sie brennt	er/sie brannte	er/sie wird brennen
wir brennen	wir brannten	wir werden brennen
ihr brennt	ihr branntet	ihr werdet brennen
Sie brennen	Sie brannten	Sie werden brennen
sie brennen	sie brannten	sie werden brennen

PERFECT	**PLUPERFECT**	**CONDITIONAL**
ich habe gebrannt	ich hatte gebrannt	ich würde brennen
du hast gebrannt	du hattest gebrannt	du würdest brennen
er/sie hat gebrannt	er/sie hatte gebrannt	er/sie würde brennen
wir haben gebrannt	wir hatten gebrannt	wir würden brennen
ihr habt gebrannt	ihr hattet gebrannt	ihr würdet brennen
Sie haben gebrannt	Sie hatten gebrannt	Sie würden brennen
sie haben gebrannt	sie hatten gebrannt	sie würden brennen

SUBJUNCTIVE

PRESENT	**PERFECT**
ich brenne	ich habe gebrannt
du brennest	du habest gebrannt
er/sie brenne	er/sie habe gebrannt
wir brennen	wir haben gebrannt
ihr brennet	ihr habet gebrannt
Sie brennen	Sie haben gebrannt
sie brennen	sie haben gebrannt

IMPERFECT	**PLUPERFECT**
ich brennte	ich hätte gebrannt
du brenntest	du hättest gebrannt
er/sie brennte	er/sie hätte gebrannt
wir brennten	wir hätten gebrannt
ihr brenntet	ihr hättet gebrannt
Sie brennten	Sie hätten gebrannt
sie brennten	sie hätten gebrannt

FUTURE PERFECT

ich werde gebrannt
haben
du wirst gebrannt haben
etc

INFINITIVE
PRESENT
brennen
PAST
gebrannt haben

PARTICIPLE
PRESENT
brennend
PAST
gebrannt

IMPERATIVE
brenn(e)!
brennt!
brennen Sie!
brennen wir!

30 BRINGEN
to bring, take

PRESENT	**IMPERFECT**	**FUTURE**
ich bringe	ich brachte	ich werde bringen
du bringst	du brachtest	du wirst bringen
er/sie bringt	er/sie brachte	er/sie wird bringen
wir bringen	wir brachten	wir werden bringen
ihr bringt	ihr brachtet	ihr werdet bringen
Sie bringen	Sie brachten	Sie werden bringen
sie bringen	sie brachten	sie werden bringen

PERFECT	**PLUPERFECT**	**CONDITIONAL**
ich habe gebracht	ich hatte gebracht	ich würde bringen
du hast gebracht	du hattest gebracht	du würdest bringen
er/sie hat gebracht	er/sie hatte gebracht	er/sie würde bringen
wir haben gebracht	wir hatten gebracht	wir würden bringen
ihr habt gebracht	ihr hattet gebracht	ihr würdet bringen
Sie haben gebracht	Sie hatten gebracht	Sie würden bringen
sie haben gebracht	sie hatten gebracht	sie würden bringen

SUBJUNCTIVE

PRESENT	**PERFECT**
ich bringe	ich habe gebracht
du bringest	du habest gebracht
er/sie bringe	er/sie habe gebracht
wir bringen	wir haben gebracht
ihr bringet	ihr habet gebracht
Sie bringen	Sie haben gebracht
sie bringen	sie haben gebracht

IMPERFECT	**PLUPERFECT**
ich brächte	ich hätte gebracht
du brächtest	du hättest gebracht
er/sie brächte	er/sie hätte gebracht
wir brächten	wir hätten gebracht
ihr brächtet	ihr hättet gebracht
Sie brächten	Sie hätten gebracht
sie brächten	sie hätten gebracht

FUTURE PERFECT

ich werde gebracht
haben
du wirst gebracht
haben *etc*

INFINITIVE

PRESENT
bringen
PAST
gebracht haben

PARTICIPLE

PRESENT
bringend
PAST
gebracht

IMPERATIVE

bring(e)!
bringt!
bringen Sie!
bringen wir!

DASEIN
to be there

PRESENT	**IMPERFECT**	**FUTURE**
ich bin da	ich war da	ich werde dasein
du bist da	du warst da	du wirst dasein
er/sie ist da	er/sie war da	er/sie wird dasein
wir sind da	wir waren da	wir werden dasein
ihr seid da	ihr wart da	ihr werdet dasein
Sie sind da	Sie waren da	Sie werden dasein
sie sind da	sie waren da	sie werden dasein

PERFECT	**PLUPERFECT**	**CONDITIONAL**
ich bin dagewesen	ich war dagewesen	ich würde dasein
du bist dagewesen	du warst dagewesen	du würdest dasein
er/sie ist dagewesen	er/sie war dagewesen	er/sie würde dasein
wir sind dagewesen	wir waren dagewesen	wir würden dasein
ihr seid dagewesen	ihr wart dagewesen	ihr würdet dasein
Sie sind dagewesen	Sie waren dagewesen	Sie würden dasein
sie sind dagewesen	sie waren dagewesen	sie würden dasein

SUBJUNCTIVE

PRESENT	**PERFECT**
ich sei da	ich sei dagewesen
du seist da	du sei(e)st dagewesen
er/sie sei da	er/sie sei dagewesen
wir seien da	wir seien dagewesen
ihr seiet da	ihr seiet dagewesen
Sie seien da	Sie seien dagewesen
sie seien da	sie seien dagewesen

INFINITIVE

PRESENT
dasein

PAST
dagewesen sein

IMPERFECT	**PLUPERFECT**
ich wäre da	ich wäre dagewesen
du wärest da	du wär(e)st dagewesen
er/sie wäre da	er/sie wäre dagewesen
wir wären da	wir wären dagewesen
ihr wäret da	ihr wär(e)t dagewesen
Sie wären da	Sie wären dagewesen
sie wären da	sie wären dagewesen

PARTICIPLE

PRESENT
daseiend

PAST
dagewesen

IMPERATIVE

sei da!
seid da!
seien Sie da!
seien wir da!

FUTURE PERFECT

ich werde dagewesen
sein
du wirst dagewesen
sein *etc*

DENKEN
to think

PRESENT	IMPERFECT	FUTURE
ich denke	ich dachte	ich werde denken
du denkst	du dachtest	du wirst denken
er/sie denkt	er/sie dachte	er/sie wird denken
wir denken	wir dachten	wir werden denken
ihr denkt	ihr dachtet	ihr werdet denken
Sie denken	Sie dachten	Sie werden denken
sie denken	sie dachten	sie werden denken

PERFECT	PLUPERFECT	CONDITIONAL
ich habe gedacht	ich hatte gedacht	ich würde denken
du hast gedacht	du hattest gedacht	du würdest denken
er/sie hat gedacht	er/sie hatte gedacht	er/sie würde denken
wir haben gedacht	wir hatten gedacht	wir würden denken
ihr habt gedacht	ihr hattet gedacht	ihr würdet denken
Sie haben gedacht	Sie hatten gedacht	Sie würden denken
sie haben gedacht	sie hatten gedacht	sie würden denken

SUBJUNCTIVE

PRESENT	PERFECT
ich denke	ich habe gedacht
du denkest	du habest gedacht
er/sie denke	er/sie habe gedacht
wir denken	wir haben gedacht
ihr denket	ihr habet gedacht
Sie denken	Sie haben gedacht
sie denken	sie haben gedacht

IMPERFECT	PLUPERFECT
ich dächte	ich hätte gedacht
du dächtest	du hättest gedacht
er/sie dächte	er/sie hätte gedacht
wir dächten	wir hätten gedacht
ihr dächtet	ihr hättet gedacht
Sie dächten	Sie hätten gedacht
sie dächten	sie hätten gedacht

FUTURE PERFECT

ich werde gedacht
haben
du wirst gedacht haben
etc

INFINITIVE

PRESENT
denken

PAST
gedacht haben

PARTICIPLE

PRESENT
denkend

PAST
gedacht

IMPERATIVE

denk(e)!
denkt!
denken Sie!
denken wir!

DRESCHEN
to thresh

PRESENT	**IMPERFECT** *(1)*	**FUTURE**
ich dresche	ich drosch	ich werde dreschen
du drischst	du droschst	du wirst dreschen
er/sie drischt	er/sie drosch	er/sie wird dreschen
wir dreschen	wir droschen	wir werden dreschen
ihr drescht	ihr droscht	ihr werdet dreschen
Sie dreschen	Sie droschen	Sie werden dreschen
sie dreschen	sie droschen	sie werden dreschen

PERFECT	**PLUPERFECT**	**CONDITIONAL**
ich habe gedroschen	ich hatte gedroschen	ich würde dreschen
du hast gedroschen	du hattest gedroschen	du würdest dreschen
er/sie hat gedroschen	er/sie hatte gedroschen	er/sie würde dreschen
wir haben gedroschen	wir hatten gedroschen	wir würden dreschen
ihr habt gedroschen	ihr hattet gedroschen	ihr würdet dreschen
Sie haben gedroschen	Sie hatten gedroschen	Sie würden dreschen
sie haben gedroschen	sie hatten gedroschen	sie würden dreschen

SUBJUNCTIVE

PRESENT	**PERFECT**
ich dresche	ich habe gedroschen
du dreschest	du habest gedroschen
er/sie dresche	er/sie habe gedroschen
wir dreschen	wir haben gedroschen
ihr dreschet	ihr habet gedroschen
Sie dreschen	Sie haben gedroschen
sie dreschen	sie haben gedroschen

IMPERFECT	**PLUPERFECT**
ich drösche	ich hätte gedroschen
du dröschest	du hättest gedroschen
er/sie drösche	er/sie hätte gedroschen
wir dröschen	wir hätten gedroschen
ihr dröschet	ihr hättet gedroschen
Sie dröschen	Sie hätten gedroschen
sie dröschen	sie hätten gedroschen

FUTURE PERFECT

ich werde gedroschen
haben
du wirst gedroschen
haben *etc*

INFINITIVE

PRESENT

dreschen

PAST

gedroschen haben

PARTICIPLE

PRESENT

dreschend

PAST

gedroschen

IMPERATIVE

drisch!
drescht!
dreschen Sie!
dreschen wir!

NOTE

(1) older forms: ich drasch, du draschst *etc*

34 DRINGEN
to penetrate

PRESENT	**IMPERFECT**	**FUTURE**
ich dringe	ich drang	ich werde dringen
du dringst	du drangst	du wirst dringen
er/sie dringt	er/sie drang	er/sie wird dringen
wir dringen	wir drangen	wir werden dringen
ihr dringt	ihr drangt	ihr werdet dringen
Sie dringen	Sie drangen	Sie werden dringen
sie dringen	sie drangen	sie werden dringen

PERFECT	**PLUPERFECT**	**CONDITIONAL**
ich bin gedrungen	ich war gedrungen	ich würde dringen
du bist gedrungen	du warst gedrungen	du würdest dringen
er/sie ist gedrungen	er/sie war gedrungen	er/sie würde dringen
wir sind gedrungen	wir waren gedrungen	wir würden dringen
ihr seid gedrungen	ihr wart gedrungen	ihr würdet dringen
Sie sind gedrungen	Sie waren gedrungen	Sie würden dringen
sie sind gedrungen	sie waren gedrungen	sie würden dringen

SUBJUNCTIVE

PRESENT	**PERFECT**	*INFINITIVE*
ich dringe	ich sei gedrungen	**PRESENT**
du dringest	du sei(e)st gedrungen	dringen
er/sie dringe	er/sie sei gedrungen	**PAST**
wir dringen	wir seien gedrungen	gedrungen sein
ihr dringet	ihr seiet gedrungen	
Sie dringen	Sie seien gedrungen	*PARTICIPLE*
sie dringen	sie seien gedrungen	**PRESENT**

IMPERFECT	**PLUPERFECT**	dringend
ich dränge	ich wäre gedrungen	**PAST**
du drängest	du wär(e)st gedrungen	gedrungen
er/sie dränge	er/sie wäre gedrungen	
wir drängen	wir wären gedrungen	*IMPERATIVE*
ihr dränget	ihr wär(e)t gedrungen	
Sie drängen	Sie wären gedrungen	dring(e)!
sie drängen	sie wären gedrungen	dringt!
		dringen Sie!
		dringen wir!

FUTURE PERFECT

ich werde gedrungen sein
du wirst gedrungen sein
etc

DÜRFEN
to be allowed to

PRESENT	IMPERFECT	FUTURE
ich darf	ich durfte	ich werde dürfen
du darfst	du durftest	du wirst dürfen
er/sie darf	er/sie durfte	er/sie wird dürfen
wir dürfen	wir durften	wir werden dürfen
ihr dürft	ihr durftet	ihr werdet dürfen
Sie dürfen	Sie durften	Sie werden dürfen
sie dürfen	sie durften	sie werden dürfen

PERFECT (1)	PLUPERFECT (2)	CONDITIONAL
ich habe gedurft	ich hatte gedurft	ich würde dürfen
du hast gedurft	du hattest gedurft	du würdest dürfen
er/sie hat gedurft	er/sie hatte gedurft	er/sie würde dürfen
wir haben gedurft	wir hatten gedurft	wir würden dürfen
ihr habt gedurft	ihr hattet gedurft	ihr würdet dürfen
Sie haben gedurft	Sie hatten gedurft	Sie würden dürfen
sie haben gedurft	sie hatten gedurft	sie würden dürfen

SUBJUNCTIVE

PRESENT	PERFECT (1)	
ich dürfe	ich habe gedurft	
du dürfest	du habest gedurft	
er/sie dürfe	er/sie habe gedurft	
wir dürfen	wir haben gedurft	
ihr dürfet	ihr habet gedurft	
Sie dürfen	Sie haben gedurft	
sie dürfen	sie haben gedurft	

INFINITIVE
PRESENT
dürfen

PAST
gedurft haben

PARTICIPLE
PRESENT
dürfend

PAST
gedurft

IMPERFECT	PLUPERFECT (3)
ich dürfte	ich hätte gedurft
du dürftest	du hättest gedurft
er/sie dürfte	er/sie hätte gedurft
wir dürften	wir hätten gedurft
ihr dürftet	ihr hättet gedurft
Sie dürften	Sie hätten gedurft
sie dürften	sie hätten gedurft

NOTE
*when preceded by an infinitive: (1) ich habe …
dürfen etc (2) ich hatte … dürfen etc (3) ich
hätte … dürfen etc*

36

EILEN
to rush

PRESENT	IMPERFECT	FUTURE
ich eile	ich eilte	ich werde eilen
du eilst	du eiltest	du wirst eilen
er/sie eilt	er/sie eilte	er/sie wird eilen
wir eilen	wir eilten	wir werden eilen
ihr eilt	ihr eiltet	ihr werdet eilen
Sie eilen	Sie eilten	Sie werden eilen
sie eilen	sie eilten	sie werden eilen

PERFECT	PLUPERFECT	CONDITIONAL
ich bin geeilt	ich war geeilt	ich würde eilen
du bist geeilt	du warst geeilt	du würdest eilen
er/sie ist geeilt	er/sie war geeilt	er/sie würde eilen
wir sind geeilt	wir waren geeilt	wir würden eilen
ihr seid geeilt	ihr wart geeilt	ihr würdet eilen
Sie sind geeilt	Sie waren geeilt	Sie würden eilen
sie sind geeilt	sie waren geeilt	sie würden eilen

SUBJUNCTIVE

PRESENT	PERFECT
ich eile	ich sei geeilt
du eilest	du sei(e)st geeilt
er/sie eile	er/sie sei geeilt
wir eilen	wir seien geeilt
ihr eilet	ihr seiet geeilt
Sie eilen	Sie seien geeilt
sie eilen	sie seien geeilt

IMPERFECT	PLUPERFECT
ich eilte	ich wäre geeilt
du eiltest	du wär(e)st geeilt
er/sie eilte	er/sie wäre geeilt
wir eilten	wir wären geeilt
ihr eiltet	ihr wär(e)t geeilt
Sie eilten	Sie wären geeilt
sie eilten	sie wären geeilt

FUTURE PERFECT
ich werde geeilt sein
du wirst geeilt sein *etc*

INFINITIVE

PRESENT
eilen

PAST
geeilt sein

PARTICIPLE

PRESENT
eilend

PAST
geeilt

IMPERATIVE

eil(e)!
eilt!
eilen Sie!
eilen wir!

EMPFEHLEN
to recommend

PRESENT	**IMPERFECT**	**FUTURE**
ich empfehle	ich empfahl	ich werde empfehlen
du empfiehlst	du empfahlst	du wirst empfehlen
er/sie empfiehlt	er/sie empfahl	er/sie wird empfehlen
wir empfehlen	wir empfahlen	wir werden empfehlen
ihr empfehlt	ihr empfahlt	ihr werdet empfehlen
Sie empfehlen	Sie empfahlen	Sie werden empfehlen
sie empfehlen	sie empfahlen	sie werden empfehlen

PERFECT	**PLUPERFECT**	**CONDITIONAL**
ich habe empfohlen	ich hatte empfohlen	ich würde empfehlen
du hast empfohlen	du hattest empfohlen	du würdest empfehlen
er/sie hat empfohlen	er/sie hatte empfohlen	er/sie würde empfehlen
wir haben empfohlen	wir hatten empfohlen	wir würden empfehlen
ihr habt empfohlen	ihr hattet empfohlen	ihr würdet empfehlen
Sie haben empfohlen	Sie hatten empfohlen	Sie würden empfehlen
sie haben empfohlen	sie hatten empfohlen	sie würden empfehlen

SUBJUNCTIVE

PRESENT	**PERFECT**
ich empfehle	ich habe empfohlen
du empfehlest	du habest empfohlen
er/sie empfehle	er/sie habe empfohlen
wir empfehlen	wir haben empfohlen
ihr empfehlet	ihr habet empfohlen
Sie empfehlen	Sie haben empfohlen
sie empfehlen	sie haben empfohlen

IMPERFECT *(1)*	**PLUPERFECT**
ich empföhle	ich hätte empfohlen
du empföhlest	du hättest empfohlen
er/sie empföhle	er/sie hätte empfohlen
wir empföhlen	wir hätten empfohlen
ihr empföhlet	ihr hättet empfohlen
Sie empföhlen	Sie hätten empfohlen
sie empföhlen	sie hätten empfohlen

FUTURE PERFECT

ich werde empfohlen
haben
du wirst empfohlen
haben *etc*

INFINITIVE

PRESENT
empfehlen

PAST
empfohlen haben

PARTICIPLE

PRESENT
empfehlend

PAST
empfohlen

IMPERATIVE

empfiehl!
empfehlt!
empfehlen Sie!
empfehlen wir!

NOTE

(1) ich empfähle, du empfählest *etc is also possible*

38

ENTSCHEIDEN
to decide

PRESENT

ich entscheide
du entscheidest
er/sie entscheidet
wir entscheiden
ihr entscheidet
Sie entscheiden
sie entscheiden

IMPERFECT

ich entschied
du entschiedest
er/sie entschied
wir entschieden
ihr entschiedet
Sie entschieden
sie entschieden

FUTURE

ich werde entscheiden
du wirst entscheiden
er/sie wird entscheiden
wir werden entscheiden
ihr werdet entscheiden
Sie werden entscheiden
sie werden entscheiden

PERFECT

ich habe entschieden
du hast entschieden
er/sie hat entschieden
wir haben entschieden
ihr habt entschieden
Sie haben entschieden
sie haben entschieden

PLUPERFECT

ich hatte entschieden
du hattest entschieden
er/sie hatte entschieden
wir hatten entschieden
ihr hattet entschieden
Sie hatten entschieden
sie hatten entschieden

CONDITIONAL

ich würde entscheiden
du würdest entscheiden
er/sie würde entscheiden
wir würden entscheiden
ihr würdet entscheiden
Sie würden entscheiden
sie würden entscheiden

SUBJUNCTIVE
PRESENT

ich entscheide
du entscheidest
er/sie entscheide
wir entscheiden
ihr entscheidet
Sie entscheiden
sie entscheiden

PERFECT

ich habe entschieden
du habest entschieden
er/sie habe entschieden
wir haben entschieden
ihr habet entschieden
Sie haben entschieden
sie haben entschieden

INFINITIVE
PRESENT

entscheiden

PAST

entschieden haben

PARTICIPLE
PRESENT

entscheidend

PAST

entschieden

IMPERFECT

ich entschiede
du entscheidest
er/sie entschiede
wir entschieden
ihr entscheidet
Sie entschieden
sie entschieden

PLUPERFECT

ich hätte entschieden
du hättest entschieden
er/sie hätte entschieden
wir hätten entschieden
ihr hättet entschieden
Sie hätten entschieden
sie hätten entschieden

IMPERATIVE

entscheid(e)!
entscheidet!
entscheiden Sie!
entscheiden wir!

FUTURE PERFECT

ich werde entschieden
haben
du wirst entschieden
haben *etc*

ERKLIMMEN
to climb

PRESENT	**IMPERFECT**	**FUTURE**
ich erklimme	ich erklomm	ich werde erklimmen
du erklimmst	du erklommst	du wirst erklimmen
er/sie erklimmt	er/sie erklomm	er/sie wird erklimmen
wir erklimmen	wir erklommen	wir werden erklimmen
ihr erklimmt	ihr erklommt	ihr werdet erklimmen
Sie erklimmen	Sie erklommen	Sie werden erklimmen
sie erklimmen	sie erklommen	sie werden erklimmen

PERFECT	**PLUPERFECT**	**CONDITIONAL**
ich habe erklommen	ich hatte erklommen	ich würde erklimmen
du hast erklommen	du hattest erklommen	du würdest erklimmen
er/sie hat erklommen	er/sie hatte erklommen	er/sie würde erklimmen
wir haben erklommen	wir hatten erklommen	wir würden erklimmen
ihr habt erklommen	ihr hattet erklommen	ihr würdet erklimmen
Sie haben erklommen	Sie hatten erklommen	Sie würden erklimmen
sie haben erklommen	sie hatten erklommen	sie würden erklimmen

SUBJUNCTIVE

PRESENT	**PERFECT**
ich erklimme	ich habe erklommen
du erklimmest	du habest erklommen
er/sie erklimme	er/sie habe erklommen
wir erklimmen	wir haben erklommen
ihr erklimmet	ihr habet erklommen
Sie erklimmen	Sie haben erklommen
sie erklimmen	sie haben erklommen

IMPERFECT	**PLUPERFECT**
ich erklömme	ich hätte erklommen
du erklömmest	du hättest erklommen
er/sie erklömme	er/sie hätte erklommen
wir erklömmen	wir hätten erklommen
ihr erklömmet	ihr hättet erklommen
Sie erklömmen	Sie hätten erklommen
sie erklömmen	sie hätten erklommen

FUTURE PERFECT

ich werde erklommen
haben
du wirst erklommen
haben *etc*

INFINITIVE

PRESENT
erklimmen

PAST
erklommen haben

PARTICIPLE

PRESENT
erklimmend

PAST
erklommen

IMPERATIVE

erklimm(e)!
erklimmt!
erklimmen Sie!
erklimmen wir!

ERSCHRECKEN
to be startled *(1)*

PRESENT	IMPERFECT	FUTURE
ich erschrecke	ich erschrak	ich werde erschrecken
du erschrickst	du erschrakst	du wirst erschrecken
er/sie erschrickt	er/sie erschrak	er/sie wird erschrecken
wir erschrecken	wir erschraken	wir werden erschrecken
ihr erschreckt	ihr erschrakt	ihr werdet erschrecken
Sie erschrecken	Sie erschraken	Sie werden erschrecken
sie erschrecken	sie erschraken	sie werden erschrecken

PERFECT	PLUPERFECT	CONDITIONAL
ich bin erschrocken	ich war erschrocken	ich würde erschrecken
du bist erschrocken	du warst erschrocken	du würdest erschrecken
er/sie ist erschrocken	er/sie war erschrocken	er/sie würde erschrecken
wir sind erschrocken	wir waren erschrocken	wir würden erschrecken
ihr seid erschrocken	ihr wart erschrocken	ihr würdet erschrecken
Sie sind erschrocken	Sie waren erschrocken	Sie würden erschrecken
sie sind erschrocken	sie waren erschrocken	sie würden erschrecken

SUBJUNCTIVE

PRESENT	PERFECT	*INFINITIVE*
ich erschrecke	ich sei erschrocken	**PRESENT** erschrecken
du erschreckst	du sei(e)st erschrocken	
er/sie erschreckt	er/sie sei erschrocken	**PAST** erschrocken sein
wir erschrecken	wir seien erschrocken	
ihr erschrecket	ihr seiet erschrocken	
Sie erschrecken	Sie seien erschrocken	*PARTICIPLE*
sie erschrecken	sie seien erschrocken	**PRESENT** erschreckend

IMPERFECT	PLUPERFECT	**PAST** erschrocken
ich erschräke	ich wäre erschrocken	
du erschräkest	du wär(e)st erschrocken	*IMPERATIVE*
er/sie erschräke	er/sie wäre erschrocken	
wir erschräken	wir wären erschrocken	erschreck(e)!
ihr erschräket	ihr wär(e)t erschrocken	erschreckt!
Sie erschräken	Sie wären erschrocken	erschrecken Sie!
sie erschräken	sie wären erschrocken	erschrecken wir!

FUTURE PERFECT

ich werde erschrocken
sein
du wirst erschrocken sein
etc

NOTE

(1) also a weak transitive verb meaning 'to frighten', conjugated with haben ich erschreckte, ich habe erschreckt *etc*

to consider

PRESENT	IMPERFECT	FUTURE
ich erwäge	ich erwog	ich werde erwägen
du erwägst	du erwogst	du wirst erwägen
er/sie erwägt	er/sie erwog	er/sie wird erwägen
wir erwägen	wir erwogen	wir werden erwägen
ihr erwägt	ihr erwogt	ihr werdet erwägen
Sie erwägen	Sie erwogen	Sie werden erwägen
sie erwägen	sie erwogen	sie werden erwägen

PERFECT	PLUPERFECT	CONDITIONAL
ich habe erwogen	ich hatte erwogen	ich würde erwägen
du hast erwogen	du hattest erwogen	du würdest erwägen
er/sie hat erwogen	er/sie hatte erwogen	er/sie würde erwägen
wir haben erwogen	wir hatten erwogen	wir würden erwägen
ihr habt erwogen	ihr hattet erwogen	ihr würdet erwägen
Sie haben erwogen	Sie hatten erwogen	Sie würden erwägen
sie haben erwogen	sie hatten erwogen	sie würden erwägen

SUBJUNCTIVE

PRESENT	PERFECT
ich erwäge	ich habe erwogen
du erwägest	du habest erwogen
er/sie erwäge	er/sie habe erwogen
wir erwägen	wir haben erwogen
ihr erwäget	ihr habet erwogen
Sie erwägen	Sie haben erwogen
sie erwägen	sie haben erwogen

IMPERFECT	PLUPERFECT
ich erwöge	ich hätte erwogen
du erwögest	du hättest erwogen
er/sie erwöge	er/sie hätte erwogen
wir erwögen	wir hätten erwogen
ihr erwöget	ihr hättet erwogen
Sie erwögen	Sie hätten erwogen
sie erwögen	sie hätten erwogen

FUTURE PERFECT

ich werde erwogen haben
du wirst erwogen haben
etc

INFINITIVE

PRESENT
erwägen

PAST
erwogen haben

PARTICIPLE

PRESENT
erwägend

PAST
erwogen

IMPERATIVE

erwäg(e)!
erwägt!
erwägen Sie!
erwägen wir!

42

ESSEN
to eat

PRESENT	IMPERFECT	FUTURE
ich esse	ich aß	ich werde essen
du ißt	du aßest	du wirst essen
er/sie ißt	er/sie aß	er/sie wird essen
wir essen	wir aßen	wir werden essen
ihr eßt	ihr aßt	ihr werdet essen
Sie essen	Sie aßen	Sie werden essen
sie essen	sie aßen	sie werden essen

PERFECT	PLUPERFECT	CONDITIONAL
ich habe gegessen	ich hatte gegessen	ich würde essen
du hast gegessen	du hattest gegessen	du würdest essen
er/sie hat gegessen	er/sie hatte gegessen	er/sie würde essen
wir haben gegessen	wir hatten gegessen	wir würden essen
ihr habt gegessen	ihr hattet gegessen	ihr würdet essen
Sie haben gegessen	Sie hatten gegessen	Sie würden essen
sie haben gegessen	sie hatten gegessen	sie würden essen

SUBJUNCTIVE

PRESENT	PERFECT	INFINITIVE
ich esse	ich habe gegessen	**PRESENT**
du essest	du habest gegessen	essen
er/sie esse	er/sie habe gegessen	**PAST**
wir essen	wir haben gegessen	gegessen haben
ihr esset	ihr habet gegessen	
Sie essen	Sie haben gegessen	*PARTICIPLE*
sie essen	sie haben gegessen	**PRESENT**

IMPERFECT	PLUPERFECT	essend
ich äße	ich hätte gegessen	**PAST**
du äßest	du hättest gegessen	gegessen
er/sie äße	er/sie hätte gegessen	
wir äßen	wir hätten gegessen	*IMPERATIVE*
ihr äßet	ihr hättet gegessen	iß!
Sie äßen	Sie hätten gegessen	eßt!
sie äßen	sie hätten gegessen	essen Sie!
		essen wir!

FUTURE PERFECT

ich werde gegessen
haben
du wirst gegessen haben
etc

to go, drive

PRESENT	**IMPERFECT**	**FUTURE**
ich fahre	ich fuhr	ich werde fahren
du fährst	du fuhrst	du wirst fahren
er/sie fährt	er/sie fuhr	er/sie wird fahren
wir fahren	wir fuhren	wir werden fahren
ihr fahrt	ihr fuhrt	ihr werdet fahren
Sie fahren	Sie fuhren	Sie werden fahren
sie fahren	sie fuhren	sie werden fahren

PERFECT (1)	**PLUPERFECT** (2)	**CONDITIONAL**
ich bin gefahren	ich war gefahren	ich würde fahren
du bist gefahren	du warst gefahren	du würdest fahren
er/sie ist gefahren	er/sie war gefahren	er/sie würde fahren
wir sind gefahren	wir waren gefahren	wir würden fahren
ihr seid gefahren	ihr wart gefahren	ihr würdet fahren
Sie sind gefahren	Sie waren gefahren	Sie würden fahren
sie sind gefahren	sie waren gefahren	sie würden fahren

SUBJUNCTIVE

PRESENT	**PERFECT** (1)
ich fahre	ich sei gefahren
du fahrest	du sei(e)st gefahren
er/sie fahre	er/sie sei gefahren
wir fahren	wir seien gefahren
ihr fahret	ihr seiet gefahren
Sie fahren	Sie seien gefahren
sie fahren	sie seien gefahren

IMPERFECT	**PLUPERFECT** (3)
ich führe	ich wäre gefahren
du führest	du wär(e)st gefahren
er/sie führe	er/sie wäre gefahren
wir führen	wir wären gefahren
ihr führet	ihr wär(e)t gefahren
Sie führen	Sie wären gefahren
sie führen	sie wären gefahren

INFINITIVE

PRESENT
fahren

PAST (5)
gefahren sein

PARTICIPLE

PRESENT
fahrend

PAST
gefahren

IMPERATIVE

fahr(e)!
fahrt!
fahren Sie!
fahren wir!

FUTURE PERFECT (4)	**NOTE**
ich werde gefahren sein	*also transitive* ('to drive'): (1) ich habe gefahren
du wirst gefahren sein *etc*	*etc* (2) ich hatte gefahren *etc* (3) ich hätte gefahren *etc* (4) ich werde gefahren haben *etc* (5) gefahren haben

44

FALLEN
to fall

PRESENT	IMPERFECT	FUTURE
ich falle	ich fiele	ich werde fallen
du fällst	du fielst	du wirst fallen
er/sie fällt	er/sie fiel	er/sie wird fallen
wir fallen	wir fielen	wir werden fallen
ihr fallt	ihr fielt	ihr werdet fallen
Sie fallen	Sie fielen	Sie werden fallen
sie fallen	sie fielen	sie werden fallen

PERFECT	PLUPERFECT	CONDITIONAL
ich bin gefallen	ich war gefallen	ich würde fallen
du bist gefallen	du warst gefallen	du würdest fallen
er/sie ist gefallen	er/sie war gefallen	er/sie würde fallen
wir sind gefallen	wir waren gefallen	wir würden fallen
ihr seid gefallen	ihr wart gefallen	ihr würdet fallen
Sie sind gefallen	Sie waren gefallen	Sie würden fallen
sie sind gefallen	sie waren gefallen	sie würden fallen

SUBJUNCTIVE

PRESENT

	PERFECT
ich falle	ich sei gefallen
du fallest	du sei(e)st gefallen
er/sie falle	er/sie sei gefallen
wir fallen	wir seien gefallen
ihr fallet	ihr seiet gefallen
Sie fallen	Sie seien gefallen
sie fallen	sie seien gefallen

IMPERFECT

	PLUPERFECT
ich fiele	ich wäre gefallen
du fielest	du wär(e)st gefallen
er/sie fiele	er/sie wäre gefallen
wir fielen	wir wären gefallen
ihr fielet	ihr wär(e)t gefallen
Sie fielen	Sie wären gefallen
sie fielen	sie wären gefallen

FUTURE PERFECT

ich werde gefallen sein
du wirst gefallen sein
etc

INFINITIVE

PRESENT
fallen

PAST
gefallen sein

PARTICIPLE

PRESENT
fallend

PAST
gefallen

IMPERATIVE

fall(e)!
fallt!
fallen Sie!
fallen wir!

FANGEN
to catch

PRESENT	IMPERFECT	FUTURE
ich fange	ich fing	ich werde fangen
du fängst	du fingst	du wirst fangen
er/sie fängt	er/sie fing	er/sie wird fangen
wir fangen	wir fingen	wir werden fangen
ihr fangt	ihr fingt	ihr werdet fangen
Sie fangen	Sie fingen	Sie werden fangen
sie fangen	sie fingen	sie werden fangen

PERFECT	PLUPERFECT	CONDITIONAL
ich habe gefangen	ich hatte gefangen	ich würde fangen
du hast gefangen	du hattest gefangen	du würdest fangen
er/sie hat gefangen	er/sie hatte gefangen	er/sie würde fangen
wir haben gefangen	wir hatten gefangen	wir würden fangen
ihr habt gefangen	ihr hattet gefangen	ihr würdet fangen
Sie haben gefangen	Sie hatten gefangen	Sie würden fangen
sie haben gefangen	sie hatten gefangen	sie würden fangen

SUBJUNCTIVE

PRESENT	PERFECT	INFINITIVE
ich fange	ich habe gefangen	**PRESENT**
du fangest	du habest gefangen	fangen
er/sie fange	er/sie habe gefangen	**PAST**
wir fangen	wir haben gefangen	gefangen haben
ihr fanget	ihr habet gefangen	
Sie fangen	Sie haben gefangen	
sie fangen	sie haben gefangen	

PARTICIPLE

PRESENT
fangend

IMPERFECT	PLUPERFECT	PAST
ich finge	ich hätte gefangen	gefangen
du fingest	du hättest gefangen	
er/sie finge	er/sie hätte gefangen	**IMPERATIVE**
wir fingen	wir hätten gefangen	fang(e)!
ihr finget	ihr hättet gefangen	fangt!
Sie fingen	Sie hätten gefangen	fangen Sie!
sie fingen	sie hätten gefangen	fangen wir!

FUTURE PERFECT
ich werde gefangen
haben
du wirst gefangen
haben *etc*

46

FECHTEN
to fence

PRESENT	IMPERFECT	FUTURE
ich fechte	ich focht	ich werde fechten
du fichtst *(1)*	du fochtest	du wirst fechten
er/sie ficht	er/sie focht	er/sie wird fechten
wir fechten	wir fochten	wir werden fechten
ihr fechtet	ihr fochtet	ihr werdet fechten
Sie fechten	Sie fochten	Sie werden fechten
sie fechten	sie fochten	sie werden fechten

PERFECT	PLUPERFECT	CONDITIONAL
ich habe gefochten	ich hatte gefochten	ich würde fechten
du hast gefochten	du hattest gefochten	du würdest fechten
er/sie hat gefochten	er/sie hatte gefochten	er/sie würde fechten
wir haben gefochten	wir hatten gefochten	wir würden fechten
ihr habt gefochten	ihr hattet gefochten	ihr würdet fechten
Sie haben gefochten	Sie hatten gefochten	Sie würden fechten
sie haben gefochten	sie hatten gefochten	sie würden fechten

SUBJUNCTIVE

PRESENT	PERFECT
ich fechte	ich habe gefochten
du fechtest	du habest gefochten
er/sie fechte	er/sie habe gefochten
wir fechten	wir haben gefochten
ihr fechtet	ihr habet gefochten
Sie fechten	Sie haben gefochten
sie fechten	sie haben gefochten

IMPERFECT	PLUPERFECT
ich föchte	ich hätte gefochten
du föchtest	du hättest gefochten
er/sie föchte	er/sie hätte gefochten
wir föchten	wir hätten gefochten
ihr föchtet	ihr hättet gefochten
Sie föchten	Sie hätten gefochten
sie föchten	sie hätten gefochten

INFINITIVE

PRESENT
fechten

PAST
gefochten haben

PARTICIPLE

PRESENT
fechtend

PAST
gefochten

IMPERATIVE

ficht!
fechtet!
fechten Sie!
fechten wir!

FUTURE PERFECT
ich werde gefochten
haben
du wirst gefochten
haben *etc*

NOTE

(1) du fichst *is also possible*

FINDEN
to find

PRESENT	**IMPERFECT**	**FUTURE**
ich finde	ich fand	ich werde finden
du findest	du fandest	du wirst finden
er/sie findet	er/sie fand	er/sie wird finden
wir finden	wir fanden	wir werden finden
ihr findet	ihr fandet	ihr werdet finden
Sie finden	Sie fanden	Sie werden finden
sie finden	sie fanden	sie werden finden

PERFECT	**PLUPERFECT**	**CONDITIONAL**
ich habe gefunden	ich hatte gefunden	ich würde finden
du hast gefunden	du hattest gefunden	du würdest finden
er/sie hat gefunden	er/sie hatte gefunden	er/sie würde finden
wir haben gefunden	wir hatten gefunden	wir würden finden
ihr habt gefunden	ihr hattet gefunden	ihr würdet finden
Sie haben gefunden	Sie hatten gefunden	Sie würden finden
sie haben gefunden	sie hatten gefunden	sie würden finden

SUBJUNCTIVE

PRESENT	**PERFECT**
ich finde	ich habe gefunden
du findest	du habest gefunden
er/sie finde	er/sie habe gefunden
wir finden	wir haben gefunden
ihr findet	ihr habet gefunden
Sie finden	Sie haben gefunden
sie finden	sie haben gefunden

IMPERFECT	**PLUPERFECT**
ich fände	ich hätte gefunden
du fändest	du hättest gefunden
er/sie fände	er/sie hätte gefunden
wir fänden	wir hätten gefunden
ihr fändet	ihr hättet gefunden
Sie fänden	Sie hätten gefunden
sie fänden	sie hätten gefunden

FUTURE PERFECT

ich werde gefunden
haben
du wirst gefunden
haben *etc*

INFINITIVE

PRESENT

finden

PAST

gefunden haben

PARTICIPLE

PRESENT

findend

PAST

gefunden

IMPERATIVE

find(e)!
findet!
finden Sie!
finden wir!

FLECHTEN
to twine

PRESENT	IMPERFECT	FUTURE
ich flechte	ich flocht	ich werde flechten
du flichtst *(1)*	du flochtest	du wirst flechten
er/sie flicht	er/sie flocht	er/sie wird flechten
wir flechten	wir flochten	wir werden flechten
ihr flechtet	ihr flochtet	ihr werdet flechten
Sie flechten	Sie flochten	Sie werden flechten
sie flechten	sie flochten	sie werden flechten

PERFECT	PLUPERFECT	CONDITIONAL
ich habe geflochten	ich hatte geflochten	ich würde flechten
du hast geflochten	du hattest geflochten	du würdest flechten
er/sie hat geflochten	er/sie hatte geflochten	er/sie würde flechten
wir haben geflochten	wir hatten geflochten	wir würden flechten
ihr habt geflochten	ihr hattet geflochten	ihr würdet flechten
Sie haben geflochten	Sie hatten geflochten	Sie würden flechten
sie haben geflochten	sie hatten geflochten	sie würden flechten

SUBJUNCTIVE

PRESENT	PERFECT
ich flechte	ich habe geflochten
du flechtest	du habest geflochten
er/sie flechte	er/sie habe geflochten
wir flechten	wir haben geflochten
ihr flechtet	ihr habet geflochten
Sie flechten	Sie haben geflochten
sie flechten	sie haben geflochten

IMPERFECT	PLUPERFECT
ich flöchte	ich hätte geflochten
du flöchtest	du hättest geflochten
er/sie flöchte	er/sie hätte geflochten
wir flöchten	wir hätten geflochten
ihr flöchtet	ihr hättet geflochten
Sie flöchten	Sie hätten geflochten
sie flöchten	sie hätten geflochten

INFINITIVE

PRESENT
flechten

PAST
geflochten haben

PARTICIPLE

PRESENT
flechtend

PAST
geflochten

IMPERATIVE

flicht!
flechtet!
flechten Sie!
flechten wir!

FUTURE PERFECT

ich werde geflochten
haben
du wirst geflochten
haben *etc*

NOTE

(1) du flichst *is also possible*

FLIEGEN
to fly

PRESENT	IMPERFECT	FUTURE
ich fliege	ich flog	ich werde fliegen
du fliegst	du flogst	du wirst fliegen
er/sie fliegt	er/sie flog	er/sie wird fliegen
wir fliegen	wir flogen	wir werden fliegen
ihr fliegt	ihr flogt	ihr werdet fliegen
Sie fliegen	Sie flogen	Sie werden fliegen
sie fliegen	sie flogen	sie werden fliegen

PERFECT (1)	PLUPERFECT (2)	CONDITIONAL
ich bin geflogen	ich war geflogen	ich würde fliegen
du bist geflogen	du warst geflogen	du würdest fliegen
er/sie ist geflogen	er/sie war geflogen	er/sie würde fliegen
wir sind geflogen	wir waren geflogen	wir würden fliegen
ihr seid geflogen	ihr wart geflogen	ihr würdet fliegen
Sie sind geflogen	Sie waren geflogen	Sie würden fliegen
sie sind geflogen	sie waren geflogen	sie würden fliegen

SUBJUNCTIVE

PRESENT	PERFECT (1)
ich fliege	ich sei geflogen
du fliegest	du sei(e)st geflogen
er/sie fliege	er/sie sei geflogen
wir fliegen	wir seien geflogen
ihr flieget	ihr seiet geflogen
Sie fliegen	Sie seien geflogen
sie fliegen	sie seien geflogen

IMPERFECT	PLUPERFECT (3)
ich flöge	ich wäre geflogen
du flögest	du wär(e)st geflogen
er/sie flöge	er/sie wäre geflogen
wir flögen	wir wären geflogen
ihr flöget	ihr wär(e)t geflogen
Sie flögen	Sie wären geflogen
sie flögen	sie wären geflogen

INFINITIVE

PRESENT
fliegen

PAST (5)
geflogen sein

PARTICIPLE

PRESENT
fliegend

PAST
geflogen

IMPERATIVE

flieg(e)!
fliegt!
fliegen Sie!
fliegen wir!

FUTURE PERFECT (4)	NOTE
ich werde geflogen sein	*also transitive:* (1) ich habe geflogen *etc* (2) ich
du wirst geflogen sein *etc*	hatte geflogen *etc* (3) ich hätte geflogen *etc* (4) ich
	werde geflogen haben *etc* (5) geflogen haben

50 FLIEHEN
to flee

PRESENT

ich fliehe
du fliehst
er/sie flieht
wir fliehen
ihr flieht
Sie fliehen
sie fliehen

IMPERFECT

ich floh
du flohst
er/sie floh
wir flohen
ihr floht
Sie flohen
sie flohen

FUTURE

ich werde fliehen
du wirst fliehen
er/sie wird fliehen
wir werden fliehen
ihr werdet fliehen
Sie werden fliehen
sie werden fliehen

PERFECT

ich bin geflohen
du bist geflohen
er/sie ist geflohen
wir sind geflohen
ihr seid geflohen
Sie sind geflohen
sie sind geflohen

PLUPERFECT

ich war geflohen
du warst geflohen
er/sie war geflohen
wir waren geflohen
ihr wart geflohen
Sie waren geflohen
sie waren geflohen

CONDITIONAL

ich würde fliehen
du würdest fliehen
er/sie würde fliehen
wir würden fliehen
ihr würdet fliehen
Sie würden fliehen
sie würden fliehen

SUBJUNCTIVE

PRESENT

ich fliehe
du fliehest
er/sie fliehe
wir fliehen
ihr fliehet
Sie fliehen
sie fliehen

PERFECT

ich sei geflohen
du sei(e)st geflohen
er/sie sei geflohen
wir seien geflohen
ihr seiet geflohen
Sie seien geflohen
sie seien geflohen

INFINITIVE

PRESENT

fliehen

PAST

geflohen sein

PARTICIPLE

PRESENT

fliehend

IMPERFECT

ich flöhe
du flöhest
er/sie flöhe
wir flöhen
ihr flöhet
Sie flöhen
sie flöhen

PLUPERFECT

ich wäre geflohen
du wär(e)st geflohen
er/sie wäre geflohen
wir wären geflohen
ihr wär(e)t geflohen
Sie wären geflohen
sie wären geflohen

PAST

geflohen

IMPERATIVE

flieh(e)!
flieht!
fliehen Sie!
fliehen wir!

FUTURE PERFECT

ich werde geflohen sein
du wirst geflohen sein
etc

FLIESSEN
to flow

PRESENT	IMPERFECT	FUTURE
ich fließe	ich floß	ich werde fließen
du fließt	du flossest	du wirst fließen
er/sie fließt	er/sie floß	er/sie wird fließen
wir fließen	wir flossen	wir werden fließen
ihr fließt	ihr floßt	ihr werdet fließen
Sie fließen	Sie flossen	Sie werden fließen
sie fließen	sie flossen	sie werden fließen

PERFECT	PLUPERFECT	CONDITIONAL
ich bin geflossen	ich war geflossen	ich würde fließen
du bist geflossen	du warst geflossen	du würdest fließen
er/sie ist geflossen	er/sie war geflossen	er/sie würde fließen
wir sind geflossen	wir waren geflossen	wir würden fließen
ihr seid geflossen	ihr wart geflossen	ihr würdet fließen
Sie sind geflossen	Sie waren geflossen	Sie würden fließen
sie sind geflossen	sie waren geflossen	sie würden fließen

SUBJUNCTIVE

PRESENT	PERFECT	*INFINITIVE*
ich fließe	ich sei geflossen	**PRESENT**
du fließest	du sei(e)st geflossen	fließen
er/sie fließe	er/sie sei geflossen	**PAST**
wir fließen	wir seien geflossen	geflossen sein
ihr fließet	ihr seiet geflossen	
Sie fließen	Sie seien geflossen	*PARTICIPLE*
sie fließen	sie seien geflossen	**PRESENT**
		fließend

IMPERFECT	PLUPERFECT	PAST
ich flösse	ich wäre geflossen	geflossen
du flössest	du wärest geflossen	
er/sie flösse	er/sie wäre geflossen	*IMPERATIVE*
wir flössen	wir wären geflossen	fließ(e)!
ihr flösset	ihr wär(e)t geflossen	fließt!
Sie flössen	Sie wären geflossen	fließen Sie!
sie flössen	sie wären geflossen	fließen wir!

FUTURE PERFECT

ich werde geflossen
sein
du wirst geflossen
sein *etc*

52

FRAGEN
to ask

PRESENT	**IMPERFECT** *(1)*	**FUTURE**
ich frage	ich fragte	ich werde fragen
du fragst	du fragtest	du wirst fragen
er/sie fragt	er/sie fragte	er/sie wird fragen
wir fragen	wir fragten	wir werden fragen
ihr fragt	ihr fragtet	ihr werdet fragen
Sie fragen	Sie fragten	Sie werden fragen
sie fragen	sie fragten	sie werden fragen

PERFECT	**PLUPERFECT**	**CONDITIONAL**
ich habe gefragt	ich hatte gefragt	ich würde fragen
du hast gefragt	du hattest gefragt	du würdest fragen
er/sie hat gefragt	er/sie hatte gefragt	er/sie würde fragen
wir haben gefragt	wir hatten gefragt	wir würden fragen
ihr habt gefragt	ihr hattet gefragt	ihr würdet fragen
Sie haben gefragt	Sie hatten gefragt	Sie würden fragen
sie haben gefragt	sie hatten gefragt	sie würden fragen

SUBJUNCTIVE

PRESENT	**PERFECT**
ich frage	ich habe gefragt
du fragest	du habest gefragt
er/sie frage	er/sie habe gefragt
wir fragen	wir haben gefragt
ihr fraget	ihr habet gefragt
Sie fragen	Sie haben gefragt
sie fragen	sie haben gefragt

IMPERFECT	**PLUPERFECT**
ich fragte	ich hätte gefragt
du fragtest	du hättest gefragt
er/sie fragte	er/sie hätte gefragt
wir fragten	wir hätten gefragt
ihr fragtet	ihr hättet gefragt
Sie fragten	Sie hätten gefragt
sie fragten	sie hätten gefragt

INFINITIVE

PRESENT
fragen

PAST
gefragt haben

PARTICIPLE

PRESENT
fragend

PAST
gefragt

IMPERATIVE

frag(e)!
fragt!
fragen Sie!
fragen wir!

FUTURE PERFECT

ich werde gefragt
haben
du wirst gefragt haben
etc

NOTE

(1) older forms: ich frug, du frugst *etc*

FRESSEN
to eat

PRESENT	IMPERFECT	FUTURE
ich fresse	ich fraß	ich werde fressen
du frißt	du fraßest	du wirst fressen
er/sie frißt	er/sie fraß	er/sie wird fressen
wir fressen	wir fraßen	wir werden fressen
ihr freßt	ihr fraßt	ihr werdet fressen
Sie fressen	Sie fraßen	Sie werden fressen
sie fressen	sie fraßen	sie werden fressen

PERFECT	PLUPERFECT	CONDITIONAL
ich habe gefressen	ich hatte gefressen	ich würde fressen
du hast gefressen	du hattest gefressen	du würdest fressen
er/sie hat gefressen	er/sie hatte gefressen	er/sie würde fressen
wir haben gefressen	wir hatten gefressen	wir würden fressen
ihr habt gefressen	ihr hattet gefressen	ihr würdet fressen
Sie haben gefressen	Sie hatten gefressen	Sie würden fressen
sie haben gefressen	sie hatten gefressen	sie würden fressen

SUBJUNCTIVE

PRESENT	PERFECT	*INFINITIVE*
ich fresse	ich habe gefressen	**PRESENT**
du fressest	du habest gefressen	fressen
er/sie fresse	er/sie habe gefressen	**PAST**
wir fressen	wir haben gefressen	gefressen haben
ihr fresset	ihr habet gefressen	
Sie fressen	Sie haben gefressen	*PARTICIPLE*
sie fressen	sie haben gefressen	**PRESENT**
		fressend

IMPERFECT	PLUPERFECT	PAST
ich fräße	ich hätte gefressen	gefressen
du fräßest	du hättest gefressen	
er/sie fräße	er/sie hätte gefressen	*IMPERATIVE*
wir fräßen	wir hätten gefressen	friß!
ihr fräßet	ihr hättet gefressen	freßt!
Sie fräßen	Sie hätten gefressen	fressen Sie!
sie fräßen	sie hätten gefressen	fressen wir!

FUTURE PERFECT

ich werde gefressen
haben
du wirst gefressen
haben *etc*

FRIEREN
to freeze

PRESENT	IMPERFECT	FUTURE
ich friere	ich fror	ich werde frieren
du frierst	du frorst	du wirst frieren
er/sie friert	er/sie fror	er/sie wird frieren
wir frieren	wir froren	wir werden frieren
ihr friert	ihr frort	ihr werdet frieren
Sie frieren	Sie froren	Sie werden frieren
sie frieren	sie froren	sie werden frieren

PERFECT (1)	PLUPERFECT (2)	CONDITIONAL
ich habe gefroren	ich hatte gefroren	ich würde frieren
du hast gefroren	du hattest gefroren	du würdest frieren
er/sie hat gefroren	er/sie hatte gefroren	er/sie würde frieren
wir haben gefroren	wir hatten gefroren	wir würden frieren
ihr habt gefroren	ihr hattet gefroren	ihr würdet frieren
Sie haben gefroren	Sie hatten gefroren	Sie würden frieren
sie haben gefroren	sie hatten gefroren	sie würden frieren

SUBJUNCTIVE

PRESENT	PERFECT (3)
ich friere	ich habe gefroren
du frierest	du habest gefroren
er/sie friere	er/sie habe gefroren
wir frieren	wir haben gefroren
ihr frieret	ihr habet gefroren
Sie frieren	Sie haben gefroren
sie frieren	sie haben gefroren

IMPERFECT	PLUPERFECT (4)
ich fröre	ich hätte gefroren
du frörest	du hättest gefroren
er/sie fröre	er/sie hätte gefroren
wir frören	wir hätten gefroren
ihr fröret	ihr hättet gefroren
Sie frören	Sie hätten gefroren
sie frören	sie hätten gefroren

INFINITIVE

PRESENT
frieren
PAST (6)
gefroren haben

PARTICIPLE

PRESENT
frierend
PAST
gefroren

IMPERATIVE

frier(e)!
friert!
frieren Sie!
frieren wir!

FUTURE PERFECT (5)
ich werde gefroren haben
du wirst gefroren haben
etc

NOTE

also intransitive: (1) ich bin gefroren etc (2) ich war gefroren etc (3) ich sei gefroren etc (4) ich wäre gefroren etc (5) ich werde gefroren sein etc (6) gefroren sein

GEBÄREN
to give birth

PRESENT	IMPERFECT	FUTURE
ich gebäre	ich gebar	ich werde gebären
du gebärst *(1)*	du gebarst	du wirst gebären
er/sie gebärt *(2)*	er/sie gebar	er/sie wird gebären
wir gebären	wir gebaren	wir werden gebären
ihr gebärt	ihr gebart	ihr werdet gebären
Sie gebären	Sie gebaren	Sie werden gebären
sie gebären	sie gebaren	sie werden gebären

PERFECT	PLUPERFECT	CONDITIONAL
ich habe geboren	ich hatte geboren	ich würde gebären
du hast geboren	du hattest geboren	du würdest gebären
er/sie hat geboren	er/sie hatte geboren	er/sie würde gebären
wir haben geboren	wir hatten geboren	wir würden gebären
ihr habt geboren	ihr hattet geboren	ihr würdet gebären
Sie haben geboren	Sie hatten geboren	Sie würden gebären
sie haben geboren	sie hatten geboren	sie würden gebären

SUBJUNCTIVE

PRESENT	PERFECT	*INFINITIVE*
ich gebäre	ich habe geboren	**PRESENT**
du gebärest	du habest geboren	gebären
er/sie gebäre	er/sie habe geboren	**PAST**
wir gebären	wir haben geboren	geboren haben
ihr gebäret	ihr habet geboren	
Sie gebären	Sie haben geboren	*PARTICIPLE*
sie gebären	sie haben geboren	**PRESENT**
		gebärend

IMPERFECT	PLUPERFECT	PAST
ich gebäre	ich hätte geboren	geboren
du gebärest	du hättest geboren	
er/sie gebäre	er/sie hätte geboren	*IMPERATIVE*
wir gebären	wir hätten geboren	gebär(e)! *(3)*
ihr gebäret	ihr hättet geboren	gebärt!
Sie gebären	Sie hätten geboren	gebären Sie!
sie gebären	sie hätten geboren	gebären wir!

FUTURE PERFECT

ich werde geboren haben
du wirst geboren haben
etc

NOTE

older forms: (1) du gebierst *(2)* er/sie gebiert *(3)*
gebier!

56 GEBEN
to give

PRESENT	IMPERFECT	FUTURE
ich gebe	ich gab	ich werde geben
du gibst	du gabst	du wirst geben
er/sie gibt	er/sie gab	er/sie wird geben
wir geben	wir gaben	wir werden geben
ihr gebt	ihr gabt	ihr werdet geben
Sie geben	Sie gaben	Sie werden geben
sie geben	sie gaben	sie werden geben

PERFECT	PLUPERFECT	CONDITIONAL
ich habe gegeben	ich hatte gegeben	ich würde geben
du hast gegeben	du hattest gegeben	du würdest geben
er/sie hat gegeben	er/sie hatte gegeben	er/sie würde geben
wir haben gegeben	wir hatten gegeben	wir würden geben
ihr habt gegeben	ihr hattet gegeben	ihr würdet geben
Sie haben gegeben	Sie hatten gegeben	Sie würden geben
sie haben gegeben	sie hatten gegeben	sie würden geben

SUBJUNCTIVE

PRESENT	PERFECT	INFINITIVE
		PRESENT
ich gebe	ich habe gegeben	geben
du gebest	du habest gegeben	**PAST**
er/sie gebe	er/sie habe gegeben	gegeben haben
wir geben	wir haben gegeben	
ihr gebet	ihr habet gegeben	**PARTICIPLE**
Sie geben	Sie haben gegeben	**PRESENT**
sie geben	sie haben gegeben	gebend

IMPERFECT	PLUPERFECT	PAST
ich gäbe	ich hätte gegeben	gegeben
du gäbest	du hättest gegeben	
er/sie gäbe	er/sie hätte gegeben	**IMPERATIVE**
wir gäben	wir hätten gegeben	
ihr gäbet	ihr hättet gegeben	gib!
Sie gäben	Sie hätten gegeben	gebt!
sie gäben	sie hätten gegeben	geben Sie!
		geben wir!

FUTURE PERFECT

ich werde gegeben
haben
du wirst gegeben haben
etc

GEDEIHEN
to thrive

PRESENT	IMPERFECT	FUTURE
ich gedeihe	ich gedieh	ich werde gedeihen
du gedeihst	du gediehst	du wirst gedeihen
er/sie gedeiht	er/sie gedieh	er/sie wird gedeihen
wir gedeihen	wir gediehen	wir werden gedeihen
ihr gedeiht	ihr gedieht	ihr werdet gedeihen
Sie gedeihen	Sie gedieht	Sie werden gedeihen
sie gedeihen	sie gediehen	sie werden gedeihen

PERFECT	PLUPERFECT	CONDITIONAL
ich bin gediehen	ich war gediehen	ich würde gedeihen
du bist gediehen	du warst gediehen	du würdest gedeihen
er/sie ist gediehen	er/sie war gediehen	er/sie würde gedeihen
wir sind gediehen	wir waren gediehen	wir würden gedeihen
ihr seid gediehen	ihr wart gediehen	ihr würdet gedeihen
Sie sind gediehen	Sie waren gediehen	Sie würden gedeihen
sie sind gediehen	sie waren gediehen	sie würden gedeihen

SUBJUNCTIVE

PRESENT	PERFECT	INFINITIVE
ich gedeihe	ich sei gediehen	**PRESENT**
du gedeihest	du sei(e)st gediehen	gedeihen
er/sie gedeihe	er/sie sei gediehen	**PAST**
wir gedeihen	wir seien gediehen	gediehen sein
ihr gedeihet	ihr seiet gediehen	
Sie gedeihen	Sie seien gediehen	
sie gedeihen	sie seien gediehen	

IMPERFECT	PLUPERFECT	PARTICIPLE
ich gediehe	ich wäre gediehen	**PRESENT**
du gediehest	du wär(e)st gediehen	gedeihend
er/sie gediehe	er/sie wäre gediehen	**PAST**
wir gediehen	wir wären gediehen	gediehen
ihr gediehet	ihr wär(e)t gediehen	
Sie gediehen	Sie wären gediehen	**IMPERATIVE**
sie gediehen	sie wären gediehen	gedeih(e)!
		gedeiht!

FUTURE PERFECT

ich werde gediehen
sein
du wirst gediehen
sein *etc*

gedeihen Sie!
gedeihen wir!

58   GEHEN
to go

PRESENT	IMPERFECT	FUTURE
ich gehe	ich ging	ich werde gehen
du gehst	du gingst	du wirst gehen
er/sie geht	er/sie ging	er/sie wird gehen
wir gehen	wir gingen	wir werden gehen
ihr geht	ihr gingt	ihr werdet gehen
Sie gehen	Sie gingen	Sie werden gehen
sie gehen	sie gingen	sie werden gehen

PERFECT	PLUPERFECT	CONDITIONAL
ich bin gegangen	ich war gegangen	ich würde gehen
du bist gegangen	du warst gegangen	du würdest gehen
er/sie ist gegangen	er/sie war gegangen	er/sie würde gehen
wir sind gegangen	wir waren gegangen	wir würden gehen
ihr seid gegangen	ihr wart gegangen	ihr würdet gehen
Sie sind gegangen	Sie waren gegangen	Sie würden gehen
sie sind gegangen	sie waren gegangen	sie würden gehen

SUBJUNCTIVE

PRESENT	PERFECT	*INFINITIVE*
ich gehe	ich sei gegangen	**PRESENT**
du gehest	du sei(e)st gegangen	gehen
er/sie gehe	er/sie sei gegangen	**PAST**
wir gehen	wir seien gegangen	gegangen sein
ihr gehet	ihr seiet gegangen	
Sie gehen	Sie seien gegangen	*PARTICIPLE*
sie gehen	sie seien gegangen	**PRESENT**
		gehend

IMPERFECT	PLUPERFECT	PAST
ich ginge	ich wäre gegangen	gegangen
du gingest	du wär(e)st gegangen	
er/sie ginge	er/sie wäre gegangen	*IMPERATIVE*
wir gingen	wir wären gegangen	
ihr ginget	ihr wär(e)t gegangen	geh(e)!
Sie gingen	Sie wären gegangen	geht!
sie gingen	sie wären gegangen	gehen Sie!
		gehen wir!

FUTURE PERFECT

ich werde gegangen sein
du wirst gegangen sein
etc

GELINGEN
to succeed

PRESENT	IMPERFECT	FUTURE
es gelingt	es gelang	es wird gelingen

PERFECT	PLUPERFECT	CONDITIONAL
es ist gelungen	es war gelungen	es würde gelingen

SUBJUNCTIVE		*INFINITIVE*
PRESENT	**PERFECT**	**PRESENT** gelingen
		PAST gelungen sein
es gelinge	es sei gelungen	

PARTICIPLE

PRESENT
gelingend

IMPERFECT	**PLUPERFECT**	**PAST** gelungen
es gelänge	es wäre gelungen	*IMPERATIVE*
		geling(e)!
		gelingt!

FUTURE PERFECT	*NOTE*
es wird gelungen sein	*impersonal verb, only used in 3rd person singular*

GELTEN
to be valid

PRESENT	IMPERFECT	FUTURE
ich gelte	ich galt	ich werde gelten
du giltst	du galtst	du wirst gelten
er/sie gilt	er/sie galt	er/sie wird gelten
wir gelten	wir galten	wir werden gelten
ihr geltet	ihr galtet	ihr werdet gelten
Sie gelten	Sie galten	Sie werden gelten
sie gelten	sie galten	sie werden gelten

PERFECT	PLUPERFECT	CONDITIONAL
ich habe gegolten	ich hatte gegolten	ich würde gelten
du hast gegolten	du hattest gegolten	du würdest gelten
er/sie hat gegolten	er/sie hatte gegolten	er/sie würde gelten
wir haben gegolten	wir hatten gegolten	wir würden gelten
ihr habt gegolten	ihr hattet gegolten	ihr würdet gelten
Sie haben gegolten	Sie hatten gegolten	Sie würden gelten
sie haben gegolten	sie hatten gegolten	sie würden gelten

SUBJUNCTIVE

PRESENT	PERFECT	INFINITIVE
ich gelte	ich habe gegolten	**PRESENT**
du geltest	du habest gegolten	gelten
er/sie gelte	er/sie habe gegolten	**PAST**
wir gelten	wir haben gegolten	gegolten haben
ihr geltet	ihr habet gegolten	
Sie gelten	Sie haben gegolten	**PARTICIPLE**
sie gelten	sie haben gegolten	**PRESENT**
		geltend

IMPERFECT (1)	PLUPERFECT	PAST
ich gälte	ich hätte gegolten	gegolten
du gältest	du hättest gegolten	
er/sie gälte	er/sie hätte gegolten	**IMPERATIVE**
wir gälten	wir hätten gegolten	
ihr gältet	ihr hättet gegolten	gilt!
Sie gälten	Sie hätten gegolten	geltet!
sie gälten	sie hätten gegolten	gelten Sie!
		gelten wir!

FUTURE PERFECT

ich werde gegolten haben
du wirst gegolten haben
etc

NOTE

(1) ich gölte, du göltest *etc is also possible*

PRESENT	**IMPERFECT**	**FUTURE**
ich genese	ich genas	ich werde genesen
du genest	du genasest	du wirst genesen
er/sie genest	er/sie genas	er/sie wird genesen
wir genesen	wir genasen	wir werden genesen
ihr genest	ihr genast	ihr werdet genesen
Sie genesen	Sie genasen	Sie werden genesen
sie genesen	sie genasen	sie werden genesen

PERFECT	**PLUPERFECT**	**CONDITIONAL**
ich bin genesen	ich war genesen	ich würde genesen
du bist genesen	du warst genesen	du würdest genesen
er/sie ist genesen	er/sie war genesen	er/sie würde genesen
wir sind genesen	wir waren genesen	wir würden genesen
ihr seid genesen	ihr wart genesen	ihr würdet genesen
Sie sind genesen	Sie waren genesen	Sie würden genesen
sie sind genesen	sie waren genesen	sie würden genesen

SUBJUNCTIVE

PRESENT	**PERFECT**
ich genese	ich sei genesen
du genesest	du sei(e)st genesen
er/sie genese	er/sie sei genesen
wir genesen	wir seien genesen
ihr geneset	ihr seiet genesen
Sie genesen	Sie seien genesen
sie genesen	sie seien genesen

IMPERFECT	**PLUPERFECT**
ich genäse	ich wäre genesen
du genäsest	du wär(e)st genesen
er/sie genäse	er/sie wäre genesen
wir genäsen	wir wären genesen
ihr genäset	ihr wär(e)t genesen
Sie genäsen	Sie wären genesen
sie genäsen	sie wären genesen

FUTURE PERFECT

ich werde genesen sein
du wirst genesen sein *etc*

INFINITIVE

PRESENT
genesen

PAST
genesen sein

PARTICIPLE

PRESENT
genesend

PAST
genesen

IMPERATIVE

genes(e)!
genest!
genesen Sie!
genesen wir!

GENIESSEN
to enjoy

PRESENT	IMPERFECT	FUTURE
ich genieße	ich genoß	ich werde genießen
du genießt	du genossest	du wirst genießen
er/sie genießt	er/sie genoß	er/sie wird genießen
wir genießen	wir genossen	wir werden genießen
ihr genießt	ihr genoßt	ihr werdet genießen
Sie genießen	Sie genossen	Sie werden genießen
sie genießen	sie genossen	sie werden genießen

PERFECT	PLUPERFECT	CONDITIONAL
ich habe genossen	ich hatte genossen	ich würde genießen
du hast genossen	du hattest genossen	du würdest genießen
er/sie hat genossen	er/sie hatte genossen	er/sie würde genießen
wir haben genossen	wir hatten genossen	wir würden genießen
ihr habt genossen	ihr hattet genossen	ihr würdet genießen
Sie haben genossen	Sie hatten genossen	Sie würden genießen
sie haben genossen	sie hatten genossen	sie würden genießen

SUBJUNCTIVE

PRESENT	PERFECT
ich genieße	ich habe genossen
du genießest	du habest genossen
er/sie genieße	er/sie habe genossen
wir genießen	wir haben genossen
ihr genießet	ihr habet genossen
Sie genießen	Sie haben genossen
sie genießen	sie haben genossen

IMPERFECT	PLUPERFECT
ich genösse	ich hätte genossen
du genössest	du hättest genossen
er/sie genösse	er/sie hätte genossen
wir genössen	wir hätten genossen
ihr genösset	ihr hättet genossen
Sie genössen	Sie hätten genossen
sie genössen	sie hätten genossen

FUTURE PERFECT

ich werde genossen
haben
du wirst genossen haben
etc

INFINITIVE

PRESENT
genießen

PAST
genossen haben

PARTICIPLE

PRESENT
genießend

PAST
genossen

IMPERATIVE

genieß(e)!
genießt!
genießen Sie!
genießen wir!

to get, turn out

PRESENT	IMPERFECT	FUTURE
ich gerate	ich geriet	ich werde geraten
du gerätst	du gerietst	du wirst geraten
er/sie gerät	er/sie geriet	er/sie wird geraten
wir geraten	wir gerieten	wir werden geraten
ihr geratet	ihr gerietet	ihr werdet geraten
Sie geraten	Sie gerieten	Sie werden geraten
sie geraten	sie gerieten	sie werden geraten

PERFECT	PLUPERFECT	CONDITIONAL
ich bin geraten	ich war geraten	ich würde geraten
du bist geraten	du warst geraten	du würdest geraten
er/sie ist geraten	er/sie war geraten	er/sie würde geraten
wir sind geraten	wir waren geraten	wir würden geraten
ihr seid geraten	ihr wart geraten	ihr würdet geraten
Sie sind geraten	Sie waren geraten	Sie würden geraten
sie sind geraten	sie waren geraten	sie würden geraten

SUBJUNCTIVE

PRESENT	PERFECT
ich gerate	ich sei geraten
du geratest	du sei(e)st geraten
er/sie gerate	er/sie sei geraten
wir geraten	wir seien geraten
ihr geratet	ihr seiet geraten
Sie geraten	Sie seien geraten
sie geraten	sie seien geraten

IMPERFECT	PLUPERFECT
ich geriete	ich wäre geraten
du gerietest	du wär(e)st geraten
er/sie geriete	er/sie wäre geraten
wir gerieten	wir wären geraten
ihr gerietet	ihr wär(e)t geraten
Sie gerieten	Sie wären geraten
sie gerieten	sie wären geraten

FUTURE PERFECT

ich werde geraten sein
du wirst geraten sein
etc

INFINITIVE

PRESENT
geraten

PAST
geraten sein

PARTICIPLE

PRESENT
geratend

PAST
geraten

IMPERATIVE

gerat(e)!
geratet!
geraten Sie!
geraten wir!

64 GESCHEHEN
to happen

PRESENT	IMPERFECT	FUTURE
es geschieht	es geschah	es wird geschehen

PERFECT	PLUPERFECT	CONDITIONAL
es ist geschehen	es war geschehen	es würde geschehen

SUBJUNCTIVE		*INFINITIVE*
PRESENT	**PERFECT**	**PRESENT** geschehen
		PAST
es geschehe	es sei geschehen	geschehen sein

		PARTICIPLE
		PRESENT geschehend
IMPERFECT	**PLUPERFECT**	**PAST** geschehen
es geschähe	es wäre geschehen	*IMPERATIVE* gescheh(e)! gescheht!

FUTURE PERFECT	*NOTE*
es wird geschehen sein	*impersonal verb, only used in 3rd person singular*

GEWINNEN
to win

PRESENT

ich gewinne
du gewinnst
er/sie gewinnt
wir gewinnen
ihr gewinnt
Sie gewinnen
sie gewinnen

IMPERFECT

ich gewann
du gewannst
er/sie gewann
wir gewannen
ihr gewannt
Sie gewannen
sie gewannen

FUTURE

ich werde gewinnen
du wirst gewinnen
er/sie wird gewinnen
wir werden gewinnen
ihr werdet gewinnen
Sie werden gewinnen
sie werden gewinnen

PERFECT

ich habe gewonnen
du hast gewonnen
er/sie hat gewonnen
wir haben gewonnen
ihr habt gewonnen
Sie haben gewonnen
sie haben gewonnen

PLUPERFECT

ich hatte gewonnen
du hattest gewonnen
er/sie hatte gewonnen
wir hatten gewonnen
ihr hattet gewonnen
Sie hatten gewonnen
sie hatten gewonnen

CONDITIONAL

ich würde gewinnen
du würdest gewinnen
er/sie würde gewinnen
wir würden gewinnen
ihr würdet gewinnen
Sie würden gewinnen
sie würden gewinnen

SUBJUNCTIVE

PRESENT

ich gewinne
du gewinnest
er/sie gewinne
wir gewinnen
ihr gewinnet
Sie gewinnen
sie gewinnen

PERFECT

ich habe gewonnen
du habest gewonnen
er/sie habe gewonnen
wir haben gewonnen
ihr habet gewonnen
Sie haben gewonnen
sie haben gewonnen

INFINITIVE

PRESENT

gewinnen

PAST

gewonnen haben

PARTICIPLE

PRESENT

gewinnend

PAST

gewonnen

IMPERFECT *(1)*

ich gewänne
du gewännest
er/sie gewänne
wir gewännen
ihr gewännet
Sie gewännen
sie gewännen

PLUPERFECT

ich hätte gewonnen
du hättest gewonnen
er/sie hätte gewonnen
wir hätten gewonnen
ihr hättet gewonnen
Sie hätten gewonnen
sie hätten gewonnen

IMPERATIVE

gewinn(e)!
gewinnt!
gewinnen Sie!
gewinnen wir!

FUTURE PERFECT

ich werde gewonnen
haben
du wirst gewonnen haben
etc

NOTE

(1) ich gewönne, du gewönnest *etc is also possible*

66 GIESSEN
to pour

PRESENT	IMPERFECT	FUTURE
ich gieße	ich goß	ich werde gießen
du gießt	du gossest	du wirst gießen
er/sie gießt	er/sie goß	er/sie wird gießen
wir gießen	wir gossen	wir werden gießen
ihr gießt	ihr goßt	ihr werdet gießen
Sie gießen	Sie gossen	Sie werden gießen
sie gießen	sie gossen	sie werden gießen

PERFECT	PLUPERFECT	CONDITIONAL
ich habe gegossen	ich hatte gegossen	ich würde gießen
du hast gegossen	du hattest gegossen	du würdest gießen
er/sie hat gegossen	er/sie hatte gegossen	er/sie würde gießen
wir haben gegossen	wir hatten gegossen	wir würden gießen
ihr habt gegossen	ihr hattet gegossen	ihr würdet gießen
Sie haben gegossen	Sie hatten gegossen	Sie würden gießen
sie haben gegossen	sie hatten gegossen	sie würden gießen

SUBJUNCTIVE

PRESENT	PERFECT
ich gieße	ich habe gegossen
du gießest	du habest gegossen
er/sie gieße	er/sie habe gegossen
wir gießen	wir haben gegossen
ihr gießet	ihr habet gegossen
Sie gießen	Sie haben gegossen
sie gießen	sie haben gegossen

IMPERFECT	PLUPERFECT
ich gösse	ich hätte gegossen
du gössest	du hättest gegossen
er/sie gösse	er/sie hätte gegossen
wir gössen	wir hätten gegossen
ihr gösset	ihr hättet gegossen
Sie gössen	Sie hätten gegossen
sie gössen	sie hätten gegossen

INFINITIVE

PRESENT
gießen

PAST
gegossen haben

PARTICIPLE

PRESENT
gießend

PAST
gegossen

IMPERATIVE

gieß(e)!
gießt!
gießen Sie!
gießen wir!

FUTURE PERFECT

ich werde gegossen
haben
du wirst gegossen
haben *etc*

GLEICHEN
to resemble, be similar to

PRESENT	IMPERFECT	FUTURE
ich gleiche	ich glich	ich werde gleichen
du gleichst	du glichst	du wirst gleichen
er/sie gleicht	er/sie glich	er/sie wird gleichen
wir gleichen	wir glichen	wir werden gleichen
ihr gleicht	ihr glicht	ihr werdet gleichen
Sie gleichen	Sie glichen	Sie werden gleichen
sie gleichen	sie glichen	sie werden gleichen

PERFECT	PLUPERFECT	CONDITIONAL
ich habe geglichen	ich hatte geglichen	ich würde gleichen
du hast geglichen	du hattest geglichen	du würdest gleichen
er/sie hat geglichen	er/sie hatte geglichen	er/sie würde gleichen
wir haben geglichen	wir hatten geglichen	wir würden gleichen
ihr habt geglichen	ihr hattet geglichen	ihr würdet gleichen
Sie haben geglichen	Sie hatten geglichen	Sie würden gleichen
sie haben geglichen	sie hatten geglichen	sie würden gleichen

SUBJUNCTIVE

PRESENT	PERFECT	*INFINITIVE*
ich gleiche	ich habe geglichen	**PRESENT**
du gleichest	du habest geglichen	gleichen
er/sie gleiche	er/sie habe geglichen	**PAST**
wir gleichen	wir haben geglichen	geglichen haben
ihr gleichet	ihr habet geglichen	
Sie gleichen	Sie haben geglichen	*PARTICIPLE*
sie gleichen	sie haben geglichen	**PRESENT**
		gleichend

IMPERFECT	PLUPERFECT	PAST
ich gliche	ich hätte geglichen	geglichen
du glichest	du hättest geglichen	
er/sie gliche	er/sie hätte geglichen	*IMPERATIVE*
wir glichen	wir hätten geglichen	
ihr glichet	ihr hättet geglichen	gleich(e)!
Sie glichen	Sie hätten geglichen	gleicht!
sie glichen	sie hätten geglichen	gleichen Sie!
		gleichen wir!

FUTURE PERFECT

ich werde geglichen
haben
du wirst geglichen
haben *etc*

GLEITEN
to glide

PRESENT	IMPERFECT	FUTURE
ich gleite	ich glitt	ich werde gleiten
du gleitest	du glittst	du wirst gleiten
er/sie gleitet	er/sie glitt	er/sie wird gleiten
wir gleiten	wir glitten	wir werden gleiten
ihr gleitet	ihr glittet	ihr werdet gleiten
Sie gleiten	Sie glitten	Sie werden gleiten
sie gleiten	sie glitten	sie werden gleiten

PERFECT	PLUPERFECT	CONDITIONAL
ich bin geglitten	ich war geglitten	ich würde gleiten
du bist geglitten	du warst geglitten	du würdest gleiten
er/sie ist geglitten	er/sie war geglitten	er/sie würde gleiten
wir sind geglitten	wir waren geglitten	wir würden gleiten
ihr seid geglitten	ihr wart geglitten	ihr würdet gleiten
Sie sind geglitten	Sie waren geglitten	Sie würden gleiten
sie sind geglitten	sie waren geglitten	sie würden gleiten

SUBJUNCTIVE

PRESENT	PERFECT	INFINITIVE
ich gleite	ich sei geglitten	**PRESENT**
du gleitest	du sei(e)st geglitten	gleiten
er/sie gleite	er/sie sei geglitten	**PAST**
wir gleiten	wir seien geglitten	geglitten sein
ihr gleitet	ihr seiet geglitten	
Sie gleiten	Sie seien geglitten	*PARTICIPLE*
sie gleiten	sie seien geglitten	**PRESENT**

IMPERFECT	PLUPERFECT	gleitend
ich glitte	ich wäre geglitten	**PAST**
du glittest	du wär(e)st geglitten	geglitten
er/sie glitte	er/sie wäre geglitten	
wir glitten	wir wären geglitten	*IMPERATIVE*
ihr glittet	ihr wär(e)t geglitten	
Sie glitten	Sie wären geglitten	gleit(e)!
sie glitten	sie wären geglitten	gleitet!
		gleiten Sie!
		gleiten wir!

FUTURE PERFECT

ich werde geglitten sein
du wirst geglitten sein *etc*

to dig

PRESENT	IMPERFECT	FUTURE
ich grabe	ich grub	ich werde graben
du gräbst	du grubst	du wirst graben
er/sie gräbt	er/sie grub	er/sie wird graben
wir graben	wir gruben	wir werden graben
ihr grabt	ihr grubt	ihr werdet graben
Sie graben	Sie gruben	Sie werden graben
sie graben	sie gruben	sie werden graben

PERFECT	PLUPERFECT	CONDITIONAL
ich habe gegraben	ich hatte gegraben	ich würde graben
du hast gegraben	du hattest gegraben	du würdest graben
er/sie hat gegraben	er/sie hatte gegraben	er/sie würde graben
wir haben gegraben	wir hatten gegraben	wir würden graben
ihr habt gegraben	ihr hattet gegraben	ihr würdet graben
Sie haben gegraben	Sie hatten gegraben	Sie würden graben
sie haben gegraben	sie hatten gegraben	sie würden graben

SUBJUNCTIVE

PRESENT	PERFECT	*INFINITIVE*
ich grabe	ich habe gegraben	**PRESENT**
du grabest	du habest gegraben	graben
er/sie grabe	er/sie habe gegraben	**PAST**
wir graben	wir haben gegraben	gegraben haben
ihr grabet	ihr habet gegraben	
Sie graben	Sie haben gegraben	*PARTICIPLE*
sie graben	sie haben gegraben	**PRESENT**
		grabend

IMPERFECT	PLUPERFECT	PAST
ich grübe	ich hätte gegraben	gegraben
du grübest	du hättest gegraben	
er/sie grübe	er/sie hätte gegraben	*IMPERATIVE*
wir grüben	wir hätten gegraben	grab(e)!
ihr grübet	ihr hättet gegraben	grabt!
Sie grüben	Sie hätten gegraben	graben Sie!
sie grüben	sie hätten gegraben	graben wir!

FUTURE PERFECT

ich werde gegraben
haben
du wirst gegraben haben
etc

70 GREIFEN
to seize

PRESENT	**IMPERFECT**	**FUTURE**
ich greife	ich griff	ich werde greifen
du greifst	du griffst	du wirst greifen
er/sie greift	er/sie griff	er/sie wird greifen
wir greifen	wir griffen	wir werden greifen
ihr greift	ihr grifft	ihr werdet greifen
Sie greifen	Sie griffen	Sie werden greifen
sie greifen	sie griffen	sie werden greifen

PERFECT	**PLUPERFECT**	**CONDITIONAL**
ich habe gegriffen	ich hatte gegriffen	ich würde greifen
du hast gegriffen	du hattest gegriffen	du würdest greifen
er/sie hat gegriffen	er/sie hatte gegriffen	er/sie würde greifen
wir haben gegriffen	wir hatten gegriffen	wir würden greifen
ihr habt gegriffen	ihr hattet gegriffen	ihr würdet greifen
Sie haben gegriffen	Sie hatten gegriffen	Sie würden greifen
sie haben gegriffen	sie hatten gegriffen	sie würden greifen

SUBJUNCTIVE

PRESENT	**PERFECT**
ich greife	ich habe gegriffen
du greifest	du habest gegriffen
er/sie greife	er/sie habe gegriffen
wir greifen	wir haben gegriffen
ihr greifet	ihr habet gegriffen
Sie greifen	Sie haben gegriffen
sie greifen	sie haben gegriffen

IMPERFECT	**PLUPERFECT**
ich griffe	ich hätte gegriffen
du griffest	du hättest gegriffen
er/sie griffe	er/sie hätte gegriffen
wir griffen	wir hätten gegriffen
ihr griffet	ihr hättet gegriffen
Sie griffen	Sie hätten gegriffen
sie griffen	sie hätten gegriffen

FUTURE PERFECT

ich werde gegriffen
haben
du wirst gegriffen haben
etc

INFINITIVE

PRESENT
greifen
PAST
gegriffen haben

PARTICIPLE

PRESENT
greifend
PAST
gegriffen

IMPERATIVE

greif(e)!
greift!
greifen Sie!
greifen wir!

to salute, greet

PRESENT	**IMPERFECT**	**FUTURE**
ich grüße	ich grüßte	ich werde grüßen
du grüßt	du grüßtest	du wirst grüßen
er/sie grüßt	er/sie grüßte	er/sie wird grüßen
wir grüßen	wir grüßten	wir werden grüßen
ihr grüßt	ihr grüßtet	ihr werdet grüßen
Sie grüßen	Sie grüßten	Sie werden grüßen
sie grüßen	sie grüßten	sie werden grüßen

PERFECT	**PLUPERFECT**	**CONDITIONAL**
ich habe gegrüßt	ich hatte gegrüßt	ich würde grüßen
du hast gegrüßt	du hattest gegrüßt	du würdest grüßen
er/sie hat gegrüßt	er/sie hatte gegrüßt	er/sie würde grüßen
wir haben gegrüßt	wir hatten gegrüßt	wir würden grüßen
ihr habt gegrüßt	ihr hattet gegrüßt	ihr würdet grüßen
Sie haben gegrüßt	Sie hatten gegrüßt	Sie würden grüßen
sie haben gegrüßt	sie hatten gegrüßt	sie würden grüßen

SUBJUNCTIVE

PRESENT	**PERFECT**
ich grüße	ich habe gegrüßt
du grüßest	du habest gegrüßt
er/sie grüße	er/sie habe gegrüßt
wir grüßen	wir haben gegrüßt
ihr grüßet	ihr habet gegrüßt
Sie grüßen	Sie haben gegrüßt
sie grüßen	sie haben gegrüßt

IMPERFECT	**PLUPERFECT**
ich grüßte	ich hätte gegrüßt
du grüßtest	du hättest gegrüßt
er/sie grüßte	er/sie hätte gegrüßt
wir grüßten	wir hätten gegrüßt
ihr grüßtet	ihr hättet gegrüßt
Sie grüßten	Sie hätten gegrüßt
sie grüßten	sie hätten gegrüßt

INFINITIVE

PRESENT
grüßen

PAST
gegrüßt haben

PARTICIPLE

PRESENT
grüßend

PAST
gegrüßt

IMPERATIVE

grüß(e)!
grüßt!
grüßen Sie!
grüßen wir!

FUTURE PERFECT

ich werde gegrüßt haben
du wirst gegrüßt haben
etc

HABEN
to have

PRESENT	IMPERFECT	FUTURE
ich habe	ich hatte	ich werde haben
du hast	du hattest	du wirst haben
er/sie hat	er/sie hatte	er/sie wird haben
wir haben	wir hatten	wir werden haben
ihr habt	ihr hattet	ihr werdet haben
Sie haben	Sie hatten	Sie werden haben
sie haben	sie hatten	sie werden haben

PERFECT	PLUPERFECT	CONDITIONAL
ich habe gehabt	ich hatte gehabt	ich würde haben
du hast gehabt	du hattest gehabt	du würdest haben
er/sie hat gehabt	er/sie hatte gehabt	er/sie würde haben
wir haben gehabt	wir hatten gehabt	wir würden haben
ihr habt gehabt	ihr hattet gehabt	ihr würdet haben
Sie haben gehabt	Sie hatten gehabt	Sie würdet haben
sie haben gehabt	sie hatten gehabt	sie würden haben

SUBJUNCTIVE

PRESENT	PERFECT	INFINITIVE
ich habe	ich habe gehabt	**PRESENT**
du habest	du habest gehabt	haben
er/sie habe	er/sie habe gehabt	**PAST**
wir haben	wir haben gehabt	gehabt haben
ihr habet	ihr habet gehabt	
Sie haben	Sie haben gehabt	**PARTICIPLE**
sie haben	sie haben gehabt	**PRESENT**
		habend

IMPERFECT	PLUPERFECT	PAST
ich hätte	ich hätte gehabt	gehabt
du hättest	du hättest gehabt	
er/sie hätte	er/sie hätte gehabt	**IMPERATIVE**
wir hätten	wir hätten gehabt	hab(e)!
ihr hättet	ihr hättet gehabt	habt!
Sie hätten	Sie hätten gehabt	haben Sie!
sie hätten	sie hätten gehabt	haben wir!

FUTURE PERFECT

ich werde gehabt haben
du wirst gehabt haben
etc

HALTEN
to hold, stop

PRESENT	**IMPERFECT**	**FUTURE**
ich halte	ich hielt	ich werde halten
du hältst	du hieltst	du wirst halten
er/sie hält	er/sie hielt	er/sie wird halten
wir halten	wir hielten	wir werden halten
ihr haltet	ihr hieltet	ihr werdet halten
Sie halten	Sie hielten	Sie werden halten
sie halten	sie hielten	sie werden halten

PERFECT	**PLUPERFECT**	**CONDITIONAL**
ich habe gehalten	ich hatte gehalten	ich würde halten
du hast gehalten	du hattest gehalten	du würdest halten
er/sie hat gehalten	er/sie hatte gehalten	er/sie würde halten
wir haben gehalten	wir hatten gehalten	wir würden halten
ihr habt gehalten	ihr hattet gehalten	ihr würdet halten
Sie haben gehalten	Sie hatten gehalten	Sie würden halten
sie haben gehalten	sie hatten gehalten	sie würden halten

SUBJUNCTIVE

PRESENT	**PERFECT**	**INFINITIVE**
ich halte	ich habe gehalten	**PRESENT**
du haltest	du habest gehalten	halten
er/sie halte	er/sie habe gehalten	**PAST**
wir halten	wir haben gehalten	gehalten haben
ihr haltet	ihr habet gehalten	
Sie halten	Sie haben gehalten	
sie halten	sie haben gehalten	

IMPERFECT	**PLUPERFECT**	**PARTICIPLE**
ich hielte	ich hätte gehalten	**PRESENT**
du hieltest	du hättest gehalten	haltend
er/sie hielte	er/sie hätte gehalten	**PAST**
wir hielten	wir hätten gehalten	gehalten
ihr hieltet	ihr hättet gehalten	
Sie hielten	Sie hätten gehalten	**IMPERATIVE**
sie hielten	sie hätten gehalten	halt(e)!
		haltet!

FUTURE PERFECT
ich werde gehalten
haben
du wirst gehalten
haben *etc*

halten Sie!
halten wir!

HÄNGEN
to hang *(1)*

PRESENT	IMPERFECT	FUTURE
ich hänge	ich hing	ich werde hängen
du hängst	du hingst	du wirst hängen
er/sie hängt	er/sie hing	er/sie wird hängen
wir hängen	wir hingen	wir werden hängen
ihr hängt	ihr hingt	ihr werdet hängen
Sie hängen	Sie hingen	Sie werden hängen
sie hängen	sie hingen	sie werden hängen

PERFECT	PLUPERFECT	CONDITIONAL
ich habe gehangen	ich hatte gehangen	ich würde hängen
du hast gehangen	du hattest gehangen	du würdest hängen
er/sie hat gehangen	er/sie hatte gehangen	er/sie würde hängen
wir haben gehangen	wir hatten gehangen	wir würden hängen
ihr habt gehangen	ihr hattet gehangen	ihr würdet hängen
Sie haben gehangen	Sie hatten gehangen	Sie würden hängen
sie haben gehangen	sie hatten gehangen	sie würden hängen

SUBJUNCTIVE

PRESENT	PERFECT	INFINITIVE
ich hänge	ich habe gehangen	**PRESENT**
du hängest	du habest gehangen	hängen
er/sie hänge	er/sie habe gehangen	**PAST**
wir hängen	wir haben gehangen	gehangen haben
ihr hänget	ihr habet gehangen	
Sie hängen	Sie haben gehangen	*PARTICIPLE*
sie hängen	sie haben gehangen	**PRESENT**
		hängend

IMPERFECT	PLUPERFECT	
ich hinge	ich hätte gehangen	**PAST**
du hingest	du hättest gehangen	gehangen
er/sie hinge	er/sie hätte gehangen	
wir hingen	wir hätten gehangen	*IMPERATIVE*
ihr hinget	ihr hättet gehangen	häng(e)!
Sie hingen	Sie hätten gehangen	hängt!
sie hingen	sie hätten gehangen	hängen Sie!
		hängen wir!

FUTURE PERFECT

ich werde gehangen
haben
du wirst gehangen haben
etc

NOTES

(1) also a weak verb when transitive: ich hängte,
ich habe gehängt *etc*

HAUEN
to hit, hew *(1)*

PRESENT	IMPERFECT	FUTURE
ich haue	ich hieb	ich werde hauen
du haust	du hiebst	du wirst hauen
er/sie haut	er/sie hieb	er/sie wird hauen
wir hauen	wir hieben	wir werden hauen
ihr haut	ihr hiebt	ihr werdet hauen
Sie hauen	Sie hieben	Sie werden hauen
sie hauen	sie hieben	sie werden hauen

PERFECT	PLUPERFECT	CONDITIONAL
ich habe gehauen	ich hatte gehauen	ich würde hauen
du hast gehauen	du hattest gehauen	du würdest hauen
er/sie hat gehauen	er/sie hatte gehauen	er/sie würde hauen
wir haben gehauen	wir hatten gehauen	wir würden hauen
ihr habt gehauen	ihr hattet gehauen	ihr würdet hauen
Sie haben gehauen	Sie hatten gehauen	Sie würden hauen
sie haben gehauen	sie hatten gehauen	sie würden hauen

SUBJUNCTIVE

PRESENT	PERFECT
ich haue	ich habe gehauen
du hauest	du habest gehauen
er/sie haue	er/sie habe gehauen
wir hauen	wir haben gehauen
ihr hauet	ihr habet gehauen
Sie hauen	Sie haben gehauen
sie hauen	sie haben gehauen

IMPERFECT	PLUPERFECT
ich hiebe	ich hätte gehauen
du hiebest	du hättest gehauen
er/sie hiebe	er/sie hätte gehauen
wir hieben	wir hätten gehauen
ihr hiebet	ihr hättet gehauen
Sie hieben	Sie hätten gehauen
sie hieben	sie hätten gehauen

INFINITIVE

PRESENT
hauen

PAST
gehauen haben

PARTICIPLE

PRESENT
hauend

PAST
gehauen

IMPERATIVE

hau(e)!
haut!
hauen Sie!
hauen wir!

FUTURE PERFECT

ich werde gehauen
haben
du wirst gehauen haben
etc

NOTES

(1) also a weak verb: ich haute, ich habe gehaut
etc.

HEBEN
to lift

PRESENT	IMPERFECT	FUTURE
ich hebe	ich hob	ich werde heben
du hebst	du hobst	du wirst heben
er/sie hebt	er/sie hob	er/sie wird heben
wir heben	wir hoben	wir werden heben
ihr hebt	ihr hobt	ihr werdet heben
Sie heben	Sie hoben	Sie werden heben
sie heben	sie hoben	sie werden heben

PERFECT	PLUPERFECT	CONDITIONAL
ich habe gehoben	ich hatte gehoben	ich würde heben
du hast gehoben	du hattest gehoben	du würdest heben
er/sie hat gehoben	er/sie hatte gehoben	er/sie würde heben
wir haben gehoben	wir hatten gehoben	wir würden heben
ihr habt gehoben	ihr hattet gehoben	ihr würdet heben
Sie haben gehoben	Sie hatten gehoben	Sie würden heben
sie haben gehoben	sie hatten gehoben	sie würden heben

SUBJUNCTIVE

PRESENT	PERFECT	INFINITIVE
ich hebe	ich habe gehoben	**PRESENT**
du hebest	du habest gehoben	heben
er/sie hebe	er/sie habe gehoben	**PAST**
wir heben	wir haben gehoben	gehoben haben
ihr hebet	ihr habet gehoben	
Sie heben	Sie haben gehoben	
sie heben	sie haben gehoben	

PARTICIPLE

PRESENT
hebend

IMPERFECT	PLUPERFECT	PAST
ich höbe	ich hätte gehoben	gehoben
du höbest	du hättest gehoben	
er/sie höbe	er/sie hätte gehoben	**IMPERATIVE**
wir höben	wir hätten gehoben	heb(e)!
ihr höbet	ihr hättet gehoben	hebt!
Sie höben	Sie hätten gehoben	heben Sie!
sie höben	sie hätten gehoben	heben wir!

FUTURE PERFECT

ich werde gehoben
haben
du wirst gehoben
haben *etc*

HEISSEN
to be called

PRESENT	IMPERFECT	FUTURE
ich heiße	ich hieß	ich werde heißen
du heißt	du hießest	du wirst heißen
er/sie heißt	er/sie hieß	er/sie wird heißen
wir heißen	wir hießen	wir werden heißen
ihr heißt	ihr hießt	ihr werdet heißen
Sie heißen	Sie hießen	Sie werden heißen
sie heißen	sie hießen	sie werden heißen

PERFECT	PLUPERFECT	CONDITIONAL
ich habe geheißen	ich hatte geheißen	ich würde heißen
du hast geheißen	du hattest geheißen	du würdest heißen
er/sie hat geheißen	er/sie hatte geheißen	er/sie würde heißen
wir haben geheißen	wir hatten geheißen	wir würden heißen
ihr habt geheißen	ihr hattet geheißen	ihr würdet heißen
Sie haben geheißen	Sie hatten geheißen	Sie würden heißen
sie haben geheißen	sie hatten geheißen	sie würden heißen

SUBJUNCTIVE

PRESENT	PERFECT
ich heiße	ich habe geheißen
du heißest	du habest geheißen
er/sie heiße	er/sie habe geheißen
wir heißen	wir haben geheißen
ihr heißet	ihr habet geheißen
Sie heißen	Sie haben geheißen
sie heißen	sie haben geheißen

IMPERFECT	PLUPERFECT
ich hieße	ich hätte geheißen
du hießest	du hättest geheißen
er/sie hieße	er/sie hätte geheißen
wir hießen	wir hätten geheißen
ihr hießet	ihr hättet geheißen
Sie hießen	Sie hätten geheißen
sie hießen	sie hätten geheißen

INFINITIVE

PRESENT
heißen

PAST
geheißen haben

PARTICIPLE

PRESENT
heißend

PAST
geheißen

IMPERATIVE

heiß(e)!
heißt!
heißen Sie!
heißen wir!

FUTURE PERFECT
ich werde geheißen
haben
du wirst geheißen
haben *etc*

78 HELFEN
to help

PRESENT	IMPERFECT	FUTURE
ich helfe	ich half	ich werde helfen
du hilfst	du halfst	du wirst helfen
er/sie hilft	er/sie half	er/sie wird helfen
wir helfen	wir halfen	wir werden helfen
ihr helft	ihr halft	ihr werdet helfen
Sie helfen	Sie halfen	Sie werden helfen
sie helfen	sie halfen	sie werden helfen

PERFECT	PLUPERFECT	CONDITIONAL
ich habe geholfen	ich hatte geholfen	ich würde helfen
du hast geholfen	du hattest geholfen	du würdest helfen
er/sie hat geholfen	er/sie hatte geholfen	er/sie würde helfen
wir haben geholfen	wir hatten geholfen	wir würden helfen
ihr habt geholfen	ihr hattet geholfen	ihr würdet helfen
Sie haben geholfen	Sie hatten geholfen	Sie würden helfen
sie haben geholfen	sie hatten geholfen	sie würden helfen

SUBJUNCTIVE

PRESENT	PERFECT	INFINITIVE
ich helfe	ich habe geholfen	**PRESENT**
du helfest	du habest geholfen	helfen
er/sie helfe	er/sie habe geholfen	**PAST**
wir helfen	wir haben geholfen	geholfen haben
ihr helfet	ihr habet geholfen	
Sie helfen	Sie haben geholfen	**PARTICIPLE**
sie helfen	sie haben geholfen	**PRESENT**
		helfend

IMPERFECT	PLUPERFECT	
ich hülfe	ich hätte geholfen	**PAST**
du hülfest	du hättest geholfen	geholfen
er/sie hülfe	er/sie hätte geholfen	
wir hülfen	wir hätten geholfen	**IMPERATIVE**
ihr hülfet	ihr hättet geholfen	hilf!
Sie hülfen	Sie hätten geholfen	helft!
sie hülfen	sie hätten geholfen	helfen Sie!
		helfen wir!

FUTURE PERFECT

ich werde geholfen
haben
du wirst geholfen
haben *etc*

NOTE

takes the dative: ich helfe ihm, ich habe ihm
geholfen *etc*

KENNEN
to know

PRESENT	IMPERFECT	FUTURE
ich kenne	ich kannte	ich werde kennen
du kennst	du kanntest	du wirst kennen
er/sie kennt	er/sie kannte	er/sie wird kennen
wir kennen	wir kannten	wir werden kennen
ihr kennt	ihr kanntet	ihr werdet kennen
Sie kennen	Sie kannten	Sie werden kennen
sie kennen	sie kannten	sie werden kennen

PERFECT	PLUPERFECT	CONDITIONAL
ich habe gekannt	ich hatte gekannt	ich würde kennen
du hast gekannt	du hattest gekannt	du würdest kennen
er/sie hat gekannt	er/sie hatte gekannt	er/sie würde kennen
wir haben gekannt	wir hatten gekannt	wir würden kennen
ihr habt gekannt	ihr hattet gekannt	ihr würdet kennen
Sie haben gekannt	Sie hatten gekannt	Sie würden kennen
sie haben gekannt	sie hatten gekannt	sie würden kennen

SUBJUNCTIVE

INFINITIVE

PRESENT	PERFECT
ich kenne	ich habe gekannt
du kennest	du habest gekannt
er/sie kenne	er/sie habe gekannt
wir kennen	wir haben gekannt
ihr kennet	ihr habet gekannt
Sie kennen	Sie haben gekannt
sie kennen	sie haben gekannt

PRESENT
kennen

PAST
gekannt haben

PARTICIPLE

PRESENT
kennend

PAST
gekannt

IMPERFECT	PLUPERFECT
ich kennte	ich hätte gekannt
du kenntest	du hättest gekannt
er/sie kennte	er/sie hätte gekannt
wir kennten	wir hätten gekannt
ihr kenntet	ihr hättet gekannt
Sie kennten	Sie hätten gekannt
sie kennten	sie hätten gekannt

IMPERATIVE

kenn(e)!
kennt!
kennen Sie!
kennen wir!

FUTURE PERFECT

ich werde gekannt
haben
du wirst gekannt
haben *etc*

KENNENLERNEN
to get to know

PRESENT	IMPERFECT	FUTURE
ich lerne kennen	ich lernte kennen	ich werde kennenlernen
du lernst kennen	du lerntest kennen	du wirst kennenlernen
er/sie lernt kennen	er/sie lernte kennen	er/sie wird kennenlernen
wir lernen kennen	wir lernten kennen	wir werden kennenlernen
ihr lernt kennen	ihr lerntet kennen	ihr werdet kennenlernen
Sie lernen kennen	Sie lernten kennen	Sie werden kennenlernen
sie lernen kennen	sie lernten kennen	sie werden kennenlernen

PERFECT	PLUPERFECT	CONDITIONAL
ich habe kennengelernt	ich hatte kennengelernt	ich würde kennenlernen
du hast kennengelernt	du hattest kennengelernt	du würdest kennenlernen
er/sie hat kennengelernt	er/sie hatte kennengelernt	er/sie würde kennenlernen
wir haben kennengelernt	wir hatten kennengelernt	wir würden kennenlernen
ihr habt kennengelernt	ihr hattet kennengelernt	ihr würdet kennenlernen
Sie haben kennengelernt	Sie hatten kennengelernt	Sie würden kennenlernen
sie haben kennengelernt	sie hatten kennengelernt	sie würden kennenlernen

SUBJUNCTIVE

PRESENT	PERFECT
ich lerne kennen	ich habe kennengelernt
du lernest kennen	du habest kennengelernt
er/sie lerne kennen	er/sie habe kennengelernt
wir lernen kennen	wir haben kennengelernt
ihr lernet kennen	ihr habet kennengelernt
Sie lernen kennen	Sie haben kennengelernt
sie lernen kennen	sie haben kennengelernt

IMPERFECT	PLUPERFECT
ich lernte kennen	ich hätte kennengelernt
du lerntest kennen	du hättest kennengelernt
er/sie lernte kennen	er/sie hätte kennengelernt
wir lernten kennen	wir hätten kennengelernt
ihr lerntet kennen	ihr hättet kennengelernt
Sie lernten kennen	Sie hätten kennengelernt
sie lernten kennen	sie hätten kennengelernt

FUTURE PERFECT

ich werde
kennengelernt haben
du wirst kennengelernt
haben *etc*

INFINITIVE

PRESENT
kennenlernen

PAST
kennengelernt haben

PARTICIPLE

PRESENT
kennenlernend

PAST
kennengelernt

IMPERATIVE

lern(e) kennen!
lernt kennen!
lernen Sie kennen!
lernen wir kennen!

KLINGEN
to sound

81

PRESENT	**IMPERFECT**	**FUTURE**
ich klinge	ich klang	ich werde klingen
du klingst	du klangst	du wirst klingen
er/sie klingt	er/sie klang	er/sie wird klingen
wir klingen	wir klangen	wir werden klingen
ihr klingt	ihr klangt	ihr werdet klingen
Sie klingen	Sie klangen	Sie werden klingen
sie klingen	sie klangen	sie werden klingen

PERFECT	**PLUPERFECT**	**CONDITIONAL**
ich habe geklungen	ich hatte geklungen	ich würde klingen
du hast geklungen	du hattest geklungen	du würdest klingen
er/sie hat geklungen	er/sie hatte geklungen	er/sie würde klingen
wir haben geklungen	wir hatten geklungen	wir würden klingen
ihr habt geklungen	ihr hattet geklungen	ihr würdet klingen
Sie haben geklungen	Sie hatten geklungen	Sie würden klingen
sie haben geklungen	sie hatten geklungen	sie würden klingen

SUBJUNCTIVE		*INFINITIVE*
PRESENT		**PRESENT**
ich klinge		klingen
du klingest	**PERFECT**	**PAST**
er/sie klinge	ich habe geklungen	geklungen haben
wir klingen	du habest geklungen	
ihr klinget	er/sie habe geklungen	
Sie klingen	wir haben geklungen	*PARTICIPLE*
sie klingen	ihr habet geklungen	**PRESENT**
	Sie haben geklungen	klingend
	sie haben geklungen	**PAST**
		geklungen

IMPERFECT	**PLUPERFECT**	
ich klänge	ich hätte geklungen	*IMPERATIVE*
du klängest	du hättest geklungen	
er/sie klänge	er/sie hätte geklungen	kling(e)!
wir klängen	wir hätten geklungen	klingt!
ihr klänget	ihr hättet geklungen	klingen Sie!
Sie klängen	Sie hätten geklungen	klingen wir!
sie klängen	sie hätten geklungen	

FUTURE PERFECT

ich werde geklungen
haben
du wirst geklungen
haben *etc*

KNEIFEN
to pinch

PRESENT	IMPERFECT	FUTURE
ich kneife	ich kniff	ich werde kneifen
du kneifst	du kniffst	du wirst kneifen
er/sie kneift	er/sie kniff	er/sie wird kneifen
wir kneifen	wir kniffen	wir werden kneifen
ihr kneift	ihr knifft	ihr werdet kneifen
Sie kneifen	Sie kniffen	Sie werden kneifen
sie kneifen	sie kniffen	sie werden kneifen

PERFECT	PLUPERFECT	CONDITIONAL
ich habe gekniffen	ich hatte gekniffen	ich würde kneifen
du hast gekniffen	du hattest gekniffen	du würdest kneifen
er/sie hat gekniffen	er/sie hatte gekniffen	er/sie würde kneifen
wir haben gekniffen	wir hatten gekniffen	wir würden kneifen
ihr habt gekniffen	ihr hattet gekniffen	ihr würdet kneifen
Sie haben gekniffen	Sie hatten gekniffen	Sie würden kneifen
sie haben gekniffen	sie hatten gekniffen	sie würden kneifen

SUBJUNCTIVE

PRESENT	PERFECT	*INFINITIVE*
ich kneife	ich habe gekniffen	**PRESENT**
du kneifest	du habest gekniffen	kneifen
er/sie kneife	er/sie habe gekniffen	**PAST**
wir kneifen	wir haben gekniffen	gekniffen haben
ihr kneifet	ihr habet gekniffen	
Sie kneifen	Sie haben gekniffen	*PARTICIPLE*
sie kneifen	sie haben gekniffen	**PRESENT**
		kneifend

IMPERFECT	PLUPERFECT	PAST
ich kniffe	ich hätte gekniffen	gekniffen
du kniffest	du hättest gekniffen	
er/sie kniffe	er/sie hätte gekniffen	*IMPERATIVE*
wir kniffen	wir hätten gekniffen	kneif(e)!
ihr kniffet	ihr hättet gekniffen	kneift!
Sie kniffen	Sie hätten gekniffen	kneifen Sie!
sie kniffen	sie hätten gekniffen	kneifen wir!

FUTURE PERFECT

ich werde gekniffen
haben
du wirst gekniffen
haben *etc*

to kneel

PRESENT	IMPERFECT	FUTURE
ich knie	ich kniete	ich werde knien
du kniest	du knietest	du wirst knien
er/sie kniet	er/sie kniete	er/sie wird knien
wir knien	wir knieten	wir werden knien
ihr kniet	ihr knietet	ihr werdet knien
Sie knien	Sie knieten	Sie werden knien
sie knien	sie knieten	sie werden knien

PERFECT	PLUPERFECT	CONDITIONAL
ich habe gekniet	ich hatte gekniet	ich würde knien
du hast gekniet	du hattest gekniet	du würdest knien
er/sie hat gekniet	er/sie hatte gekniet	er/sie würde knien
wir haben gekniet	wir hatten gekniet	wir würden knien
ihr habt gekniet	ihr hattet gekniet	ihr würdet knien
Sie haben gekniet	Sie hatten gekniet	Sie würden knien
sie haben gekniet	sie hatten gekniet	sie würden knien

SUBJUNCTIVE

INFINITIVE

PRESENT	PERFECT
ich knie	ich habe gekniet
du kniest	du habest gekniet
er/sie knie	er/sie habe gekniet
wir knien	wir haben gekniet
ihr kniet	ihr habet gekniet
Sie knien	Sie haben gekniet
sie knien	sie haben gekniet

PRESENT
knien
PAST
gekniet haben

PARTICIPLE
PRESENT
kniend

IMPERFECT	PLUPERFECT
ich kniete	ich hätte gekniet
du knietest	du hättest gekniet
er/sie kniete	er/sie hätte gekniet
wir knieten	wir hätten gekniet
ihr knietet	ihr hättet gekniet
Sie knieten	Sie hätten gekniet
sie knieten	sie hätten gekniet

PAST
gekniet

IMPERATIVE
knie!
kniet!
knien Sie!
knien wir!

FUTURE PERFECT

ich werde gekniet
haben
du wirst gekniet
haben *etc*

KOMMEN
to come

PRESENT	IMPERFECT	FUTURE
ich komme	ich kam	ich werde kommen
du kommst	du kamst	du wirst kommen
er/sie kommt	er/sie kam	er/sie wird kommen
wir kommen	wir kamen	wir werden kommen
ihr kommt	ihr kamt	ihr werdet kommen
Sie kommen	Sie kamen	Sie werden kommen
sie kommen	sie kamen	sie werden kommen

PERFECT	PLUPERFECT	CONDITIONAL
ich bin gekommen	ich war gekommen	ich würde kommen
du bist gekommen	du warst gekommen	du würdest kommen
er/sie ist gekommen	er/sie war gekommen	er/sie würde kommen
wir sind gekommen	wir waren gekommen	wir würden kommen
ihr seid gekommen	ihr wart gekommen	ihr würdet kommen
Sie sind gekommen	Sie waren gekommen	Sie würden kommen
sie sind gekommen	sie waren gekommen	sie würden kommen

SUBJUNCTIVE

PRESENT	PERFECT
ich komme	ich sei gekommen
du kommest	du sei(e)st gekommen
er/sie komme	er/sie sei gekommen
wir kommen	wir seien gekommen
ihr kommet	ihr seiet gekommen
Sie kommen	Sie seien gekommen
sie kommen	sie seien gekommen

IMPERFECT	PLUPERFECT
ich käme	ich wäre gekommen
du kämest	du wär(e)st gekommen
er/sie käme	er/sie wäre gekommen
wir kämen	wir wären gekommen
ihr kämet	ihr wär(e)t gekommen
Sie kämen	Sie wären gekommen
sie kämen	sie wären gekommen

FUTURE PERFECT

ich werde gekommen
sein
du wirst gekommen sein
etc

INFINITIVE

PRESENT
kommen

PAST
gekommen sein

PARTICIPLE

PRESENT
kommend

PAST
gekommen

IMPERATIVE

komm(e)!
kommt!
kommen Sie!
kommen wir!

KÖNNEN
to be able to

PRESENT	**IMPERFECT**	**FUTURE**
ich kann	ich konnte	ich werde können
du kannst	du konntest	du wirst können
er/sie kann	er/sie konnte	er/sie wird können
wir können	wir konnten	wir werden können
ihr könnt	ihr konntet	ihr werdet können
Sie können	Sie konnten	Sie werden können
sie können	sie konnten	sie werden können

PERFECT (1)	**PLUPERFECT** (2)	**CONDITIONAL**
ich habe gekonnt	ich hatte gekonnt	ich würde können
du hast gekonnt	du hattest gekonnt	du würdest können
er/sie hat gekonnt	er/sie hatte gekonnt	er/sie würde können
wir haben gekonnt	wir hatten gekonnt	wir würden können
ihr habt gekonnt	ihr hattet gekonnt	ihr würdet können
Sie haben gekonnt	Sie hatten gekonnt	Sie würden können
sie haben gekonnt	sie hatten gekonnt	sie würden können

SUBJUNCTIVE

PRESENT	**PERFECT** (1)
ich könne	ich habe gekonnt
du könnest	du habest gekonnt
er/sie könne	er/sie habe gekonnt
wir können	wir haben gekonnt
ihr könnet	ihr habet gekonnt
Sie können	Sie haben gekonnt
sie können	sie haben gekonnt

IMPERFECT	**PLUPERFECT** (3)
ich könnte	ich hätte gekonnt
du könntest	du hättest gekonnt
er/sie könnte	er/sie hätte gekonnt
wir könnten	wir hätten gekonnt
ihr könntet	ihr hättet gekonnt
Sie könnten	Sie hätten gekonnt
sie könnten	sie hätten gekonnt

INFINITIVE

PRESENT
können

PAST
gekonnt haben

PARTICIPLE

PRESENT
könnend

PAST
gekonnt

NOTE

*when preceded by an infinitive: (1) ich habe …
können etc (2) ich hatte … können etc (3) ich
hatte … können etc*

KRIECHEN
to crawl

PRESENT	IMPERFECT	FUTURE
ich krieche	ich kroch	ich werde kriechen
du kriechst	du krochst	du wirst kriechen
er/sie kriecht	er/sie kroch	er/sie wird kriechen
wir kriechen	wir krochen	wir werden kriechen
ihr kriecht	ihr krocht	ihr werdet kriechen
Sie kriechen	Sie krochen	Sie werden kriechen
sie kriechen	sie krochen	sie werden kriechen

PERFECT	PLUPERFECT	CONDITIONAL
ich bin gekrochen	ich war gekrochen	ich würde kriechen
du bist gekrochen	du warst gekrochen	du würdest kriechen
er/sie ist gekrochen	er/sie war gekrochen	er/sie würde kriechen
wir sind gekrochen	wir waren gekrochen	wir würden kriechen
ihr seid gekrochen	ihr wart gekrochen	ihr würdet kriechen
Sie sind gekrochen	Sie waren gekrochen	Sie würden kriechen
sie sind gekrochen	sie waren gekrochen	sie würden kriechen

SUBJUNCTIVE

PRESENT	PERFECT
ich krieche	ich sei gekrochen
du kriechest	du sei(e)st gekrochen
er/sie krieche	er/sie sei gekrochen
wir kriechen	wir seien gekrochen
ihr kriechet	ihr seiet gekrochen
Sie kriechen	Sie seien gekrochen
sie kriechen	sie seien gekrochen

IMPERFECT	PLUPERFECT
ich kröche	ich wäre gekrochen
du kröchest	du wär(e)st gekrochen
er/sie kröche	er/sie wäre gekrochen
wir kröchen	wir wären gekrochen
ihr kröchet	ihr wär(e)t gekrochen
Sie kröchen	Sie wären gekrochen
sie kröchen	sie wären gekrochen

FUTURE PERFECT

ich werde gekrochen
sein
du wirst gekrochen sein
etc

INFINITIVE

PRESENT
kriechen
PAST
gekrochen sein

PARTICIPLE

PRESENT
kriechend
PAST
gekrochen

IMPERATIVE

kriech(e)!
kriecht!
kriechen Sie!
kriechen wir!

LACHEN
to laugh

PRESENT	**IMPERFECT**	**FUTURE**
ich lache	ich lachte	ich werde lachen
du lachst	du lachtest	du wirst lachen
er/sie lacht	er/sie lachte	er/sie wird lachen
wir lachen	wir lachten	wir werden lachen
ihr lacht	ihr lachtet	ihr werdet lachen
Sie lachen	Sie lachten	Sie werden lachen
sie lachen	sie lachten	sie werden lachen

PERFECT	**PLUPERFECT**	**CONDITIONAL**
ich habe gelacht	ich hatte gelacht	ich würde lachen
du hast gelacht	du hattest gelacht	du würdest lachen
er/sie hat gelacht	er/sie hatte gelacht	er/sie würde lachen
wir haben gelacht	wir hatten gelacht	wir würden lachen
ihr habt gelacht	ihr hattet gelacht	ihr würdet lachen
Sie haben gelacht	Sie hatten gelacht	Sie würden lachen
sie haben gelacht	sie hatten gelacht	sie würden lachen

SUBJUNCTIVE

PRESENT	**PERFECT**
ich lache	ich habe gelacht
du lachest	du habest gelacht
er/sie lache	er/sie habe gelacht
wir lachen	wir haben gelacht
ihr lachet	ihr habet gelacht
Sie lachen	Sie haben gelacht
sie lachen	sie haben gelacht

IMPERFECT	**PLUPERFECT**
ich lachte	ich hätte gelacht
du lachtest	du hättest gelacht
er/sie lachte	er/sie hätte gelacht
wir lachten	wir hätten gelacht
ihr lachtet	ihr hättet gelacht
Sie lachten	Sie hätten gelacht
sie lachten	sie hätten gelacht

FUTURE PERFECT

ich werde gelacht
haben
du wirst gelacht
haben *etc*

INFINITIVE

PRESENT
lachen

PAST
gelacht haben

PARTICIPLE

PRESENT
lachend

PAST
gelacht

IMPERATIVE

lach(e)!
lacht!
lachen Sie!
lachen wir!

LADEN
to load

PRESENT	IMPERFECT	FUTURE
ich lade	ich lud	ich werde laden
du lädst	du ludst	du wirst laden
er/sie lädt	er/sie lud	er/sie wird laden
wir laden	wir luden	wir werden laden
ihr ladet	ihr ludet	ihr werdet laden
Sie laden	Sie luden	Sie werden laden
sie laden	sie luden	sie werden laden

PERFECT	PLUPERFECT	CONDITIONAL
ich habe geladen	ich hatte geladen	ich würde laden
du hast geladen	du hattest geladen	du würdest laden
er/sie hat geladen	er/sie hatte geladen	er/sie würde laden
wir haben geladen	wir hatten geladen	wir würden laden
ihr habt geladen	ihr hattet geladen	ihr würdet laden
Sie haben geladen	Sie hatten geladen	Sie würden laden
sie haben geladen	sie hatten geladen	sie würden laden

SUBJUNCTIVE

PRESENT	PERFECT
ich lade	ich habe geladen
du ladest	du habest geladen
er/sie lade	er/sie habe geladen
wir laden	wir haben geladen
ihr ladet	ihr habet geladen
Sie laden	Sie haben geladen
sie laden	sie haben geladen

IMPERFECT	PLUPERFECT
ich lüde	ich hätte geladen
du lüdest	du hättest geladen
er/sie lüde	er/sie hätte geladen
wir lüden	wir hätten geladen
ihr lüdet	ihr hättet geladen
Sie lüden	Sie hätten geladen
sie lüden	sie hätten geladen

INFINITIVE

PRESENT
laden

PAST
geladen haben

PARTICIPLE

PRESENT
ladend

PAST
geladen

IMPERATIVE

lad(e)!
ladet!
laden Sie!
laden wir!

FUTURE PERFECT

ich werde geladen
haben
du wirst geladen haben
etc

LANDEN
to land

PRESENT	IMPERFECT	FUTURE
ich lande	ich landete	ich werde landen
du landest	du landetest	du wirst landen
er/sie landet	er/sie landete	er/sie wird landen
wir landen	wir landeten	wir werden landen
ihr landet	ihr landetet	ihr werdet landen
Sie landen	Sie landeten	Sie werden landen
sie landen	sie landeten	sie werden landen

PERFECT	PLUPERFECT	CONDITIONAL
ich bin gelandet	ich war gelandet	ich würde landen
du bist gelandet	du warst gelandet	du würdest landen
er/sie ist gelandet	er/sie war gelandet	er/sie würde landen
wir sind gelandet	wir waren gelandet	wir würden landen
ihr seid gelandet	ihr wart gelandet	ihr würdet landen
Sie sind gelandet	Sie waren gelandet	Sie würden landen
sie sind gelandet	sie waren gelandet	sie würden landen

SUBJUNCTIVE

PRESENT	PERFECT
ich lande	ich sei gelandet
du landest	du sei(e)st gelandet
er/sie lande	er/sie sei gelandet
wir landen	wir seien gelandet
ihr landet	ihr seiet gelandet
Sie landen	Sie seien gelandet
sie landen	sie seien gelandet

IMPERFECT	PLUPERFECT
ich landete	ich wäre gelandet
du landetest	du wär(e)st gelandet
er/sie landete	er/sie wäre gelandet
wir landeten	wir wären gelandet
ihr landetet	ihr wär(e)t gelandet
Sie landeten	Sie wären gelandet
sie landeten	sie wären gelandet

INFINITIVE

PRESENT
landen

PAST
gelandet sein

PARTICIPLE

PRESENT
landend

PAST
gelandet

IMPERATIVE

land(e)!
landet!
landen Sie!
landen wir!

FUTURE PERFECT

ich werde gelandet
sein
du wirst gelandet sein
etc

90 LASSEN
to leave, let

PRESENT	IMPERFECT	FUTURE
ich lasse	ich ließ	ich werde lassen
du läßt	du ließest	du wirst lassen
er/sie läßt	er/sie ließ	er/sie wird lassen
wir lassen	wir ließen	wir werden lassen
ihr laßt	ihr ließt	ihr werdet lassen
Sie lassen	Sie ließen	Sie werden lassen
sie lassen	sie ließen	sie werden lassen

PERFECT (1)	PLUPERFECT (2)	CONDITIONAL
ich habe gelassen	ich hatte gelassen	ich würde lassen
du hast gelassen	du hattest gelassen	du würdest lassen
er/sie hat gelassen	er/sie hatte gelassen	er/sie würde lassen
wir haben gelassen	wir hatten gelassen	wir würden lassen
ihr habt gelassen	ihr hattet gelassen	ihr würdet lassen
Sie haben gelassen	Sie hatten gelassen	Sie würden lassen
sie haben gelassen	sie hatten gelassen	sie würden lassen

SUBJUNCTIVE

PRESENT	PERFECT (1)	INFINITIVE
		PRESENT
ich lasse	ich habe gelassen	lassen
du lassest	du habest gelassen	**PAST**
er/sie lasse	er/sie habe gelassen	gelassen haben
wir lassen	wir haben gelassen	
ihr lasset	ihr habet gelassen	**PARTICIPLE**
Sie lassen	Sie haben gelassen	**PRESENT**
sie lassen	sie haben gelassen	lassend

IMPERFECT	PLUPERFECT (3)	PAST
		gelassen
ich ließe	ich hätte gelassen	
du ließest	du hättest gelassen	**IMPERATIVE**
er/sie ließe	er/sie hätte gelassen	
wir ließen	wir hätten gelassen	laß!
ihr ließet	ihr hättet gelassen	laßt!
Sie ließen	Sie hätten gelassen	lassen Sie!
sie ließen	sie hätten gelassen	lassen wir!

FUTURE PERFECT	NOTE
ich werde gelassen haben	*when preceded by an infinitive: (1) ich habe ...*
du wirst gelassen haben	*lassen etc (2) ich hatte ... lassen etc (3) ich*
etc	*hätte ... lassen etc*

LAUFEN
to run

PRESENT	**IMPERFECT**	**FUTURE**
ich laufe	ich lief	ich werde laufen
du läufst	du liefst	du wirst laufen
er/sie läuft	er/sie lief	er/sie wird laufen
wir laufen	wir liefen	wir werden laufen
ihr lauft	ihr lieft	ihr werdet laufen
Sie laufen	Sie liefen	Sie werden laufen
sie laufen	sie liefen	sie werden laufen

PERFECT	**PLUPERFECT**	**CONDITIONAL**
ich bin gelaufen	ich war gelaufen	ich würde laufen
du bist gelaufen	du warst gelaufen	du würdest laufen
er/sie ist gelaufen	er/sie war gelaufen	er/sie würde laufen
wir sind gelaufen	wir waren gelaufen	wir würden laufen
ihr seid gelaufen	ihr wart gelaufen	ihr würdet laufen
Sie sind gelaufen	Sie waren gelaufen	Sie würden laufen
sie sind gelaufen	sie waren gelaufen	sie würden laufen

SUBJUNCTIVE

PRESENT	**PERFECT**	***INFINITIVE***
ich laufe	ich sei gelaufen	**PRESENT**
du laufest	du sei(e)st gelaufen	laufen
er/sie laufe	er/sie sei gelaufen	**PAST**
wir laufen	wir seien gelaufen	gelaufen sein
ihr laufet	ihr seiet gelaufen	
Sie laufen	Sie seien gelaufen	***PARTICIPLE***
sie laufen	sie seien gelaufen	**PRESENT**

IMPERFECT	**PLUPERFECT**	laufend
ich liefe	ich wäre gelaufen	**PAST**
du liefest	du wär(e)st gelaufen	gelaufen
er/sie liefe	er/sie wäre gelaufen	
wir liefen	wir wären gelaufen	***IMPERATIVE***
ihr liefet	ihr wär(e)t gelaufen	
Sie liefen	Sie wären gelaufen	lauf(e)!
sie liefen	sie wären gelaufen	lauft!
		laufen Sie!
		laufen wir!

FUTURE PERFECT

ich werde gelaufen sein
du wirst gelaufen sein *etc*

LEBEN
to live

PRESENT	IMPERFECT	FUTURE
ich lebe	ich lebte	ich werde leben
du lebst	du lebtest	du wirst leben
er/sie lebt	er/sie lebte	er/sie wird leben
wir leben	wir lebten	wir werden leben
ihr lebt	ihr lebtet	ihr werdet leben
Sie leben	Sie lebten	Sie werden leben
sie leben	sie lebten	sie werden leben

PERFECT	PLUPERFECT	CONDITIONAL
ich habe gelebt	ich hatte gelebt	ich würde leben
du hast gelebt	du hattest gelebt	du würdest leben
er/sie hat gelebt	er/sie hatte gelebt	er/sie würde leben
wir haben gelebt	wir hatten gelebt	wir würden leben
ihr habt gelebt	ihr hattet gelebt	ihr würdet leben
Sie haben gelebt	Sie hatten gelebt	Sie würden leben
sie haben gelebt	sie hatten gelebt	sie würden leben

SUBJUNCTIVE

PRESENT	PERFECT
ich lebe	ich habe gelebt
du lebest	du habest gelebt
er/sie lebe	er/sie habe gelebt
wir leben	wir haben gelebt
ihr lebet	ihr habet gelebt
Sie leben	Sie haben gelebt
sie leben	sie haben gelebt

IMPERFECT	PLUPERFECT
ich lebte	ich hätte gelebt
du lebtest	du hättest gelebt
er/sie lebte	er/sie hätte gelebt
wir lebten	wir hätten gelebt
ihr lebtet	ihr hättet gelebt
Sie lebten	Sie hätten gelebt
sie lebten	sie hätten gelebt

FUTURE PERFECT

ich werde gelebt haben
du wirst gelebt haben
etc

INFINITIVE

PRESENT
leben

PAST
gelebt haben

PARTICIPLE

PRESENT
lebend

PAST
gelebt

IMPERATIVE

leb(e)!
lebt!
leben Sie!
leben wir!

to suffer

PRESENT	IMPERFECT	FUTURE
ich leide	ich litt	ich werde leiden
du leidest	du littst	du wirst leiden
er/sie leidt	er/sie litt	er/sie wird leiden
wir leiden	wir litten	wir werden leiden
ihr leidet	ihr littet	ihr werdet leiden
Sie leiden	Sie litten	Sie werden leiden
sie leiden	sie litten	sie werden leiden

PERFECT	PLUPERFECT	CONDITIONAL
ich habe gelitten	ich hatte gelitten	ich würde leiden
du hast gelitten	du hattest gelitten	du würdest leiden
er/sie hat gelitten	er/sie hatte gelitten	er/sie würde leiden
wir haben gelitten	wir hatten gelitten	wir würden leiden
ihr habt gelitten	ihr hattet gelitten	ihr würdet leiden
Sie haben gelitten	Sie hatten gelitten	Sie würden leiden
sie haben gelitten	sie hatten gelitten	sie würden leiden

SUBJUNCTIVE

PRESENT	PERFECT
ich leide	ich habe gelitten
du leidest	du habest gelitten
er/sie leide	er/sie habe gelitten
wir leiden	wir haben gelitten
ihr leidet	ihr habet gelitten
Sie leiden	Sie haben gelitten
sie leiden	sie haben gelitten

IMPERFECT	PLUPERFECT
ich litte	ich hätte gelitten
du littest	du hättest gelitten
er/sie litte	er/sie hätte gelitten
wir litten	wir hätten gelitten
ihr littet	ihr hättet gelitten
Sie litten	Sie hätten gelitten
sie litten	sie hätten gelitten

FUTURE PERFECT

ich werde gelitten
haben
du wirst gelitten
haben *etc*

INFINITIVE

PRESENT
leiden
PAST
gelitten haben

PARTICIPLE

PRESENT
leidend
PAST
gelitten

IMPERATIVE

leid(e)!
leidet!
leiden Sie!
leiden wir!

LEIHEN
to lend, borrow

PRESENT	**IMPERFECT**	**FUTURE**
ich leihe	ich lieh	ich werde leihen
du leihst	du liehst	du wirst leihen
er/sie leiht	er/sie lieh	er/sie wird leihen
wir leihen	wir liehen	wir werden leihen
ihr leiht	ihr lieht	ihr werdet leihen
Sie leihen	Sie liehen	Sie werden leihen
sie leihen	sie liehen	sie werden leihen

PERFECT	**PLUPERFECT**	**CONDITIONAL**
ich habe geliehen	ich hatte geliehen	ich würde leihen
du hast geliehen	du hattest geliehen	du würdest leihen
er/sie hat geliehen	er/sie hatte geliehen	er/sie würde leihen
wir haben geliehen	wir hatten geliehen	wir würden leihen
ihr habt geliehen	ihr hattet geliehen	ihr würdet leihen
Sie haben geliehen	Sie hatten geliehen	Sie würden leihen
sie haben geliehen	sie hatten geliehen	sie würden leihen

SUBJUNCTIVE

PRESENT	**PERFECT**
ich leihe	ich habe geliehen
du leihest	du habest geliehen
er/sie leihe	er/sie habe geliehen
wir leihen	wir haben geliehen
ihr leihet	ihr habet geliehen
Sie leihen	Sie haben geliehen
sie leihen	sie haben geliehen

IMPERFECT	**PLUPERFECT**
ich liehe	ich hätte geliehen
du liehest	du hättest geliehen
er/sie liehe	er/sie hätte geliehen
wir liehen	wir hätten geliehen
ihr liehet	ihr hättet geliehen
Sie liehen	Sie hätten geliehen
sie liehen	sie hätten geliehen

FUTURE PERFECT

ich werde geliehen haben
du wirst geliehen haben
etc

INFINITIVE

PRESENT
leihen

PAST
geliehen haben

PARTICIPLE

PRESENT
leihend

PAST
geliehen

IMPERATIVE

leih(e)!
leiht!
leihen Sie!
leihen wir!

PRESENT	**IMPERFECT**	**FUTURE**
ich lese	ich las	ich werde lesen
du liest	du lasest	du wirst lesen
er/sie liest	er/sie las	er/sie wird lesen
wir lesen	wir lasen	wir werden lesen
ihr lest	ihr last	ihr werdet lesen
Sie lesen	Sie lasen	Sie werden lesen
sie lesen	sie lasen	sie werden lesen

PERFECT	**PLUPERFECT**	**CONDITIONAL**
ich habe gelesen	ich hatte gelesen	ich würde lesen
du hast gelesen	du hattest gelesen	du würdest lesen
er/sie hat gelesen	er/sie hatte gelesen	er/sie würde lesen
wir haben gelesen	wir hatten gelesen	wir würden lesen
ihr habt gelesen	ihr hattet gelesen	ihr würdet lesen
Sie haben gelesen	Sie hatten gelesen	Sie würden lesen
sie haben gelesen	sie hatten gelesen	sie würden lesen

SUBJUNCTIVE

PRESENT	**PERFECT**	**INFINITIVE**
ich lese	ich habe gelesen	**PRESENT**
du lesest	du habest gelesen	lesen
er/sie lese	er/sie habe gelesen	**PAST**
wir lesen	wir haben gelesen	gelesen haben
ihr leset	ihr habet gelesen	
Sie lesen	Sie haben gelesen	**PARTICIPLE**
sie lesen	sie haben gelesen	**PRESENT**
		lesend

IMPERFECT	**PLUPERFECT**	**PAST**
ich läse	ich hätte gelesen	gelesen
du läsest	du hättest gelesen	
er/sie läse	er/sie hätte gelesen	**IMPERATIVE**
wir läsen	wir hätten gelesen	
ihr läset	ihr hättet gelesen	lies!
Sie läsen	Sie hätten gelesen	lest!
sie läsen	sie hätten gelesen	lesen Sie!
		lesen wir!

FUTURE PERFECT

ich werde gelesen haben
du wirst gelesen haben
etc

LIEGEN
to lie

PRESENT	IMPERFECT	FUTURE
ich liege	ich lag	ich werde liegen
du liegst	du lagst	du wirst liegen
er/sie liegt	er/sie lag	er/sie wird liegen
wir liegen	wir lagen	wir werden liegen
ihr liegt	ihr lagt	ihr werdet liegen
Sie liegen	Sie lagen	Sie werden liegen
sie liegen	sie lagen	sie werden liegen

PERFECT *(1)*	PLUPERFECT *(2)*	CONDITIONAL
ich habe gelegen	ich hatte gelegen	ich würde liegen
du hast gelegen	du hattest gelegen	du würdest liegen
er/sie hat gelegen	er/sie hatte gelegen	er/sie würde liegen
wir haben gelegen	wir hatten gelegen	wir würden liegen
ihr habt gelegen	ihr hattet gelegen	ihr würdet liegen
Sie haben gelegen	Sie hatten gelegen	Sie würden liegen
sie haben gelegen	sie hatten gelegen	sie würden liegen

SUBJUNCTIVE

PRESENT	PERFECT *(3)*
ich liege	ich habe gelegen
du liegest	du habest gelegen
er/sie liege	er/sie habe gelegen
wir liegen	wir haben gelegen
ihr lieget	ihr habet gelegen
Sie liegen	Sie haben gelegen
sie liegen	sie haben gelegen

IMPERFECT	PLUPERFECT *(4)*
ich läge	ich hätte gelegen
du lägest	du hättest gelegen
er/sie läge	er/sie hätte gelegen
wir lägen	wir hätten gelegen
ihr läget	ihr hättet gelegen
Sie lägen	Sie hätten gelegen
sie lägen	sie hätten gelegen

INFINITIVE

PRESENT
liegen

PAST *(6)*
gelegen haben

PARTICIPLE

PRESENT
liegend

PAST
gelegen

IMPERATIVE

lieg(e)!
liegt!
liegen Sie!
liegen wir!

FUTURE PERFECT *(5)*

ich werde gelegen haben
du wirst gelegen haben
etc

NOTE

also intransitive, conjugated with sein (meaning 'to be situated): (1) ich bin gelegen *etc* (2) ich war gelegen *etc* (3) ich sei gelegen *etc* (4) ich wäre gelegen *etc* (5) ich werde gelegen sein *etc* (6) gelegeń sein

to lie, tell lies

PRESENT	**IMPERFECT**	**FUTURE**
ich lüge	ich log	ich werde lügen
du lügst	du logst	du wirst lügen
er/sie lügt	er/sie log	er/sie wird lügen
wir lügen	wir logen	wir werden lügen
ihr lügt	ihr logt	ihr werdet lügen
Sie lügen	Sie logen	Sie werden lügen
sie lügen	sie logen	sie werden lügen

PERFECT	**PLUPERFECT**	**CONDITIONAL**
ich habe gelogen	ich hatte gelogen	ich würde lügen
du hast gelogen	du hattest gelogen	du würdest lügen
er/sie hat gelogen	er/sie hatte gelogen	er/sie würde lügen
wir haben gelogen	wir hatten gelogen	wir würden lügen
ihr habt gelogen	ihr hattet gelogen	ihr würdet lügen
Sie haben gelogen	Sie hatten gelogen	Sie würden lügen
sie haben gelogen	sie hatten gelogen	sie würden lügen

SUBJUNCTIVE

PRESENT	**PERFECT**
ich lüge	ich habe gelogen
du lügest	du habest gelogen
er/sie lüge	er/sie habe gelogen
wir lügen	wir haben gelogen
ihr lüget	ihr habet gelogen
Sie lügen	Sie haben gelogen
sie lügen	sie haben gelogen

IMPERFECT	**PLUPERFECT**
ich löge	ich hätte gelogen
du lögest	du hättest gelogen
er/sie löge	er/sie hätte gelogen
wir lögen	wir hätten gelogen
ihr löget	ihr hättet gelogen
Sie lögen	Sie hätten gelogen
sie lögen	sie hätten gelogen

FUTURE PERFECT

ich werde gelogen haben
du wirst gelogen haben
etc

INFINITIVE

PRESENT
lügen

PAST
gelogen haben

PARTICIPLE

PRESENT
lügend

PAST
gelogen

IMPERATIVE

lüg(e)!
lügt!
lügen Sie!
lügen wir!

MAHLEN
to grind

PRESENT	IMPERFECT	FUTURE
ich mahle	ich mahlte	ich werde mahlen
du mahlst	du mahltest	du wirst mahlen
er/sie mahlt	er/sie mahlte	er/sie wird mahlen
wir mahlen	wir mahlten	wir werden mahlen
ihr mahlt	ihr mahltet	ihr werdet mahlen
Sie mahlen	Sie mahlten	Sie werden mahlen
sie mahlen	sie mahlten	sie werden mahlen

PERFECT	PLUPERFECT	CONDITIONAL
ich habe gemahlen	ich hatte gemahlen	ich würde mahlen
du hast gemahlen	du hattest gemahlen	du würdest mahlen
er/sie hat gemahlen	er/sie hatte gemahlen	er/sie würde mahlen
wir haben gemahlen	wir hatten gemahlen	wir würden mahlen
ihr habt gemahlen	ihr hattet gemahlen	ihr würdet mahlen
Sie haben gemahlen	Sie hatten gemahlen	Sie würden mahlen
sie haben gemahlen	sie hatten gemahlen	sie würden mahlen

SUBJUNCTIVE

PRESENT	PERFECT
ich mahle	ich habe gemahlen
du mahlest	du habest gemahlen
er/sie mahle	er/sie habe gemahlen
wir mahlen	wir haben gemahlen
ihr mahlet	ihr habet gemahlen
Sie mahlen	Sie haben gemahlen
sie mahlen	sie haben gemahlen

IMPERFECT	PLUPERFECT
ich mahlte	ich hätte gemahlen
du mahltest	du hättest gemahlen
er/sie mahlte	er/sie hätte gemahlen
wir mahlten	wir hätten gemahlen
ihr mahltet	ihr hättet gemahlen
Sie mahlten	Sie hätten gemahlen
sie mahlten	sie hätten gemahlen

FUTURE PERFECT

ich werde gemahlen
haben
du wirst gemahlen
haben *etc*

INFINITIVE

PRESENT
mahlen

PAST
gemahlen haben

PARTICIPLE

PRESENT
mahlend

PAST
gemahlen

IMPERATIVE

mahl(e)!
mahlt!
mahlen Sie!
mahlen wir!

to avoid

PRESENT	IMPERFECT	FUTURE
ich meide	ich mied	ich werde meiden
du meidest	du miedest	du wirst meiden
er/sie meidet	er/sie mied	er/sie wird meiden
wir meiden	wir mieden	wir werden meiden
ihr meidet	ihr miedet	ihr werdet meiden
Sie meiden	Sie mieden	Sie werden meiden
sie meiden	sie mieden	sie werden meiden

PERFECT	PLUPERFECT	CONDITIONAL
ich habe gemieden	ich hatte gemieden	ich würde meiden
du hast gemieden	du hattest gemieden	du würdest meiden
er/sie hat gemieden	er/sie hatte gemieden	er/sie würde meiden
wir haben gemieden	wir hatten gemieden	wir würden meiden
ihr habt gemieden	ihr hattet gemieden	ihr würdet meiden
Sie haben gemieden	Sie hatten gemieden	Sie würden meiden
sie haben gemieden	sie hatten gemieden	sie würden meiden

SUBJUNCTIVE

PRESENT	PERFECT
ich meide	ich habe gemieden
du meidest	du habest gemieden
er/sie meide	er/sie habe gemieden
wir meiden	wir haben gemieden
ihr meidet	ihr habet gemieden
Sie meiden	Sie haben gemieden
sie meiden	sie haben gemieden

IMPERFECT	PLUPERFECT
ich miede	ich hätte gemieden
du miedest	du hättest gemieden
er/sie miede	er/sie hätte gemieden
wir mieden	wir hätten gemieden
ihr miedet	ihr hättet gemieden
Sie mieden	Sie hätten gemieden
sie mieden	sie hätten gemieden

FUTURE PERFECT

ich werde gemieden
haben
du wirst gemieden
haben *etc*

INFINITIVE

PRESENT
meiden
PAST
gemieden haben

PARTICIPLE

PRESENT
meidend
PAST
gemieden

IMPERATIVE

meid(e)!
meidet!
meiden Sie!
meiden wir!

MESSEN
to measure

PRESENT	IMPERFECT	FUTURE
ich messe	ich maß	ich werde messen
du mißt	du maßest	du wirst messen
er/sie mißt	er/sie maß	er/sie wird messen
wir messen	wir maßen	wir werden messen
ihr meßt	ihr maßt	ihr werdet messen
Sie messen	Sie maßen	Sie werden messen
sie messen	sie maßen	sie werden messen

PERFECT	PLUPERFECT	CONDITIONAL
ich habe gemessen	ich hatte gemessen	ich würde messen
du hast gemessen	du hattest gemessen	du würdest messen
er/sie hat gemessen	er/sie hatte gemessen	er/sie würde messen
wir haben gemessen	wir hatten gemessen	wir würden messen
ihr habt gemessen	ihr hattet gemessen	ihr würdet messen
Sie haben gemessen	Sie hatten gemessen	Sie würden messen
sie haben gemessen	sie hatten gemessen	sie würden messen

SUBJUNCTIVE

PRESENT	PERFECT	*INFINITIVE*
ich messe	ich habe gemessen	**PRESENT** messen
du messest	du habest gemessen	
er/sie messe	er/sie habe gemessen	**PAST** gemessen haben
wir messen	wir haben gemessen	
ihr messet	ihr habet gemessen	
Sie messen	Sie haben gemessen	
sie messen	sie haben gemessen	

PRESENT messen

PAST gemessen haben

PARTICIPLE

PRESENT messend

PAST gemessen

IMPERFECT	PLUPERFECT	IMPERATIVE
ich mäße	ich hätte gemessen	miß!
du mäßest	du hättest gemessen	meßt!
er/sie mäße	er/sie hätte gemessen	messen Sie!
wir mäßen	wir hätten gemessen	messen wir!
ihr mäßet	ihr hättet gemessen	
Sie mäßen	Sie hätten gemessen	
sie mäßen	sie hätten gemessen	

FUTURE PERFECT

ich werde gemessen
haben
du wirst gemessen haben
etc

PRESENT	IMPERFECT	FUTURE
ich mag	ich mochte	ich werde mögen
du magst	du mochtest	du wirst mögen
er/sie mag	er/sie mochte	er/sie wird mögen
wir mögen	wir mochten	wir werden mögen
ihr mögt	ihr mochtet	ihr werdet mögen
Sie mögen	Sie mochten	Sie werden mögen
sie mögen	sie mochten	sie werden mögen

PERFECT *(1)*	PLUPERFECT *(2)*	CONDITIONAL
ich habe gemocht	ich hatte gemocht	ich würde mögen
du hast gemocht	du hattest gemocht	du würdest mögen
er/sie hat gemocht	er/sie hatte gemocht	er/sie würde mögen
wir haben gemocht	wir hatten gemocht	wir würden mögen
ihr habt gemocht	ihr hattet gemocht	ihr würdet mögen
Sie haben gemocht	Sie hatten gemocht	Sie würden mögen
sie haben gemocht	sie hatten gemocht	sie würden mögen

SUBJUNCTIVE

PRESENT	PERFECT *(1)*	*INFINITIVE*
ich möge	ich habe gemocht	**PRESENT**
du mögest	du habest gemocht	mögen
er/sie möge	er/sie habe gemocht	**PAST**
wir mögen	wir haben gemocht	gemocht haben
ihr möget	ihr habet gemocht	
Sie mögen	Sie haben gemocht	*PARTICIPLE*
sie mögen	sie haben gemocht	**PRESENT**
		mögend

IMPERFECT	PLUPERFECT *(3)*	**PAST**
ich möchte	ich hätte gemocht	gemocht
du möchtest	du hättest gemocht	
er/sie möchte	er/sie hätte gemocht	
wir möchten	wir hätten gemocht	
ihr möchtet	ihr hättet gemocht	
Sie möchten	Sie hätten gemocht	
sie möchten	sie hätten gemocht	

NOTE

*when preceded by an infinitive: (1) ich habe ...
mögen etc (2) ich hatte ... mögen etc (3) ich
hätte ... mögen etc*

MÜSSEN
to have to

PRESENT	**IMPERFECT**	**FUTURE**
ich muß	ich mußte	ich werde müssen
du mußt	du mußtest	du wirst müssen
er/sie muß	er/sie mußte	er/sie wird müssen
wir müssen	wir mußten	wir werden müssen
ihr müßt	ihr mußtet	ihr werdet müssen
Sie müssen	Sie mußten	Sie werden müssen
sie müssen	sie mußten	sie werden müssen

PERFECT *(1)*	**PLUPERFECT** *(2)*	**CONDITIONAL**
ich habe gemußt	ich hatte gemußt	ich würde müssen
du hast gemußt	du hattest gemußt	du würdest müssen
er/sie hat gemußt	er/sie hatte gemußt	er/sie würde müssen
wir haben gemußt	wir hatten gemußt	wir würden müssen
ihr habt gemußt	ihr hattet gemußt	ihr würdet müssen
Sie haben gemußt	Sie hatten gemußt	Sie würden müssen
sie haben gemußt	sie hatten gemußt	sie würden müssen

SUBJUNCTIVE

PRESENT	**PERFECT** *(1)*	*INFINITIVE*
ich müsse	ich habe gemußt	**PRESENT**
du müssest	du habest gemußt	müssen
er/sie müsse	er/sie habe gemußt	**PAST**
wir müssen	wir haben gemußt	gemußt haben
ihr müsset	ihr habet gemußt	
Sie müssen	Sie haben gemußt	*PARTICIPLE*
sie müssen	sie haben gemußt	**PRESENT**
		müssend

IMPERFECT	**PLUPERFECT** *(3)*	**PAST**
ich müßte	ich hätte gemußt	gemußt
du müßtest	du hättest gemußt	
er/sie müßte	er/sie hätte gemußt	
wir müßten	wir hätten gemußt	
ihr müßtet	ihr hättet gemußt	
Sie müßten	Sie hätten gemußt	
sie müßten	sie hätten gemußt	

NOTE

*when preceded by an infinitive: (1) ich habe . . .
müssen etc (2) ich hatte . . . müssen etc (3) ich
hätte . . . müssen etc*

to take

PRESENT	**IMPERFECT**	**FUTURE**
ich nehme	ich nahm	ich werde nehmen
du nimmst	du nahmst	du wirst nehmen
er/sie nimmt	er/sie nahm	er/sie wird nehmen
wir nehmen	wir nahmen	wir werden nehmen
ihr nehmt	ihr nahmt	ihr werdet nehmen
Sie nehmen	Sie nahmen	Sie werden nehmen
sie nehmen	sie nahmen	sie werden nehmen

PERFECT	**PLUPERFECT**	**CONDITIONAL**
ich habe genommen	ich hatte genommen	ich würde nehmen
du hast genommen	du hattest genommen	du würdest nehmen
er/sie hat genommen	er/sie hatte genommen	er/sie würde nehmen
wir haben genommen	wir hatten genommen	wir würden nehmen
ihr habt genommen	ihr hattet genommen	ihr würdet nehmen
Sie haben genommen	Sie hatten genommen	Sie würden nehmen
sie haben genommen	sie hatten genommen	sie würden nehmen

SUBJUNCTIVE

PRESENT	**PERFECT**
ich nehme	ich habe genommen
du nehmest	du habest genommen
er/sie nehme	er/sie habe genommen
wir nehmen	wir haben genommen
ihr nehmet	ihr habet genommen
Sie nehmen	Sie haben genommen
sie nehmen	sie haben genommen

IMPERFECT	**PLUPERFECT**
ich nähme	ich hätte genommen
du nähmest	du hättest genommen
er/sie nähme	er/sie hätte genommen
wir nähmen	wir hätten genommen
ihr nähmet	ihr hättet genommen
Sie nähmen	Sie hätten genommen
sie nähmen	sie hätten genommen

FUTURE PERFECT

ich werde genommen
haben
du wirst genommen
haben *etc*

INFINITIVE

PRESENT
nehmen

PAST
genommen haben

PARTICIPLE

PRESENT
nehmend

PAST
genommen

IMPERATIVE

nimm!
nehmt!
nehmen Sie!
nehmen wir!

NENNEN
to call, name

PRESENT	IMPERFECT	FUTURE
ich nenne	ich nannte	ich werde nennen
du nennst	du nanntest	du wirst nennen
er/sie nennt	er/sie nannte	er/sie wird nennen
wir nennen	wir nannten	wir werden nennen
ihr nennt	ihr nanntet	ihr werdet nennen
Sie nennen	Sie nannten	Sie werden nennen
sie nennen	sie nannten	sie werden nennen

PERFECT	PLUPERFECT	CONDITIONAL
ich habe genannt	ich hatte genannt	ich würde nennen
du hast genannt	du hattest genannt	du würdest nennen
er/sie hat genannt	er/sie hatte genannt	er/sie würde nennen
wir haben genannt	wir hatten genannt	wir würden nennen
ihr habt genannt	ihr hattet genannt	ihr würdet nennen
Sie haben genannt	Sie hatten genannt	Sie würden nennen
sie haben genannt	sie hatten genannt	sie würden nennen

SUBJUNCTIVE

PRESENT	PERFECT
ich nenne	ich habe genannt
du nennest	du habest genannt
er/sie nenne	er/sie habe genannt
wir nennen	wir haben genannt
ihr nennet	ihr habet genannt
Sie nennen	Sie haben genannt
sie nennen	sie haben genannt

IMPERFECT	PLUPERFECT
ich nennte	ich hätte genannt
du nenntest	du hättest genannt
er/sie nennte	er/sie hätte genannt
wir nennten	wir hätten genannt
ihr nenntet	ihr hättet genannt
Sie nennten	Sie hätten genannt
sie nennten	sie hätten genannt

INFINITIVE

PRESENT
nennen

PAST
genannt haben

PARTICIPLE

PRESENT
nennend

PAST
genannt

IMPERATIVE

nenn(e)!
nennt!
nennen Sie!
nennen wir!

FUTURE PERFECT

ich werde genannt haben
du wirst genannt haben
etc

PASSEN
to fit, suit

PRESENT	**IMPERFECT**	**FUTURE**
ich passe	ich paßte	ich werde passen
du paßt	du paßtest	du wirst passen
er/sie paßt	er/sie paßte	er/sie wird passen
wir passen	wir paßten	wir werden passen
ihr paßt	ihr paßtet	ihr werdet passen
Sie passen	Sie paßten	Sie werden passen
sie passen	sie paßten	sie werden passen

PERFECT	**PLUPERFECT**	**CONDITIONAL**
ich habe gepaßt	ich hatte gepaßt	ich würde passen
du hast gepaßt	du hattest gepaßt	du würdest passen
er/sie hat gepaßt	er/sie hatte gepaßt	er/sie würde passen
wir haben gepaßt	wir hatten gepaßt	wir würden passen
ihr habt gepaßt	ihr hattet gepaßt	ihr würdet passen
Sie haben gepaßt	Sie hatten gepaßt	Sie würden passen
sie haben gepaßt	sie hatten gepaßt	sie würden passen

SUBJUNCTIVE

PRESENT	**PERFECT**
ich passe	ich habe gepaßt
du passest	du habest gepaßt
er/sie passe	er/sie habe gepaßt
wir passen	wir haben gepaßt
ihr passet	ihr habet gepaßt
Sie passen	Sie haben gepaßt
sie passen	sie haben gepaßt

IMPERFECT	**PLUPERFECT**
ich paßte	ich hätte gepaßt
du paßtest	du hättest gepaßt
er/sie paßte	er/sie hätte gepaßt
wir paßten	wir hätten gepaßt
ihr paßtet	ihr hättet gepaßt
Sie paßten	Sie hätten gepaßt
sie paßten	sie hätten gepaßt

INFINITIVE

PRESENT
passen
PAST
gepaßt haben

PARTICIPLE

PRESENT
passend
PAST
gepaßt

IMPERATIVE

paß! passe!
paßt!
passen Sie!
passen wir!

FUTURE PERFECT

ich werde gepaßt haben
du wirst gepaßt haben *etc*

NOTE

takes the dative: ich passe ihm, ich habe ihm
gepaßt *etc*

PFEIFEN
to whistle

PRESENT	IMPERFECT	FUTURE
ich pfeife	ich pfiff	ich werde pfeifen
du pfeifst	du pfiffst	du wirst pfeifen
er/sie pfeift	er/sie pfiff	er/sie wird pfeifen
wir pfeifen	wir pfiffen	wir werden pfeifen
ihr pfeift	ihr pfifft	ihr werdet pfeifen
Sie pfeifen	Sie pfiffen	Sie werden pfeifen
sie pfeifen	sie pfiffen	sie werden pfeifen

PERFECT	PLUPERFECT	CONDITIONAL
ich habe gepfiffen	ich hatte gepfiffen	ich würde pfeifen
du hast gepfiffen	du hattest gepfiffen	du würdest pfeifen
er/sie hat gepfiffen	er/sie hatte gepfiffen	er/sie würde pfeifen
wir haben gepfiffen	wir hatten gepfiffen	wir würden pfeifen
ihr habt gepfiffen	ihr hattet gepfiffen	ihr würdet pfeifen
Sie haben gepfiffen	Sie hatten gepfiffen	Sie würden pfeifen
sie haben gepfiffen	sie hatten gepfiffen	sie würden pfeifen

SUBJUNCTIVE

PRESENT	PERFECT
ich pfeife	ich habe gepfiffen
du pfeifest	du habest gepfiffen
er/sie pfeife	er/sie habe gepfiffen
wir pfeifen	wir haben gepfiffen
ihr pfeifet	ihr habet gepfiffen
Sie pfeifen	Sie haben gepfiffen
sie pfeifen	sie haben gepfiffen

IMPERFECT	PLUPERFECT
ich pfiffe	ich hätte gepfiffen
du pfiffest	du hättest gepfiffen
er/sie pfiffe	er/sie hätte gepfiffen
wir pfiffen	wir hätten gepfiffen
ihr pfiffet	ihr hättet gepfiffen
Sie pfiffen	Sie hätten gepfiffen
sie pfiffen	sie hätten gepfiffen

INFINITIVE

PRESENT
pfeifen

PAST
gepfiffen haben

PARTICIPLE

PRESENT
pfeifend

PAST
gepfiffen

IMPERATIVE

pfeif(e)!
pfeift!
pfeifen Sie!
pfeifen wir!

FUTURE PERFECT

ich werde gepfiffen
haben
du wirst gepfiffen haben
etc

PREISEN
to praise

PRESENT	**IMPERFECT**	**FUTURE**
ich preise	ich pries	ich werde preisen
du preist	du priest	du wirst preisen
er/sie preist	er/sie pries	er/sie wird preisen
wir preisen	wir priesen	wir werden preisen
ihr preist	ihr priest	ihr werdet preisen
Sie preisen	Sie priesen	Sie werden preisen
sie preisen	sie priesen	sie werden preisen

PERFECT	**PLUPERFECT**	**CONDITIONAL**
ich habe gepriesen	ich hatte gepriesen	ich würde preisen
du hast gepriesen	du hattest gepriesen	du würdest preisen
er/sie hat gepriesen	er/sie hatte gepriesen	er/sie würde preisen
wir haben gepriesen	wir hatten gepriesen	wir würden preisen
ihr habt gepriesen	ihr hattet gepriesen	ihr würdet preisen
Sie haben gepriesen	Sie hatten gepriesen	Sie würden preisen
sie haben gepriesen	sie hatten gepriesen	sie würden preisen

SUBJUNCTIVE

PRESENT	**PERFECT**
ich preise	ich habe gepriesen
du preisest	du habest gepriesen
er/sie preise	er/sie habe gepriesen
wir preisen	wir haben gepriesen
ihr preiset	ihr habet gepriesen
Sie preisen	Sie haben gepriesen
sie preisen	sie haben gepriesen

IMPERFECT	**PLUPERFECT**
ich priese	ich hätte gepriesen
du priesest	du hättest gepriesen
er/sie priese	er/sie hätte gepriesen
wir priesen	wir hätten gepriesen
ihr prieset	ihr hättet gepriesen
Sie priesen	Sie hätten gepriesen
sie priesen	sie hätten gepriesen

FUTURE PERFECT
ich werde gepriesen
haben
du wirst gepriesen haben
etc

INFINITIVE

PRESENT
preisen

PAST
gepriesen haben

PARTICIPLE

PRESENT
preisend

PAST
gepriesen

IMPERATIVE

preis(e)!
preist!
preisen Sie!
preisen wir!

QUELLEN
to pour, swell

PRESENT	IMPERFECT	FUTURE
ich quelle	ich quoll	ich werde quellen
du quillst	du quollst	du wirst quellen
er/sie quillt	er/sie quoll	er/sie wird quellen
wir quellen	wir quollen	wir werden quellen
ihr quellt	ihr quollt	ihr werdet quellen
Sie quellen	Sie quollen	Sie werden quellen
sie quellen	sie quollen	sie werden quellen

PERFECT	PLUPERFECT	CONDITIONAL
ich bin gequollen	ich war gequollen	ich würde quellen
du bist gequollen	du warst gequollen	du würdest quellen
er/sie ist gequollen	er/sie war gequollen	er/sie würde quellen
wir sind gequollen	wir waren gequollen	wir würden quellen
ihr seid gequollen	ihr wart gequollen	ihr würdet quellen
Sie sind gequollen	Sie waren gequollen	Sie würden quellen
sie sind gequollen	sie waren gequollen	sie würden quellen

SUBJUNCTIVE

PRESENT	PERFECT
ich quelle	ich sei gequollen
du quellest	du sei(e)st gequollen
er/sie quelle	er/sie sei gequollen
wir quellen	wir seien gequollen
ihr quellet	ihr seiet gequollen
Sie quellen	Sie seien gequollen
sie quellen	sie seien gequollen

IMPERFECT	PLUPERFECT
ich quölle	ich wäre gequollen
du quöllest	du wär(e)st gequollen
er/sie quölle	er/sie wäre gequollen
wir quöllen	wir wären gequollen
ihr quöllet	ihr wär(e)t gequollen
Sie quöllen	Sie wären gequollen
sie quöllen	sie wären gequollen

FUTURE PERFECT

ich werde gequollen sein
du wirst gequollen sein
etc

INFINITIVE

PRESENT
quellen

PAST
gequollen sein

PARTICIPLE

PRESENT
quellend

PAST
gequollen

IMPERATIVE

quill!
quillt!
quellen Sie!
quellen wir!

to guess, advise

PRESENT	IMPERFECT	FUTURE
ich rate	ich riet	ich werde raten
du rätst	du rietest	du wirst raten
er/sie rät	er/sie riet	er/sie wird raten
wir raten	wir rieten	wir werden raten
ihr ratet	ihr rietet	ihr werdet raten
Sie raten	Sie rieten	Sie werden raten
sie raten	sie rieten	sie werden raten

PERFECT	PLUPERFECT	CONDITIONAL
ich habe geraten	ich hatte geraten	ich würde raten
du hast geraten	du hattest geraten	du würdest raten
er/sie hat geraten	er/sie hatte geraten	er/sie würde raten
wir haben geraten	wir hatten geraten	wir würden raten
ihr habt geraten	ihr hattet geraten	ihr würdet raten
Sie haben geraten	Sie hatten geraten	Sie würden raten
sie haben geraten	sie hatten geraten	sie würden raten

SUBJUNCTIVE

PRESENT	PERFECT	*INFINITIVE*
ich rate	ich habe geraten	**PRESENT**
du ratest	du habest geraten	raten
er/sie rate	er/sie habe geraten	**PAST**
wir raten	wir haben geraten	geraten haben
ihr ratet	ihr habet geraten	
Sie raten	Sie haben geraten	*PARTICIPLE*
sie raten	sie haben geraten	**PRESENT**
		ratend

IMPERFECT	PLUPERFECT	PAST
ich riete	ich hätte geraten	geraten
du rietest	du hättest geraten	
er/sie riete	er/sie hätte geraten	*IMPERATIVE*
wir rieten	wir hätten geraten	rat(e)!
ihr rietet	ihr hättet geraten	ratet!
Sie rieten	Sie hätten geraten	raten Sie!
sie rieten	sie hätten geraten	raten wir!

FUTURE PERFECT

ich werde geraten
haben
du wirst geraten haben
etc

110

REGIEREN
to govern, rule

PRESENT	IMPERFECT	FUTURE
ich regiere	ich regierte	ich werde regieren
du regierst	du regiertest	du wirst regieren
er/sie regiert	er/sie regierte	er/sie wird regieren
wir regieren	wir regierten	wir werden regieren
ihr regiert	ihr regiertet	ihr werdet regieren
Sie regieren	Sie regierten	Sie werden regieren
sie regieren	sie regierten	sie werden regieren

PERFECT	PLUPERFECT	CONDITIONAL
ich habe regiert	ich hatte regiert	ich würde regieren
du hast regiert	du hattest regiert	du würdest regieren
er/sie hat regiert	er/sie hatte regiert	er/sie würde regieren
wir haben regiert	wir hatten regiert	wir würden regieren
ihr habt regiert	ihr hattet regiert	ihr würdet regieren
Sie haben regiert	Sie hatten regiert	Sie würden regieren
sie haben regiert	sie hatten regiert	sie würden regieren

SUBJUNCTIVE

PRESENT	PERFECT
ich regiere	ich habe regiert
du regierest	du habest regiert
er/sie regiere	er/sie habe regiert
wir regieren	wir haben regiert
ihr regieret	ihr habet regiert
Sie regieren	Sie haben regiert
sie regieren	sie haben regiert

IMPERFECT	PLUPERFECT
ich regierte	ich hätte regiert
du regiertest	du hättest regiert
er/sie regierte	er/sie hätte regiert
wir regierten	wir hätten regiert
ihr regiertet	ihr hättet regiert
Sie regierten	Sie hätten regiert
sie regierten	sie hätten regiert

FUTURE PERFECT

ich werde regiert haben
du wirst regiert haben *etc*

INFINITIVE

PRESENT
regieren
PAST
regiert haben

PARTICIPLE

PRESENT
regierend
PAST
regiert

IMPERATIVE

regier(e)!
regiert!
regieren Sie!
regieren wir!

REIBEN
to rub

PRESENT	**IMPERFECT**	**FUTURE**
ich reibe	ich rieb	ich werde reiben
du reibst	du riebst	du wirst reiben
er/sie reibt	er/sie rieb	er/sie wird reiben
wir reiben	wir rieben	wir werden reiben
ihr reibt	ihr riebt	ihr werdet reiben
Sie reiben	Sie rieben	Sie werden reiben
sie reiben	sie rieben	sie werden reiben

PERFECT	**PLUPERFECT**	**CONDITIONAL**
ich habe gerieben	ich hatte gerieben	ich würde reiben
du hast gerieben	du hattest gerieben	du würdest reiben
er/sie hat gerieben	er/sie hatte gerieben	er/sie würde reiben
wir haben gerieben	wir hatten gerieben	wir würden reiben
ihr habt gerieben	ihr hattet gerieben	ihr würdet reiben
Sie haben gerieben	Sie hatten gerieben	Sie würden reiben
sie haben gerieben	sie hatten gerieben	sie würden reiben

SUBJUNCTIVE

PRESENT	**PERFECT**
ich reibe	ich habe gerieben
du reibest	du habest gerieben
er/sie reibe	er/sie habe gerieben
wir reiben	wir haben gerieben
ihr reibet	ihr habet gerieben
Sie reiben	Sie haben gerieben
sie reiben	sie haben gerieben

IMPERFECT	**PLUPERFECT**
ich riebe	ich hätte gerieben
du riebest	du hättest gerieben
er/sie riebe	er/sie hätte gerieben
wir rieben	wir hätten gerieben
ihr riebet	ihr hättet gerieben
Sie rieben	Sie hätten gerieben
sie rieben	sie hätten gerieben

FUTURE PERFECT

ich werde gerieben haben
du wirst gerieben haben
etc

INFINITIVE

PRESENT
reiben

PAST
gerieben haben

PARTICIPLE

PRESENT
reibend

PAST
gerieben

IMPERATIVE

reib(e)!
reibt!
reiben Sie!
reiben wir!

REISSEN
to tear

PRESENT	**IMPERFECT**	**FUTURE**
ich reiße	ich riß	ich werde reißen
du reißt	du rissest	du wirst reißen
er/sie reißt	er/sie riß	er/sie wird reißen
wir reißen	wir rissen	wir werden reißen
ihr reißt	ihr rißt	ihr werdet reißen
Sie reißen	Sie rissen	Sie werden reißen
sie reißen	sie rissen	sie werden reißen

PERFECT *(1)*	**PLUPERFECT** *(2)*	**CONDITIONAL**
ich habe gerissen	ich hatte gerissen	ich würde reißen
du hast gerissen	du hattest gerissen	du würdest reißen
er/sie hat gerissen	er/sie hatte gerissen	er/sie würde reißen
wir haben gerissen	wir hatten gerissen	wir würden reißen
ihr habt gerissen	ihr hattet gerissen	ihr würdet reißen
Sie haben gerissen	Sie hatten gerissen	Sie würden reißen
sie haben gerissen	sie hatten gerissen	sie würden reißen

SUBJUNCTIVE

INFINITIVE

PRESENT	**PERFECT** *(3)*	**PRESENT**
ich reiße	ich habe gerissen	reißen
du reißest	du habest gerissen	**PAST** *(6)*
er/sie reiße	er/sie habe gerissen	gerissen haben
wir reißen	wir haben gerissen	
ihr reißet	ihr habet gerissen	
Sie reißen	Sie haben gerissen	*PARTICIPLE*
sie reißen	sie haben gerissen	**PRESENT**

reißend

IMPERFECT	**PLUPERFECT** *(4)*	**PAST**
ich risse	ich hätte gerissen	gerissen
du rissest	du hättest gerissen	
er/sie risse	er/sie hätte gerissen	*IMPERATIVE*
wir rissen	wir hätten gerissen	
ihr risset	ihr hättet gerissen	reiß(e)!
Sie rissen	Sie hätten gerissen	reißt!
sie rissen	sie hätten gerissen	reißen Sie!

reißen wir!

FUTURE PERFECT *(5)* *NOTE*

ich werde gerissen haben
du wirst gerissen haben
etc

*also intransitive: (1) ich bin gerissen etc (2) ich war
gerissen etc (3) ich sei gerissen etc (4) ich wäre
gerissen etc (5) ich werde gerissen sein etc (6)
gerissen sein*

REITEN
to ride

PRESENT	**IMPERFECT**	**FUTURE**
ich reite	ich ritt	ich werde reiten
du reitest	du rittst	du wirst reiten
er/sie reitet	er/sie ritt	er/sie wird reiten
wir reiten	wir ritten	wir werden reiten
ihr reitet	ihr rittet	ihr werdet reiten
Sie reiten	Sie ritten	Sie werden reiten
sie reiten	sie ritten	sie werden reiten

PERFECT *(1)*	**PLUPERFECT** *(2)*	**CONDITIONAL**
ich bin geritten	ich war geritten	ich würde reiten
du bist geritten	du warst geritten	du würdest reiten
er/sie ist geritten	er/sie war geritten	er/sie würde reiten
wir sind geritten	wir waren geritten	wir würden reiten
ihr seid geritten	ihr wart geritten	ihr würdet reiten
Sie sind geritten	Sie waren geritten	Sie würden reiten
sie sind geritten	sie waren geritten	sie würden reiten

SUBJUNCTIVE

PRESENT	**PERFECT** *(1)*
ich reite	ich sei geritten
du reitest	du sei(e)st geritten
er/sie reite	er/sie sei geritten
wir reiten	wir seien geritten
ihr reitet	ihr seiet geritten
Sie reiten	Sie seien geritten
sie reiten	sie seien geritten

IMPERFECT	**PLUPERFECT** *(3)*
ich ritte	ich wäre geritten
du rittest	du wär(e)st geritten
er/sie ritte	er/sie wäre geritten
wir ritten	wir wären geritten
ihr rittet	ihr wär(e)t geritten
Sie ritten	Sie wären geritten
sie ritten	sie wären geritten

INFINITIVE

PRESENT
reiten

PAST *(5)*
geritten sein

PARTICIPLE

PRESENT
reitend

PAST
geritten

IMPERATIVE

reit(e)!
reitet!
reiten Sie!
reiten wir!

FUTURE PERFECT *(4)*
ich werde geritten sein
du wirst geritten sein *etc*

NOTE

also transitive: (1) ich habe geritten *etc (2)* ich hatte geritten *etc (3)* ich hätte geritten *etc (4)* ich werde geritten haben *etc (5)* geritten haben

114 RENNEN
to run

PRESENT	IMPERFECT	FUTURE
ich renne	ich rannte	ich werde rennen
du rennst	du ranntest	du wirst rennen
er/sie rennt	er/sie rannte	er/sie wird rennen
wir rennen	wir rannten	wir werden rennen
ihr rennt	ihr ranntet	ihr werdet rennen
Sie rennen	Sie rannten	Sie werden rennen
sie rennen	sie rannten	sie werden rennen

PERFECT	PLUPERFECT	CONDITIONAL
ich bin gerannt	ich war gerannt	ich würde rennen
du bist gerannt	du warst gerannt	du würdest rennen
er/sie ist gerannt	er/sie war gerannt	er/sie würde rennen
wir sind gerannt	wir waren gerannt	wir würden rennen
ihr seid gerannt	ihr wart gerannt	ihr würdet rennen
Sie sind gerannt	Sie waren gerannt	Sie würden rennen
sie sind gerannt	sie waren gerannt	sie würden rennen

SUBJUNCTIVE

PRESENT	PERFECT	INFINITIVE
ich renne	ich sei gerannt	**PRESENT**
du rennest	du sei(e)st gerannt	rennen
er/sie renne	er/sie sei gerannt	**PAST**
wir rennen	wir seien gerannt	gerannt sein
ihr rennet	ihr seiet gerannt	
Sie rennen	Sie seien gerannt	
sie rennen	sie seien gerannt	

INFINITIVE

PRESENT
rennen

PAST
gerannt sein

PARTICIPLE

PRESENT
rennend

PAST
gerannt

IMPERFECT	PLUPERFECT
ich rennte	ich wäre gerannt
du renntest	du wär(e)st gerannt
er/sie rennte	er/sie wäre gerannt
wir rennten	wir wären gerannt
ihr renntet	ihr wär(e)t gerannt
Sie rennten	Sie wären gerannt
sie rennten	sie wären gerannt

IMPERATIVE

renn(e)!
rennt!
rennen Sie!
rennen wir!

FUTURE PERFECT

ich werde gerannt sein
du wirst gerannt sein *etc*

RIECHEN
to smell

PRESENT	**IMPERFECT**	**FUTURE**
ich rieche	ich roch	ich werde riechen
du riechst	du rochst	du wirst riechen
er/sie riecht	er/sie roch	er/sie wird riechen
wir riechen	wir rochen	wir werden riechen
ihr riecht	ihr rocht	ihr werdet riechen
Sie riechen	Sie rochen	Sie werden riechen
sie riechen	sie rochen	sie werden riechen

PERFECT	**PLUPERFECT**	**CONDITIONAL**
ich habe gerochen	ich hatte gerochen	ich würde riechen
du hast gerochen	du hattest gerochen	du würdest riechen
er/sie hat gerochen	er/sie hatte gerochen	er/sie würde riechen
wir haben gerochen	wir hatten gerochen	wir würden riechen
ihr habt gerochen	ihr hattet gerochen	ihr würdet riechen
Sie haben gerochen	Sie hatten gerochen	Sie würden riechen
sie haben gerochen	sie hatten gerochen	sie würden riechen

SUBJUNCTIVE

PRESENT	**PERFECT**
ich rieche	ich habe gerochen
du riechest	du habest gerochen
er/sie rieche	er/sie habe gerochen
wir riechen	wir haben gerochen
ihr riechet	ihr habet gerochen
Sie riechen	Sie haben gerochen
sie riechen	sie haben gerochen

IMPERFECT	**PLUPERFECT**
ich röche	ich hätte gerochen
du röchest	du hättest gerochen
er/sie röche	er/sie hätte gerochen
wir röchen	wir hätten gerochen
ihr röchet	ihr hättet gerochen
Sie röchen	Sie hätten gerochen
sie röchen	sie hätten gerochen

INFINITIVE

PRESENT
riechen

PAST
gerochen haben

PARTICIPLE

PRESENT
riechend

PAST
gerochen

IMPERATIVE

riech(e)!
riecht!
riechen Sie!
riechen wir!

FUTURE PERFECT

ich werde gerochen
haben
du wirst gerochen
haben *etc*

RINGEN
to wrestle, struggle

PRESENT	IMPERFECT	FUTURE
ich ringe	ich rang	ich werde ringen
du ringst	du rangst	du wirst ringen
er/sie ringt	er/sie rang	er/sie wird ringen
wir ringen	wir rangen	wir werden ringen
ihr ringt	ihr rangt	ihr werdet ringen
Sie ringen	Sie rangen	Sie werden ringen
sie ringen	sie rangen	sie werden ringen

PERFECT	PLUPERFECT	CONDITIONAL
ich habe gerungen	ich hatte gerungen	ich würde ringen
du hast gerungen	du hattest gerungen	du würdest ringen
er/sie hat gerungen	er/sie hatte gerungen	er/sie würde ringen
wir haben gerungen	wir hatten gerungen	wir würden ringen
ihr habt gerungen	ihr hattet gerungen	ihr würdet ringen
Sie haben gerungen	Sie hatten gerungen	Sie würden ringen
sie haben gerungen	sie hatten gerungen	sie würden ringen

SUBJUNCTIVE

PRESENT	PERFECT	
ich ringe	ich habe gerungen	
du ringest	du habest gerungen	
er/sie ringe	er/sie habe gerungen	
wir ringen	wir haben gerungen	
ihr ringet	ihr habet gerungen	
Sie ringen	Sie haben gerungen	
sie ringen	sie haben gerungen	

IMPERFECT	PLUPERFECT	
ich ränge	ich hätte gerungen	
du rängest	du hättest gerungen	
er/sie ränge	er/sie hätte gerungen	
wir rängen	wir hätten gerungen	
ihr ränget	ihr hättet gerungen	
Sie rängen	Sie hätten gerungen	
sie rängen	sie hätten gerungen	

FUTURE PERFECT

ich werde gerungen
haben
du wirst gerungen haben
etc

INFINITIVE

PRESENT
ringen

PAST
gerungen haben

PARTICIPLE

PRESENT
ringend

PAST
gerungen

IMPERATIVE

ring(e)!
ringt!
ringen Sie!
ringen wir!

to flow

PRESENT	IMPERFECT	FUTURE
ich rinne	ich rann	ich werde rinnen
du rinnst	du rannst	du wirst rinnen
er/sie rinnt	er/sie rann	er/sie wird rinnen
wir rinnen	wir rannen	wir werden rinnen
ihr rinnt	ihr rannt	ihr werdet rinnen
Sie rinnen	Sie rannen	Sie werden rinnen
sie rinnen	sie rannen	sie werden rinnen

PERFECT	PLUPERFECT	CONDITIONAL
ich bin geronnen	ich war geronnen	ich würde rinnen
du bist geronnen	du warst geronnen	du würdest rinnen
er/sie ist geronnen	er/sie war geronnen	er/sie würde rinnen
wir sind geronnen	wir waren geronnen	wir würden rinnen
ihr seid geronnen	ihr wart geronnen	ihr würdet rinnen
Sie sind geronnen	Sie waren geronnen	Sie würden rinnen
sie sind geronnen	sie waren geronnen	sie würden rinnen

SUBJUNCTIVE

PRESENT	PERFECT
ich rinne	ich sei geronnen
du rinnest	du sei(e)st geronnen
er/sie rinne	er/sie sei geronnen
wir rinnen	wir seien geronnen
ihr rinnet	ihr seiet geronnen
Sie rinnen	Sie seien geronnen
sie rinnen	sie seien geronnen

IMPERFECT *(1)*	PLUPERFECT
ich ränne	ich wäre geronnen
du rännest	du wär(e)st geronnen
er/sie ränne	er/sie wäre geronnen
wir rännen	wir wären geronnen
ihr rännet	ihr wär(e)t geronnen
Sie rännen	Sie wären geronnen
sie rännen	sie wären geronnen

INFINITIVE

PRESENT
rinnen

PAST
geronnen sein

PARTICIPLE

PRESENT
rinnend

PAST
geronnen

IMPERATIVE

rinn(e)!
rinnt!
rinnen Sie!
rinnen wir!

FUTURE PERFECT
ich werde geronnen sein
du wirst geronnen sein
etc

NOTE

(1) ich rönne, du rönnest etc is also possible

RUFEN
to call

PRESENT	IMPERFECT	FUTURE
ich rufe	ich rief	ich werde rufen
du rufst	du riefst	du wirst rufen
er/sie ruft	er/sie rief	er/sie wird rufen
wir rufen	wir riefen	wir werden rufen
ihr ruft	ihr rieft	ihr werdet rufen
Sie rufen	Sie riefen	Sie werden rufen
sie rufen	sie riefen	sie werden rufen

PERFECT	PLUPERFECT	CONDITIONAL
ich habe gerufen	ich hatte gerufen	ich würde rufen
du hast gerufen	du hattest gerufen	du würdest rufen
er/sie hat gerufen	er/sie hatte gerufen	er/sie würde rufen
wir haben gerufen	wir hatten gerufen	wir würden rufen
ihr habt gerufen	ihr hattet gerufen	ihr würdet rufen
Sie haben gerufen	Sie hatten gerufen	Sie würden rufen
sie haben gerufen	sie hatten gerufen	sie würden rufen

SUBJUNCTIVE

PRESENT	PERFECT	*INFINITIVE*
ich rufe	ich habe gerufen	**PRESENT**
du rufest	du habest gerufen	rufen
er/sie rufe	er/sie habe gerufen	**PAST**
wir rufen	wir haben gerufen	gerufen haben
ihr rufet	ihr habet gerufen	
Sie rufen	Sie haben gerufen	*PARTICIPLE*
sie rufen	sie haben gerufen	**PRESENT**
		rufend

IMPERFECT	PLUPERFECT	**PAST**
ich riefe	ich hätte gerufen	gerufen
du riefest	du hättest gerufen	
er/sie riefe	er/sie hätte gerufen	*IMPERATIVE*
wir riefen	wir hätten gerufen	
ihr riefet	ihr hättet gerufen	ruf(e)!
Sie riefen	Sie hätten gerufen	ruft!
sie riefen	sie hätten gerufen	rufen Sie!
		rufen wir!

FUTURE PERFECT

ich werde gerufen haben
du wirst gerufen haben
etc

PRESENT	**IMPERFECT**	**FUTURE**
ich saufe	ich soff	ich werde saufen
du säufst	du soffst	du wirst saufen
er/sie säuft	er/sie soff	er/sie wird saufen
wir saufen	wir soffen	wir werden saufen
ihr sauft	ihr sofft	ihr werdet saufen
Sie saufen	Sie soffen	Sie werden saufen
sie saufen	sie soffen	sie werden saufen

PERFECT	**PLUPERFECT**	**CONDITIONAL**
ich habe gesoffen	ich hatte gesoffen	ich würde saufen
du hast gesoffen	du hattest gesoffen	du würdest saufen
er/sie hat gesoffen	er/sie hatte gesoffen	er/sie würde saufen
wir haben gesoffen	wir hatten gesoffen	wir würden saufen
ihr habt gesoffen	ihr hattet gesoffen	ihr würdet saufen
Sie haben gesoffen	Sie hatten gesoffen	Sie würden saufen
sie haben gesoffen	sie hatten gesoffen	sie würden saufen

SUBJUNCTIVE

PRESENT	**PERFECT**
ich saufe	ich habe gesoffen
du saufest	du habest gesoffen
er/sie saufe	er/sie habe gesoffen
wir saufen	wir haben gesoffen
ihr saufet	ihr habet gesoffen
Sie saufen	Sie haben gesoffen
sie saufen	sie haben gesoffen

IMPERFECT	**PLUPERFECT**
ich söffe	ich hätte gesoffen
du söffest	du hättest gesoffen
er/sie söffe	er/sie hätte gesoffen
wir söffen	wir hätten gesoffen
ihr söffet	ihr hättet gesoffen
Sie söffen	Sie hätten gesoffen
sie söffen	sie hätten gesoffen

INFINITIVE

PRESENT
saufen

PAST
gesoffen haben

PARTICIPLE

PRESENT
saufend

PAST
gesoffen

IMPERATIVE

sauf(e)!
sauft!
saufen Sie!
saufen wir!

FUTURE PERFECT

ich werde gesoffen
haben
du wirst gesoffen haben
etc

120

SAUGEN
to suck

PRESENT	IMPERFECT	FUTURE
ich sauge	ich sog	ich werde saugen
du saugst	du sogst	du wirst saugen
er/sie saugt	er/sie sog	er/sie wird saugen
wir saugen	wir sogen	wir werden saugen
ihr saugt	ihr sogt	ihr werdet saugen
Sie saugen	Sie sogen	Sie werden saugen
sie saugen	sie sogen	sie werden saugen

PERFECT	PLUPERFECT	CONDITIONAL
ich habe gesogen	ich hatte gesogen	ich würde saugen
du hast gesogen	du hattest gesogen	du würdest saugen
er/sie hat gesogen	er/sie hatte gesogen	er/sie würde saugen
wir haben gesogen	wir hatten gesogen	wir würden saugen
ihr habt gesogen	ihr hattet gesogen	ihr würdet saugen
Sie haben gesogen	Sie hatten gesogen	Sie würden saugen
sie haben gesogen	sie hatten gesogen	sie würden saugen

SUBJUNCTIVE

INFINITIVE

PRESENT	PERFECT
ich sauge	ich habe gesogen
du saugest	du habest gesogen
er/sie sauge	er/sie habe gesogen
wir saugen	wir haben gesogen
ihr sauget	ihr habet gesogen
Sie saugen	Sie haben gesogen
sie saugen	sie haben gesogen

PRESENT
saugen

PAST
gesogen haben

PARTICIPLE

PRESENT
saugend

PAST
gesogen

IMPERFECT	PLUPERFECT
ich söge	ich hätte gesogen
du sögest	du hättest gesogen
er/sie söge	er/sie hätte gesogen
wir sögen	wir hätten gesogen
ihr söget	ihr hättet gesogen
Sie sögen	Sie hätten gesogen
sie sögen	sie hätten gesogen

IMPERATIVE

saug(e)!
saugt!
saugen Sie!
saugen wir!

FUTURE PERFECT

ich werde gesogen haben
du wirst gesogen haben
etc

NOTE

weak conjugation also possible, esp. common in technical language: ich saugte, ich habe gesaugt
etc

PRESENT	IMPERFECT	FUTURE
ich schaffe	ich schuf	ich werde schaffen
du schaffst	du schufst	du wirst schaffen
er/sie schafft	er/sie schuf	er/sie wird schaffen
wir schaffen	wir schufen	wir werden schaffen
ihr schafft	ihr schuft	ihr werdet schaffen
Sie schaffen	Sie schufen	Sie werden schaffen
sie schaffen	sie schufen	sie werden schaffen

PERFECT	PLUPERFECT	CONDITIONAL
ich habe geschaffen	ich hatte geschaffen	ich würde schaffen
du hast geschaffen	du hattest geschaffen	du würdest schaffen
er/sie hat geschaffen	er/sie hatte geschaffen	er/sie würde schaffen
wir haben geschaffen	wir hatten geschaffen	wir würden schaffen
ihr habt geschaffen	ihr hattet geschaffen	ihr würdet schaffen
Sie haben geschaffen	Sie hatten geschaffen	Sie würden schaffen
sie haben geschaffen	sie hatten geschaffen	sie würden schaffen

SUBJUNCTIVE

PRESENT	PERFECT
ich schaffe	ich habe geschaffen
du schaffest	du habest geschaffen
er/sie schaffe	er/sie habe geschaffen
wir schaffen	wir haben geschaffen
ihr schaffet	ihr habet geschaffen
Sie schaffen	Sie haben geschaffen
sie schaffen	sie haben geschaffen

IMPERFECT	PLUPERFECT
ich schüfe	ich hätte geschaffen
du schüfest	du hättest geschaffen
er/sie schüfe	er/sie hätte geschaffen
wir schüfen	wir hätten geschaffen
ihr schüfet	ihr hättet geschaffen
Sie schüfen	Sie hätten geschaffen
sie schüfen	sie hätten geschaffen

FUTURE PERFECT

ich werde geschaffen
haben
du wirst geschaffen
haben *etc*

INFINITIVE

PRESENT
schaffen

PAST
geschaffen haben

PARTICIPLE

PRESENT
schaffend

PAST
geschaffen

IMPERATIVE

schaff(e)!
schafft!
schaffen Sie!
schaffen wir!

NOTE

(1) also a weak verb meaning 'to do, work, manage': ich schaffte, ich habe geschafft etc

122

SCHALLEN
to resound

PRESENT	IMPERFECT	FUTURE
ich schalle	ich scholl	ich werde schallen
du schallst	du schollst	du wirst schallen
er/sie schallt	er/sie scholl	er/sie wird schallen
wir schallen	wir schollen	wir werden schallen
ihr schallt	ihr schollt	ihr werdet schallen
Sie schallen	Sie schollen	Sie werden schallen
sie schallen	sie schollen	sie werden schallen

PERFECT	PLUPERFECT	CONDITIONAL
ich habe geschallt	ich hatte geschallt	ich würde schallen
du hast geschallt	du hattest geschallt	du würdest schallen
er/sie hat geschallt	er/sie hatte geschallt	er/sie würde schallen
wir haben geschallt	wir hatten geschallt	wir würden schallen
ihr habt geschallt	ihr hattet geschallt	ihr würdet schallen
Sie haben geschallt	Sie hatten geschallt	Sie würden schallen
sie haben geschallt	sie hatten geschallt	sie würden schallen

SUBJUNCTIVE

PRESENT	PERFECT
ich schalle	ich habe geschallt
du schallest	du habest geschallt
er/sie schalle	er/sie habe geschallt
wir schallen	wir haben geschallt
ihr schallet	ihr habet geschallt
Sie schallen	Sie haben geschallt
sie schallen	sie haben geschallt

IMPERFECT	PLUPERFECT
ich schölle	ich hätte geschallt
du schöllest	du hättest geschallt
er/sie schölle	er/sie hätte geschallt
wir schöllen	wir hätten geschallt
ihr schöllet	ihr hättet geschallt
Sie schöllen	Sie hätten geschallt
sie schöllen	sie hätten geschallt

INFINITIVE

PRESENT
schallen

PAST
geschallt haben

PARTICIPLE

PRESENT
schallend

PAST
geschallt

IMPERATIVE

schall(e)!
schallt!
schallen Sie!
schallen wir!

FUTURE PERFECT

ich werde geschallt haben
du wirst geschallt haben
etc

NOTE

weak conjugation is more common: ich schallte
etc

SCHEIDEN
to separate

PRESENT	IMPERFECT	FUTURE
ich scheide	ich schied	ich werde scheiden
du scheidest	du schiedest	du wirst scheiden
er/sie scheidet	er/sie schied	er/sie wird scheiden
wir scheiden	wir schieden	wir werden scheiden
ihr scheidet	ihr schiedet	ihr werdet scheiden
Sie scheiden	Sie schieden	Sie werden scheiden
sie scheiden	sie schieden	sie werden scheiden

PERFECT *(1)*	PLUPERFECT *(2)*	CONDITIONAL
ich habe geschieden	ich hatte geschieden	ich würde scheiden
du hast geschieden	du hattest geschieden	du würdest scheiden
er/sie hat geschieden	er/sie hatte geschieden	er/sie würde scheiden
wir haben geschieden	wir hatten geschieden	wir würden scheiden
ihr habt geschieden	ihr hattet geschieden	ihr würdet scheiden
Sie haben geschieden	Sie hatten geschieden	Sie würden scheiden
sie haben geschieden	sie hatten geschieden	sie würden scheiden

SUBJUNCTIVE

PRESENT	PERFECT *(3)*
ich scheide	ich habe geschieden
du scheidest	du habest geschieden
er/sie scheide	er/sie habe geschieden
wir scheiden	wir haben geschieden
ihr scheidet	ihr habet geschieden
Sie scheiden	Sie haben geschieden
sie scheiden	sie haben geschieden

IMPERFECT	PLUPERFECT *(4)*
ich schiede	ich hätte geschieden
du schiedest	du hättest geschieden
er/sie schiede	er/sie hätte geschieden
wir schieden	wir hätten geschieden
ihr schiedet	ihr hättet geschieden
Sie schieden	Sie hätten geschieden
sie schieden	sie hätten geschieden

INFINITIVE

PRESENT
scheiden

PAST *(6)*
geschieden haben

PARTICIPLE

PRESENT
scheidend

PAST
geschieden

IMPERATIVE

scheid(e)!
scheidet!
scheiden Sie!
scheiden wir!

FUTURE PERFECT *(5)*
ich werde geschieden
haben
du wirst geschieden
haben *etc*

NOTE

also intransitive ('to part'): *(1)* ich bin geschieden *etc (2)* ich war geschieden *etc (3)* ich sei geschieden *etc (4)* ich wäre geschieden *etc (5)* ich werde geschieden sein *etc (6)* geschieden sein

124

SCHEINEN
to shine, seem

PRESENT	IMPERFECT	FUTURE
ich scheine	ich schien	ich werde scheinen
du scheinst	du schienst	du wirst scheinen
er/sie scheint	er/sie schien	er/sie wird scheinen
wir scheinen	wir schienen	wir werden scheinen
ihr scheint	ihr schient	ihr werdet scheinen
Sie scheinen	Sie schienen	Sie werden scheinen
sie scheinen	sie schienen	sie werden scheinen

PERFECT	PLUPERFECT	CONDITIONAL
ich habe geschienen	ich hatte geschienen	ich würde scheinen
du hast geschienen	du hattest geschienen	du würdest scheinen
er/sie hat geschienen	er/sie hatte geschienen	er/sie würde scheinen
wir haben geschienen	wir hatten geschienen	wir würden scheinen
ihr habt geschienen	ihr hattet geschienen	ihr würdet scheinen
Sie haben geschienen	Sie hatten geschienen	Sie würden scheinen
sie haben geschienen	sie hatten geschienen	sie würden scheinen

SUBJUNCTIVE

PRESENT	PERFECT
ich scheine	ich habe geschienen
du scheinest	du habest geschienen
er/sie scheine	er/sie habe geschienen
wir scheinen	wir haben geschienen
ihr scheinet	ihr habet geschienen
Sie scheinen	Sie haben geschienen
sie scheinen	sie haben geschienen

IMPERFECT	PLUPERFECT
ich schiene	ich hätte geschienen
du schienest	du hättest geschienen
er/sie schiene	er/sie hätte geschienen
wir schienen	wir hätten geschienen
ihr schienet	ihr hättet geschienen
Sie schienen	Sie hätten geschienen
sie schienen	sie hätten geschienen

FUTURE PERFECT

ich werde geschienen
haben
du wirst geschienen
haben *etc*

INFINITIVE

PRESENT
scheinen

PAST
geschienen haben

PARTICIPLE

PRESENT
scheinend

PAST
geschienen

IMPERATIVE

schein(e)!
scheint!
scheinen Sie!
scheinen wir!

SCHELTEN
to scold

PRESENT	**IMPERFECT**	**FUTURE**
ich schelte	ich schalt	ich werde schelten
du schiltst	du schaltst	du wirst schelten
er/sie schilt	er/sie schalt	er/sie wird schelten
wir schelten	wir schalten	wir werden schelten
ihr scheltet	ihr schaltet	ihr werdet schelten
Sie schelten	Sie schalten	Sie werden schelten
sie schelten	sie schalten	sie werden schelten

PERFECT	**PLUPERFECT**	**CONDITIONAL**
ich habe gescholten	ich hatte gescholten	ich würde schelten
du hast gescholten	du hattest gescholten	du würdest schelten
er/sie hat gescholten	er/sie hatte gescholten	er/sie würde schelten
wir haben gescholten	wir hatten gescholten	wir würden schelten
ihr habt gescholten	ihr hattet gescholten	ihr würdet schelten
Sie haben gescholten	Sie hatten gescholten	Sie würden schelten
sie haben gescholten	sie hatten gescholten	sie würden schelten

SUBJUNCTIVE

PRESENT	**PERFECT**
ich schelte	ich habe gescholten
du scheltest	du habest gescholten
er/sie schelte	er/sie habe gescholten
wir schelten	wir haben gescholten
ihr scheltet	ihr habet gescholten
Sie schelten	Sie haben gescholten
sie schelten	sie haben gescholten

IMPERFECT	**PLUPERFECT**
ich schölte	ich hätte gescholten
du schöltest	du hättest gescholten
er/sie schölte	er/sie hätte gescholten
wir schölten	wir hätten gescholten
ihr schöltet	ihr hättet gescholten
Sie schölten	Sie hätten gescholten
sie schölten	sie hätten gescholten

FUTURE PERFECT

ich werde gescholten
haben
du wirst gescholten
haben *etc*

INFINITIVE

PRESENT
schelten

PAST
gescholten haben

PARTICIPLE

PRESENT
scheltend

PAST
gescholten

IMPERATIVE

schilt!
scheltet!
schelten Sie!
schelten wir!

SCHEREN
to shear

PRESENT	IMPERFECT	FUTURE
ich schere	ich schor	ich werde scheren
du scherst	du schorst	du wirst scheren
er/sie schert	er/sie schor	er/sie wird scheren
wir scheren	wir schoren	wir werden scheren
ihr schert	ihr schort	ihr werdet scheren
Sie scheren	Sie schoren	Sie werden scheren
sie scheren	sie schoren	sie werden scheren

PERFECT	PLUPERFECT	CONDITIONAL
ich habe geschoren	ich hatte geschoren	ich würde scheren
du hast geschoren	du hattest geschoren	du würdest scheren
er/sie hat geschoren	er/sie hatte geschoren	er/sie würde scheren
wir haben geschoren	wir hatten geschoren	wir würden scheren
ihr habt geschoren	ihr hattet geschoren	ihr würdet scheren
Sie haben geschoren	Sie hatten geschoren	Sie würden scheren
sie haben geschoren	sie hatten geschoren	sie würden scheren

SUBJUNCTIVE

PRESENT	PERFECT	*INFINITIVE*
ich schere	ich habe geschoren	**PRESENT**
du scherest	du habest geschoren	scheren
er/sie schere	er/sie habe geschoren	**PAST**
wir scheren	wir haben geschoren	geschoren haben
ihr scheret	ihr habet geschoren	
Sie scheren	Sie haben geschoren	*PARTICIPLE*
sie scheren	sie haben geschoren	**PRESENT**
		scherend

IMPERFECT	PLUPERFECT	PAST
ich schöre	ich hätte geschoren	geschoren
du schörest	du hättest geschoren	
er/sie schöre	er/sie hätte geschoren	*IMPERATIVE*
wir schören	wir hätten geschoren	
ihr schöret	ihr hättet geschoren	scher(e)!
Sie schören	Sie hätten geschoren	schert!
sie schören	sie hätten geschoren	scheren Sie!
		scheren wir!

FUTURE PERFECT

ich werde geschoren
haben
du wirst geschoren haben
etc

to push

PRESENT

ich schiebe
du schiebst
er/sie schiebt
wir schieben
ihr schiebt
Sie schieben
sie schieben

IMPERFECT

ich schob
du schobst
er/sie schob
wir schoben
ihr schobt
Sie schoben
sie schoben

FUTURE

ich werde schieben
du wirst schieben
er/sie wird schieben
wir werden schieben
ihr werdet schieben
Sie werden schieben
sie werden schieben

PERFECT

ich habe geschoben
du hast geschoben
er/sie hat geschoben
wir haben geschoben
ihr habt geschoben
Sie haben geschoben
sie haben geschoben

PLUPERFECT

ich hatte geschoben
du hattest geschoben
er/sie hatte geschoben
wir hatten geschoben
ihr hattet geschoben
Sie hatten geschoben
sie hatten geschoben

CONDITIONAL

ich würde schieben
du würdest schieben
er/sie würde schieben
wir würden schieben
ihr würdet schieben
Sie würden schieben
sie würden schieben

SUBJUNCTIVE
PRESENT

ich schiebe
du schiebest
er/sie schiebe
wir schieben
ihr schiebet
Sie schieben
sie schieben

PERFECT

ich habe geschoben
du habest geschoben
er/sie habe geschoben
wir haben geschoben
ihr habet geschoben
Sie haben geschoben
sie haben geschoben

INFINITIVE
PRESENT

schieben

PAST

geschoben haben

PARTICIPLE
PRESENT

schiebend

PAST

geschoben

IMPERFECT

ich schöbe
du schöbest
er/sie schöbe
wir schöben
ihr schöbet
Sie schöben
sie schöben

PLUPERFECT

ich hätte geschoben
du hättest geschoben
er/sie hätte geschoben
wir hätten geschoben
ihr hättet geschoben
Sie hätten geschoben
sie hätten geschoben

IMPERATIVE

schieb(e)!
schiebt!
schieben Sie!
schieben wir!

FUTURE PERFECT

ich werde geschoben
haben
du wirst geschoben
haben *etc*

128 SCHIESSEN
to shoot

PRESENT	IMPERFECT	FUTURE
ich schieße	ich schoß	ich werde schießen
du schießt	du schossest	du wirst schießen
er/sie schießt	er/sie schoß	er/sie wird schießen
wir schießen	wir schossen	wir werden schießen
ihr schießt	ihr schoßt	ihr werdet schießen
Sie schießen	Sie schossen	Sie werden schießen
sie schießen	sie schossen	sie werden schießen

PERFECT (1)	PLUPERFECT (2)	CONDITIONAL
ich habe geschossen	ich hatte geschossen	ich würde schießen
du hast geschossen	du hattest geschossen	du würdest schießen
er/sie hat geschossen	er/sie hatte geschossen	er/sie würde schießen
wir haben geschossen	wir hatten geschossen	wir würden schießen
ihr habt geschossen	ihr hattet geschossen	ihr würdet schießen
Sie haben geschossen	Sie hatten geschossen	Sie würden schießen
sie haben geschossen	sie hatten geschossen	sie würden schießen

SUBJUNCTIVE

PRESENT	PERFECT (3)	INFINITIVE
ich schieße	ich habe geschossen	**PRESENT**
du schießest	du habest geschossen	schießen
er/sie schieße	er/sie habe geschossen	**PAST** (6)
wir schießen	wir haben geschossen	geschossen haben
ihr schießet	ihr habet geschossen	
Sie schießen	Sie haben geschossen	**PARTICIPLE**
sie schießen	sie haben geschossen	**PRESENT**
		schießend

IMPERFECT	PLUPERFECT (4)	PAST
ich schösse	ich hätte geschossen	geschossen
du schössest	du hättest geschossen	
er/sie schösse	er/sie hätte geschossen	**IMPERATIVE**
wir schössen	wir hätten geschossen	
ihr schösset	ihr hättet geschossen	schieß(e)!
Sie schössen	Sie hätten geschossen	schießt!
sie schössen	sie hätten geschossen	schießen Sie!
		schießen wir!

FUTURE PERFECT (5)	NOTE
ich werde geschossen haben	*also intransitive ('to gush'): (1) ich bin geschossen*
du wirst geschossen haben *etc*	*etc (2) ich war geschossen etc (3) ich sei geschossen etc (4) ich wäre geschossen etc (5) ich werde geschossen sein etc (6) geschossen sein*

SCHLAFEN
to sleep

PRESENT	**IMPERFECT**	**FUTURE**
ich schlafe	ich schlief	ich werde schlafen
du schläfst	du schliefst	du wirst schlafen
er/sie schläft	er/sie schlief	er/sie wird schlafen
wir schlafen	wir schliefen	wir werden schlafen
ihr schlaft	ihr schlieft	ihr werdet schlafen
Sie schlafen	Sie schliefen	Sie werden schlafen
sie schlafen	sie schliefen	sie werden schlafen

PERFECT	**PLUPERFECT**	**CONDITIONAL**
ich habe geschlafen	ich hatte geschlafen	ich würde schlafen
du hast geschlafen	du hattest geschlafen	du würdest schlafen
er/sie hat geschlafen	er/sie hatte geschlafen	er/sie würde schlafen
wir haben geschlafen	wir hatten geschlafen	wir würden schlafen
ihr habt geschlafen	ihr hattet geschlafen	ihr würdet schlafen
Sie haben geschlafen	Sie hatten geschlafen	Sie würden schlafen
sie haben geschlafen	sie hatten geschlafen	sie würden schlafen

SUBJUNCTIVE

PRESENT	**PERFECT**
ich schlafe	ich habe geschlafen
du schlafest	du habest geschlafen
er/sie schlafe	er/sie habe geschlafen
wir schlafen	wir haben geschlafen
ihr schlafet	ihr habet geschlafen
Sie schlafen	Sie haben geschlafen
sie schlafen	sie haben geschlafen

IMPERFECT	**PLUPERFECT**
ich schliefe	ich hätte geschlafen
du schliefest	du hättest geschlafen
er/sie schliefe	er/sie hätte geschlafen
wir schliefen	wir hätten geschlafen
ihr schliefet	ihr hättet geschlafen
Sie schliefen	Sie hätten geschlafen
sie schliefen	sie hätten geschlafen

FUTURE PERFECT

ich werde geschlafen
haben
du wirst geschlafen
haben *etc*

INFINITIVE
PRESENT
schlafen
PAST
geschlafen haben

PARTICIPLE
PRESENT
schlafend
PAST
geschlafen

IMPERATIVE

schlaf(e)!
schlaft!
schlafen Sie!
schlafen wir!

130 SCHLAGEN
to beat, hit

PRESENT	IMPERFECT	FUTURE
ich schlage	ich schlug	ich werde schlagen
du schlägst	du schlugst	du wirst schlagen
er/sie schlägt	er/sie schlug	er/sie wird schlagen
wir schlagen	wir schlugen	wir werden schlagen
ihr schlagt	ihr schlugt	ihr werdet schlagen
Sie schlagen	Sie schlugen	Sie werden schlagen
sie schlagen	sie schlugen	sie werden schlagen

PERFECT	PLUPERFECT	CONDITIONAL
ich habe geschlagen	ich hatte geschlagen	ich würde schlagen
du hast geschlagen	du hattest geschlagen	du würdest schlagen
er/sie hat geschlagen	er/sie hatte geschlagen	er/sie würde schlagen
wir haben geschlagen	wir hatten geschlagen	wir würden schlagen
ihr habt geschlagen	ihr hattet geschlagen	ihr würdet schlagen
Sie haben geschlagen	Sie hatten geschlagen	Sie würden schlagen
sie haben geschlagen	sie hatten geschlagen	sie würden schlagen

SUBJUNCTIVE

PRESENT	PERFECT
ich schlage	ich habe geschlagen
du schlagest	du habest geschlagen
er/sie schlage	er/sie habe geschlagen
wir schlagen	wir haben geschlagen
ihr schlaget	ihr habet geschlagen
Sie schlagen	Sie haben geschlagen
sie schlagen	sie haben geschlagen

IMPERFECT	PLUPERFECT
ich schlüge	ich hätte geschlagen
du schlügest	du hättest geschlagen
er/sie schlüge	er/sie hätte geschlagen
wir schlügen	wir hätten geschlagen
ihr schlüget	ihr hättet geschlagen
Sie schlügen	Sie hätten geschlagen
sie schlügen	sie hätten geschlagen

INFINITIVE

PRESENT
schlagen

PAST
geschlagen haben

PARTICIPLE

PRESENT
schlagend

PAST
geschlagen

IMPERATIVE

schlag(e)!
schlagt!
schlagen Sie!
schlagen wir!

FUTURE PERFECT
ich werde geschlagen
haben
du wirst geschlagen
haben *etc*

SCHLEICHEN
to creep

PRESENT	**IMPERFECT**	**FUTURE**
ich schleiche	ich schlich	ich werde schleichen
du schleichst	du schlichst	du wirst schleichen
er/sie schleicht	er/sie schlich	er/sie wird schleichen
wir schleichen	wir schlichen	wir werden schleichen
ihr schleicht	ihr schlicht	ihr werdet schleichen
Sie schleichen	Sie schlichen	Sie werden schleichen
sie schleichen	sie schlichen	sie werden schleichen

PERFECT	**PLUPERFECT**	**CONDITIONAL**
ich bin geschlichen	ich war geschlichen	ich würde schleichen
du bist geschlichen	du warst geschlichen	du würdest schleichen
er/sie ist geschlichen	er/sie war geschlichen	er/sie würde schleichen
wir sind geschlichen	wir waren geschlichen	wir würden schleichen
ihr seid geschlichen	ihr wart geschlichen	ihr würdet schleichen
Sie sind geschlichen	Sie waren geschlichen	Sie würden schleichen
sie sind geschlichen	sie waren geschlichen	sie würden schleichen

SUBJUNCTIVE

PRESENT	**PERFECT**
ich schleiche	ich sei geschlichen
du schleichest	du sei(e)st geschlichen
er/sie schleiche	er/sie sei geschlichen
wir schleichen	wir seien geschlichen
ihr schleichet	ihr seiet geschlichen
Sie schleichen	Sie seien geschlichen
sie schleichen	sie seien geschlichen

IMPERFECT	**PLUPERFECT**
ich schliche	ich wäre geschlichen
du schlichest	du wär(e)st geschlichen
er/sie schliche	er/sie wäre geschlichen
wir schlichen	wir wären geschlichen
ihr schlichet	ihr wär(e)t geschlichen
Sie schlichen	Sie wären geschlichen
sie schlichen	sie wären geschlichen

FUTURE PERFECT

ich werde geschlichen
sein
du wirst geschlichen
sein *etc*

INFINITIVE

PRESENT
schleichen

PAST
geschlichen sein

PARTICIPLE

PRESENT
schleichend

PAST
geschlichen

IMPERATIVE

schleich(e)!
schleicht!
schleichen Sie!
schleichen wir!

SCHLEIFEN
to grind, sharpen *(1)*

PRESENT	IMPERFECT	FUTURE
ich schleife	ich schliff	ich werde schleifen
du schleifst	du schliffst	du wirst schleifen
er/sie schleift	er/sie schliff	er/sie wird schleifen
wir schleifen	wir schliffen	wir werden schleifen
ihr schleift	ihr schlifft	ihr werdet schleifen
Sie schleifen	Sie schliffen	Sie werden schleifen
sie schleifen	sie schliffen	sie werden schleifen

PERFECT	PLUPERFECT	CONDITIONAL
ich habe geschliffen	ich hatte geschliffen	ich würde schleifen
du hast geschliffen	du hattest geschliffen	du würdest schleifen
er/sie hat geschliffen	er/sie hatte geschliffen	er/sie würde schleifen
wir haben geschliffen	wir hatten geschliffen	wir würden schleifen
ihr habt geschliffen	ihr hattet geschliffen	ihr würdet schleifen
Sie haben geschliffen	Sie hatten geschliffen	Sie würden schleifen
sie haben geschliffen	sie hatten geschliffen	sie würden schleifen

SUBJUNCTIVE

PRESENT	PERFECT
ich schleife	ich habe geschliffen
du schleifest	du habest geschliffen
er/sie schleife	er/sie habe geschliffen
wir schleifen	wir haben geschliffen
ihr schleifet	ihr habet geschliffen
Sie schleifen	Sie haben geschliffen
sie schleifen	sie haben geschliffen

IMPERFECT	PLUPERFECT
ich schliffe	ich hätte geschliffen
du schliffest	du hättest geschliffen
er/sie schliffe	er/sie hätte geschliffen
wir schliffen	wir hätten geschliffen
ihr schliffet	ihr hättet geschliffen
Sie schliffen	Sie hätten geschliffen
sie schliffen	sie hätten geschliffen

INFINITIVE

PRESENT
schleifen

PAST
geschliffen haben

PARTICIPLE

PRESENT
schleifend

PAST
geschliffen

IMPERATIVE

schleif(e)!
schleift!
schleifen Sie!
schleifen wir!

FUTURE PERFECT
ich werde geschliffen
haben
du wirst geschliffen
haben *etc*

NOTE

(1) also a weak verb meaning 'to drag': ich
schleifte, ich habe geschleift *etc*

SCHLIESSEN
to close, shut

PRESENT

ich schließe
du schließt
er/sie schließt
wir schließen
ihr schließt
Sie schließen
sie schließen

IMPERFECT

ich schloß
du schlossest
er/sie schloß
wir schlossen
ihr schloßt
Sie schlossen
sie schlossen

FUTURE

ich werde schließen
du wirst schließen
er/sie wird schließen
wir werden schließen
ihr werdet schließen
Sie werden schließen
sie werden schließen

PERFECT

ich habe geschlossen
du hast geschlossen
er/sie hat geschlossen
wir haben geschlossen
ihr habt geschlossen
Sie haben geschlossen
sie haben geschlossen

PLUPERFECT

ich hatte geschlossen
du hattest geschlossen
er/sie hatte geschlossen
wir hatten geschlossen
ihr hattet geschlossen
Sie hatten geschlossen
sie hatten geschlossen

CONDITIONAL

ich würde schließen
du würdest schließen
er/sie würde schließen
wir würden schließen
ihr würdet schließen
Sie würden schließen
sie würden schließen

SUBJUNCTIVE

PRESENT

ich schließe
du schließest
er/sie schließe
wir schließen
ihr schließet
Sie schließen
sie schließen

PERFECT

ich habe geschlossen
du habest geschlossen
er/sie habe geschlossen
wir haben geschlossen
ihr habet geschlossen
Sie haben geschlossen
sie haben geschlossen

INFINITIVE

PRESENT

schließen

PAST

geschlossen haben

PARTICIPLE

PRESENT

schließend

PAST

geschlossen

IMPERFECT

ich schlösse
du schlössest
er/sie schlösse
wir schlössen
ihr schlösset
Sie schlössen
sie schlössen

PLUPERFECT

ich hätte geschlossen
du hättest geschlossen
er/sie hätte geschlossen
wir hätten geschlossen
ihr hättet geschlossen
Sie hätten geschlossen
sie hätten geschlossen

IMPERATIVE

schließ(e)!
schließt!
schließen Sie!
schließen wir!

FUTURE PERFECT

ich werde geschlossen
haben
du wirst geschlossen
haben *etc*

SCHLINGEN
to tie, wrap

PRESENT	**IMPERFECT**	**FUTURE**
ich schlinge	ich schlang	ich werde schlingen
du schlingst	du schlangst	du wirst schlingen
er/sie schlingt	er/sie schlang	er/sie wird schlingen
wir schlingen	wir schlangen	wir werden schlingen
ihr schlingt	ihr schlangt	ihr werdet schlingen
Sie schlingen	Sie schlangen	Sie werden schlingen
sie schlingen	sie schlangen	sie werden schlingen

PERFECT	**PLUPERFECT**	**CONDITIONAL**
ich habe geschlungen	ich hatte geschlungen	ich würde schlingen
du hast geschlungen	du hattest geschlungen	du würdest schlingen
er/sie hat geschlungen	er/sie hatte geschlungen	er/sie würde schlingen
wir haben geschlungen	wir hatten geschlungen	wir würden schlingen
ihr habt geschlungen	ihr hattet geschlungen	ihr würdet schlingen
Sie haben geschlungen	Sie hatten geschlungen	Sie würden schlingen
sie haben geschlungen	sie hatten geschlungen	sie würden schlingen

SUBJUNCTIVE

PRESENT	**PERFECT**	*INFINITIVE*
		PRESENT
ich schlinge	ich habe geschlungen	schlingen
du schlingest	du habest geschlungen	**PAST**
er/sie schlinge	er/sie habe geschlungen	geschlungen haben
wir schlingen	wir haben geschlungen	
ihr schlinget	ihr habet geschlungen	*PARTICIPLE*
Sie schlingen	Sie haben geschlungen	**PRESENT**
sie schlingen	sie haben geschlungen	schlingend

IMPERFECT	**PLUPERFECT**	**PAST**
		geschlungen
ich schlänge	ich hätte geschlungen	
du schlängest	du hättest geschlungen	*IMPERATIVE*
er/sie schlänge	er/sie hätte geschlungen	
wir schlängen	wir hätten geschlungen	schling(e)!
ihr schlänget	ihr hättet geschlungen	schlingt!
Sie schlängen	Sie hätten geschlungen	schlingen Sie!
sie schlängen	sie hätten geschlungen	schlingen wir!

FUTURE PERFECT

ich werde geschlungen
haben
du wirst geschlungen
haben *etc*

to sling, fling

PRESENT	**IMPERFECT**	**FUTURE**
ich schmeiße	ich schmiß	ich werde schmeißen
du schmeißt	du schmissest	du wirst schmeißen
er/sie schmeißt	er/sie schmiß	er/sie wird schmeißen
wir schmeißen	wir schmissen	wir werden schmeißen
ihr schmeißt	ihr schmißt	ihr werdet schmeißen
Sie schmeißen	Sie schmissen	Sie werden schmeißen
sie schmeißen	sie schmissen	sie werden schmeißen

PERFECT	**PLUPERFECT**	**CONDITIONAL**
ich habe geschmissen	ich hatte geschmissen	ich würde schmeißen
du hast geschmissen	du hattest geschmissen	du würdest schmeißen
er/sie hat geschmissen	er/sie hatte geschmissen	er/sie würde schmeißen
wir haben geschmissen	wir hatten geschmissen	wir würden schmeißen
ihr habt geschmissen	ihr hattet geschmissen	ihr würdet schmeißen
Sie haben geschmissen	Sie hatten geschmissen	Sie würden schmeißen
sie haben geschmissen	sie hatten geschmissen	sie würden schmeißen

SUBJUNCTIVE

PRESENT	**PERFECT**
ich schmeiße	ich habe geschmissen
du schmeißest	du habest geschmissen
er/sie schmeiße	er/sie habe geschmissen
wir schmeißen	wir haben geschmissen
ihr schmeißet	ihr habet geschmissen
Sie schmeißen	Sie haben geschmissen
sie schmeißen	sie haben geschmissen

IMPERFECT	**PLUPERFECT**
ich schmisse	ich hätte geschmissen
du schmissest	du hättest geschmissen
er/sie schmisse	er/sie hätte geschmissen
wir schmissen	wir hätten geschmissen
ihr schmisset	ihr hättet geschmissen
Sie schmissen	Sie hätten geschmissen
sie schmissen	sie hätten geschmissen

FUTURE PERFECT

ich werde geschmissen
haben
du wirst geschmissen
haben *etc*

INFINITIVE

PRESENT
schmeißen

PAST
geschmissen haben

PARTICIPLE

PRESENT
schmeißend

PAST
geschmissen

IMPERATIVE

schmeiß(e)!
schmeißt!
schmeißen Sie!
schmeißen wir!

136 SCHMELZEN
to melt

PRESENT	IMPERFECT	FUTURE
ich schmelze	ich schmolz	ich werde schmelzen
du schmilzt	du schmolzt	du wirst schmelzen
er/sie schmilzt	er/sie schmolz	er/sie wird schmelzen
wir schmelzen	wir schmolzen	wir werden schmelzen
ihr schmelzt	ihr schmolzt	ihr werdet schmelzen
Sie schmelzen	Sie schmolzen	Sie werden schmelzen
sie schmelzen	sie schmolzen	sie werden schmelzen

PERFECT (1)	PLUPERFECT (2)	CONDITIONAL
ich habe geschmolzen	ich hatte geschmolzen	ich würde schmelzen
du hast geschmolzen	du hattest geschmolzen	du würdest schmelzen
er/sie hat geschmolzen	er/sie hatte geschmolzen	er/sie würde schmelzen
wir haben geschmolzen	wir hatten geschmolzen	wir würden schmelzen
ihr habt geschmolzen	ihr hattet geschmolzen	ihr würdet schmelzen
Sie haben geschmolzen	Sie hatten geschmolzen	Sie würden schmelzen
sie haben geschmolzen	sie hatten geschmolzen	sie würden schmelzen

SUBJUNCTIVE

PRESENT	PERFECT (3)	INFINITIVE
ich schmelze	ich habe geschmolzen	**PRESENT**
du schmelzest	du habest geschmolzen	schmelzen
er/sie schmelze	er/sie habe geschmolzen	**PAST (6)**
wir schmelzen	wir haben geschmolzen	geschmolzen haben
ihr schmelzet	ihr habet geschmolzen	
Sie schmelzen	Sie haben geschmolzen	*PARTICIPLE*
sie schmelzen	sie haben geschmolzen	**PRESENT**
		schmelzend

IMPERFECT	PLUPERFECT (4)	PAST
ich schmölze	ich hätte geschmolzen	geschmolzen
du schmölzest	du hättest geschmolzen	
er/sie schmölze	er/sie hätte geschmolzen	*IMPERATIVE*
wir schmölzen	wir hätten geschmolzen	schmilz!
ihr schmölzet	ihr hättet geschmolzen	schmelzt!
Sie schmölzen	Sie hätten geschmolzen	schmelzen Sie!
sie schmölzen	sie hätten geschmolzen	schmelzen wir!

FUTURE PERFECT (5) NOTE

ich werde geschmolzen
haben
du wirst geschmolzen
haben *etc*

also intransitive: (1) ich bin geschmolzen etc (2) ich war geschmolzen etc (3) ich sei geschmolzen etc (4) ich wäre geschmolzen etc (5) ich werde geschmolzen sein etc (6) geschmolzen sein

SCHNEIDEN
to cut

PRESENT	IMPERFECT	FUTURE
ich schneide	ich schnitt	ich werde schneiden
du schneidest	du schnittst	du wirst schneiden
er/sie schneidet	er/sie schnitt	er/sie wird schneiden
wir schneiden	wir schnitten	wir werden schneiden
ihr schneidet	ihr schnittet	ihr werdet schneiden
Sie schneiden	Sie schnitten	Sie werden schneiden
sie schneiden	sie schnitten	sie werden schneiden

PERFECT	PLUPERFECT	CONDITIONAL
ich habe geschnitten	ich hatte geschnitten	ich würde schneiden
du hast geschnitten	du hattest geschnitten	du würdest schneiden
er/sie hat geschnitten	er/sie hatte geschnitten	er/sie würde schneiden
wir haben geschnitten	wir hatten geschnitten	wir würden schneiden
ihr habt geschnitten	ihr hattet geschnitten	ihr würdet schneiden
Sie haben geschnitten	Sie hatten geschnitten	Sie würden schneiden
sie haben geschnitten	sie hatten geschnitten	sie würden schneiden

SUBJUNCTIVE

PRESENT	PERFECT
ich schneide	ich habe geschnitten
du schneidest	du habest geschnitten
er/sie schneide	er/sie habe geschnitten
wir schneiden	wir haben geschnitten
ihr schneidet	ihr habet geschnitten
Sie schneiden	Sie haben geschnitten
sie schneiden	sie haben geschnitten

IMPERFECT	PLUPERFECT
ich schnitte	ich hätte geschnitten
du schnittest	du hättest geschnitten
er/sie schnitte	er/sie hätte geschnitten
wir schnitten	wir hätten geschnitten
ihr schnittet	ihr hättet geschnitten
Sie schnitten	Sie hätten geschnitten
sie schnitten	sie hätten geschnitten

INFINITIVE

PRESENT
schneiden

PAST
geschnitten haben

PARTICIPLE

PRESENT
schneidend

PAST
geschnitten

IMPERATIVE

schneid(e)!
schneidet!
schneiden Sie!
schneiden wir!

FUTURE PERFECT

ich werde geschnitten
haben
du wirst geschnitten
haben *etc*

138 SCHREIBEN
to write

PRESENT	IMPERFECT	FUTURE
ich schreibe	ich schrieb	ich werde schreiben
du schreibst	du schriebst	du wirst schreiben
er/sie schreibt	er/sie schrieb	er/sie wird schreiben
wir schreiben	wir schrieben	wir werden schreiben
ihr schreibt	ihr schriebt	ihr werdet schreiben
Sie schreiben	Sie schrieben	Sie werden schreiben
sie schreiben	sie schrieben	sie werden schreiben

PERFECT	PLUPERFECT	CONDITIONAL
ich habe geschrieben	ich hatte geschrieben	ich würde schreiben
du hast geschrieben	du hattest geschrieben	du würdest schreiben
er/sie hat geschrieben	er/sie hatte geschrieben	er/sie würde schreiben
wir haben geschrieben	wir hatten geschrieben	wir würden schreiben
ihr habt geschrieben	ihr hattet geschrieben	ihr würdet schreiben
Sie haben geschrieben	Sie hatten geschrieben	Sie würden schreiben
sie haben geschrieben	sie hatten geschrieben	sie würden schreiben

SUBJUNCTIVE

PRESENT	PERFECT
ich schreibe	ich habe geschrieben
du schreibest	du habest geschrieben
er/sie schreibe	er/sie habe geschrieben
wir schreiben	wir haben geschrieben
ihr schreibet	ihr habet geschrieben
Sie schreiben	Sie haben geschrieben
sie schreiben	sie haben geschrieben

IMPERFECT	PLUPERFECT
ich schriebe	ich hätte geschrieben
du schriebest	du hättest geschrieben
er/sie schriebe	er/sie hätte geschrieben
wir schrieben	wir hätten geschrieben
ihr schriebet	ihr hättet geschrieben
Sie schrieben	Sie hätten geschrieben
sie schrieben	sie hätten geschrieben

INFINITIVE

PRESENT
schreiben

PAST
geschrieben haben

PARTICIPLE

PRESENT
schreibend

PAST
geschrieben

IMPERATIVE

schreib(e)!
schreibt!
schreiben Sie!
schreiben wir!

FUTURE PERFECT

ich werde geschrieben
haben
du wirst geschrieben
haben *etc*

to shout

PRESENT	IMPERFECT	FUTURE
ich schreie	ich schrie	ich werde schreien
du schreist	du schriest	du wirst schreien
er/sie schreit	er/sie schrie	er/sie wird schreien
wir schreien	wir schrien	wir werden schreien
ihr schreit	ihr schriet	ihr werdet schreien
Sie schreien	Sie schrien	Sie werden schreien
sie schreien	sie schrien	sie werden schreien

PERFECT	PLUPERFECT	CONDITIONAL
ich habe geschrie(e)n	ich hatte geschrie(e)n	ich würde schreien
du hast geschrie(e)n	du hattest geschrie(e)n	du würdest schreien
er/sie hat geschrie(e)n	er/sie hatte geschrie(e)n	er/sie würde schreien
wir haben geschrie(e)n	wir hatten geschrie(e)n	wir würden schreien
ihr habt geschrie(e)n	ihr hattet geschrie(e)n	ihr würdet schreien
Sie haben geschrie(e)n	Sie hatten geschrie(e)n	Sie würden schreien
sie haben geschrie(e)n	sie hatten geschrie(e)n	sie würden schreien

SUBJUNCTIVE

PRESENT	PERFECT
ich schreie	ich habe geschrie(e)n
du schreiest	du habest geschrie(e)n
er/sie schreie	er/sie habe geschrie(e)n
wir schreien	wir haben geschrie(e)n
ihr schreiet	ihr habet geschrie(e)n
Sie schreien	Sie haben geschrie(e)n
sie schreien	sie haben geschrie(e)n

IMPERFECT	PLUPERFECT
ich schriee	ich hätte geschrie(e)n
du schrieest	du hättest geschrie(e)n
er/sie schriee	er/sie hätte geschrie(e)n
wir schrieen	wir hätten geschrie(e)n
ihr schrieet	ihr hättet geschrie(e)n
Sie schrieen	Sie hätten geschrie(e)n
sie schrieen	sie hätten geschrie(e)n

FUTURE PERFECT

ich werde geschrie(e)n
haben
du wirst geschrie(e)n
haben *etc*

INFINITIVE

PRESENT
schreien

PAST
geschrie(e)n haben

PARTICIPLE

PRESENT
schreiend

PAST
geschrie(e)n

IMPERATIVE

schrei(e)!
schreit!
schreien Sie!
schreien wir!

SCHREITEN
to stride

PRESENT	IMPERFECT	FUTURE
ich schreite	ich schritt	ich werde schreiten
du schreitest	du schrittst	du wirst schreiten
er/sie schreitet	er/sie schritt	er/sie wird schreiten
wir schreiten	wir schritten	wir werden schreiten
ihr schreitet	ihr schrittet	ihr werdet schreiten
Sie schreiten	Sie schritten	Sie werden schreiten
sie schreiten	sie schritten	sie werden schreiten

PERFECT	PLUPERFECT	CONDITIONAL
ich bin geschritten	ich war geschritten	ich würde schreiten
du bist geschritten	du warst geschritten	du würdest schreiten
er/sie ist geschritten	er/sie war geschritten	er/sie würde schreiten
wir sind geschritten	wir waren geschritten	wir würden schreiten
ihr seid geschritten	ihr wart geschritten	ihr würdet schreiten
Sie sind geschritten	Sie waren geschritten	Sie würden schreiten
sie sind geschritten	sie waren geschritten	sie würden schreiten

SUBJUNCTIVE

PRESENT	PERFECT
ich schreite	ich sei geschritten
du schreitest	du sei(e)st geschritten
er/sie schreite	er/sie sei geschritten
wir schreiten	wir seien geschritten
ihr schreitet	ihr seiet geschritten
Sie schreiten	Sie seien geschritten
sie schreiten	sie seien geschritten

IMPERFECT	PLUPERFECT
ich schritte	ich wäre geschritten
du schrittest	du wär(e)st geschritten
er/sie schritte	er/sie wäre geschritten
wir schritten	wir wären geschritten
ihr schrittet	ihr wär(e)t geschritten
Sie schritten	Sie wären geschritten
sie schritten	sie wären geschritten

FUTURE PERFECT

ich werde geschritten
sein
du wirst geschritten sein
etc

INFINITIVE

PRESENT
schreiten

PAST
geschritten sein

PARTICIPLE

PRESENT
schreitend

PAST
geschritten

IMPERATIVE

schreit(e)!
schreitet!
schreiten Sie!
schreiten wir!

to be silent

PRESENT	IMPERFECT	FUTURE
ich schweige	ich schwieg	ich werde schweigen
du schweigst	du schwiegst	du wirst schweigen
er/sie schweigt	er/sie schwieg	er/sie wird schweigen
wir schweigen	wir schwiegen	wir werden schweigen
ihr schweigt	ihr schwiegt	ihr werdet schweigen
Sie schweigen	Sie schwiegen	Sie werden schweigen
sie schweigen	sie schwiegen	sie werden schweigen

PERFECT	PLUPERFECT	CONDITIONAL
ich habe geschwiegen	ich hatte geschwiegen	ich würde schweigen
du hast geschwiegen	du hattest geschwiegen	du würdest schweigen
er/sie hat geschwiegen	er/sie hatte geschwiegen	er/sie würde schweigen
wir haben geschwiegen	wir hatten geschwiegen	wir würden schweigen
ihr habt geschwiegen	ihr hattet geschwiegen	ihr würdet schweigen
Sie haben geschwiegen	Sie hatten geschwiegen	Sie würden schweigen
sie haben geschwiegen	sie hatten geschwiegen	sie würden schweigen

SUBJUNCTIVE

PRESENT	PERFECT
ich schweige	ich habe geschwiegen
du schweigest	du habest geschwiegen
er/sie schweige	er/sie habe geschwiegen
wir schweigen	wir haben geschwiegen
ihr schweiget	ihr habet geschwiegen
Sie schweigen	Sie haben geschwiegen
sie schweigen	sie haben geschwiegen

IMPERFECT	PLUPERFECT
ich schwiege	ich hätte geschwiegen
du schwiegest	du hättest geschwiegen
er/sie schwiege	er/sie hätte geschwiegen
wir schwiegen	wir hätten geschwiegen
ihr schwieget	ihr hättet geschwiegen
Sie schwiegen	Sie hätten geschwiegen
sie schwiegen	sie hätten geschwiegen

INFINITIVE

PRESENT
schweigen

PAST
geschwiegen haben

PARTICIPLE

PRESENT
schweigend

PAST
geschwiegen

IMPERATIVE

schweig(e)!
schweigt!
schweigen Sie!
schweigen wir!

FUTURE PERFECT

ich werde geschwiegen
haben
du wirst geschwiegen
haben *etc*

142 SCHWELLEN
to swell

PRESENT	IMPERFECT	FUTURE
ich schwelle	ich schwoll	ich werde schwellen
du schwillst	du schwollst	du wirst schwellen
er/sie schwillt	er/sie schwoll	er/sie wird schwellen
wir schwellen	wir schwollen	wir werden schwellen
ihr schwellt	ihr schwollt	ihr werdet schwellen
Sie schwellen	Sie schwollen	Sie werdet schwellen
sie schwellen	sie schwollen	sie werden schwellen

PERFECT (1)	PLUPERFECT (2)	CONDITIONAL
ich bin geschwollen	ich war geschwollen	ich würde schwellen
du bist geschwollen	du warst geschwollen	du würdest schwellen
er/sie ist geschwollen	er/sie war geschwollen	er/sie würde schwellen
wir sind geschwollen	wir waren geschwollen	wir würden schwellen
ihr seid geschwollen	ihr wart geschwollen	ihr würdet schwellen
Sie sind geschwollen	Sie waren geschwollen	Sie würden schwellen
sie sind geschwollen	sie waren geschwollen	sie würden schwellen

SUBJUNCTIVE

PRESENT	PERFECT (1)	*INFINITIVE*
ich schwelle	ich sei geschwollen	**PRESENT**
du schwellest	du sei(e)st geschwollen	schwellen
er/sie schwelle	er/sie sei geschwollen	**PAST** (5)
wir schwellen	wir seien geschwollen	geschwollen sein
ihr schwellet	ihr seiet geschwollen	
Sie schwellen	Sie seien geschwollen	*PARTICIPLE*
sie schwellen	sie seien geschwollen	**PRESENT**
		schwellend

IMPERFECT	PLUPERFECT (3)	PAST
ich schwölle	ich wäre geschwollen	geschwollen
du schwöllest	du wär(e)st geschwollen	
er/sie schwölle	er/sie wäre geschwollen	*IMPERATIVE*
wir schwöllen	wir wären geschwollen	schwill!
ihr schwöllet	ihr wär(e)t geschwollen	schwellt!
Sie schwöllen	Sie wären geschwollen	schwellen Sie!
sie schwöllen	sie wären geschwollen	schwellen wir!

FUTURE PERFECT (4) *NOTE*

ich werde geschwollen sein

du wirst geschwollen sein

etc

also transitive: (1) ich habe geschwollen etc (2) ich hatte geschwollen etc (3) ich hätte geschwollen etc (4) ich werde geschwollen haben etc (5) geschwollen haben

to swim

PRESENT	IMPERFECT	FUTURE
ich schwimme	ich schwamm	ich werde schwimmen
du schwimmst	du schwammst	du wirst schwimmen
er/sie schwimmt	er/sie schwamm	er/sie wird schwimmen
wir schwimmen	wir schwammen	wir werden schwimmen
ihr schwimmt	ihr schwammt	ihr werdet schwimmen
Sie schwimmen	Sie schwammen	Sie werden schwimmen
sie schwimmen	sie schwammen	sie werden schwimmen

PERFECT	PLUPERFECT	CONDITIONAL
ich bin geschwommen	ich war geschwommen	ich würde schwimmen
du bist geschwommen	du warst geschwommen	du würdest schwimmen
er/sie ist geschwommen	er/sie war geschwommen	er/sie würde schwimmen
wir sind geschwommen	wir waren geschwommen	wir würden schwimmen
ihr seid geschwommen	ihr wart geschwommen	ihr würdet schwimmen
Sie sind geschwommen	Sie waren geschwommen	Sie würden schwimmen
sie sind geschwommen	sie waren geschwommen	sie würden schwimmen

SUBJUNCTIVE

PRESENT	PERFECT	INFINITIVE
ich schwimme	ich sei geschwommen	**PRESENT** schwimmen
du schwimmest	du sei(e)st geschwommen	
er/sie schwimme	er/sie sei geschwommen	**PAST**
wir schwimmen	wir seien geschwommen	geschwommen sein
ihr schwimmet	ihr seiet geschwommen	
Sie schwimmen	Sie seien geschwommen	
sie schwimmen	sie seien geschwommen	

PARTICIPLE

PRESENT
schwimmend

IMPERFECT *(1)*	PLUPERFECT	
ich schwömme	ich wäre geschwommen	**PAST** geschwommen
du schwömmest	du wärest geschwommen	
er/sie schwömme	er/sie wäre geschwommen	
wir schwömmen	wir wären geschwommen	**IMPERATIVE**
ihr schwömmet	ihr wär(e)t geschwommen	schwimm(e)!
Sie schwömmen	Sie wären geschwommen	schwimmt!
sie schwömmen	sie wären geschwommen	schwimmen Sie!
		schwimmen wir!

FUTURE PERFECT	NOTE
ich werde geschwommen sein	*(1) ich schwämme etc is also possible*
du wirst geschwommen sein *etc*	

SCHWINDEN
to fade, dwindle

PRESENT	IMPERFECT	FUTURE
ich schwinde	ich schwand	ich werde schwinden
du schwindest	du schwandest	du wirst schwinden
er/sie schwindet	er/sie schwand	er/sie wird schwinden
wir schwinden	wir schwanden	wir werden schwinden
ihr schwindet	ihr schwandet	ihr werdet schwinden
Sie schwinden	Sie schwanden	Sie werden schwinden
sie schwinden	sie schwanden	sie werden schwinden

PERFECT	PLUPERFECT	CONDITIONAL
ich bin geschwunden	ich war geschwunden	ich würde schwinden
du bist geschwunden	du warst geschwunden	du würdest schwinden
er/sie ist geschwunden	er/sie war geschwunden	er/sie würde schwinden
wir sind geschwunden	wir waren geschwunden	wir würden schwinden
ihr seid geschwunden	ihr wart geschwunden	ihr würdet schwinden
Sie sind geschwunden	Sie waren geschwunden	Sie würden schwinden
sie sind geschwunden	sie waren geschwunden	sie würden schwinden

SUBJUNCTIVE

PRESENT	PERFECT	INFINITIVE
ich schwinde	ich sei geschwunden	**PRESENT**
du schwindest	du sei(e)st geschwunden	schwinden
er/sie schwinde	er/sie sei geschwunden	**PAST**
wir schwinden	wir seien geschwunden	geschwunden sein
ihr schwindet	ihr seiet geschwunden	
Sie schwinden	Sie seien geschwunden	**PARTICIPLE**
sie schwinden	sie seien geschwunden	**PRESENT**

IMPERFECT	PLUPERFECT	schwindend
ich schwände	ich wäre geschwunden	**PAST**
du schwändest	du wär(e)st geschwunden	geschwunden
er/sie schwände	er/sie wäre geschwunden	
wir schwänden	wir wären geschwunden	**IMPERATIVE**
ihr schwändet	ihr wär(e)t geschwunden	
Sie schwänden	Sie wären geschwunden	schwinde!
sie schwänden	sie wären geschwunden	schwindet!
		schwinden Sie!
		schwinden wir!

FUTURE PERFECT

ich werde geschwunden
sein
du wirst geschwunden
sein *etc*

SCHWINGEN
to swing

PRESENT	IMPERFECT	FUTURE
ich schwinge	ich schwang	ich werde schwingen
du schwingst	du schwangst	du wirst schwingen
er/sie schwingt	er/sie schwang	er/sie wird schwingen
wir schwingen	wir schwangen	wir werden schwingen
ihr schwingt	ihr schwangt	ihr werdet schwingen
Sie schwingen	Sie schwangen	Sie werden schwingen
sie schwingen	sie schwangen	sie werden schwingen

PERFECT	PLUPERFECT	CONDITIONAL
ich habe geschwungen	ich hatte geschwungen	ich würde schwingen
du hast geschwungen	du hattest geschwungen	du würdest schwingen
er/sie hat geschwungen	er/sie hatte geschwungen	er/sie würde schwingen
wir haben geschwungen	wir hatten geschwungen	wir würden schwingen
ihr habt geschwungen	ihr hattet geschwungen	ihr würdet schwingen
Sie haben geschwungen	Sie hatten geschwungen	Sie würden schwingen
sie haben geschwungen	sie hatten geschwungen	sie würden schwingen

SUBJUNCTIVE

PRESENT	PERFECT
ich schwinge	ich habe geschwungen
du schwingest	du habest geschwungen
er/sie schwinge	er/sie habe geschwungen
wir schwingen	wir haben geschwungen
ihr schwinget	ihr habet geschwungen
Sie schwingen	Sie haben geschwungen
sie schwingen	sie haben geschwungen

IMPERFECT	PLUPERFECT
ich schwänge	ich hätte geschwungen
du schwängest	du hättest geschwungen
er/sie schwänge	er/sie hätte geschwungen
wir schwängen	wir hätten geschwungen
ihr schwänget	ihr hättet geschwungen
Sie schwängen	Sie hätten geschwungen
sie schwängen	sie hätten geschwungen

FUTURE PERFECT

ich werde geschwungen
haben
du wirst geschwungen
haben *etc*

INFINITIVE

PRESENT
schwingen

PAST
geschwungen haben

PARTICIPLE

PRESENT
schwingend

PAST
geschwungen

IMPERATIVE

schwing(e)!
schwingt!
schwingen Sie!
schwingen wir!

146

SCHWÖREN
to swear

PRESENT	IMPERFECT	FUTURE
ich schwöre	ich schwor	ich werde schwören
du schwörst	du schworst	du wirst schwören
er/sie schwört	er/sie schwor	er/sie wird schwören
wir schwören	wir schworen	wir werden schwören
ihr schwört	ihr schwort	ihr werdet schwören
Sie schwören	Sie schworen	Sie werden schwören
sie schwören	sie schworen	sie werden schwören

PERFECT	PLUPERFECT	CONDITIONAL
ich habe geschworen	ich hatte geschworen	ich würde schwören
du hast geschworen	du hattest geschworen	du würdest schwören
er/sie hat geschworen	er/sie hatte geschworen	er/sie würde schwören
wir haben geschworen	wir hatten geschworen	wir würden schwören
ihr habt geschworen	ihr hattet geschworen	ihr würdet schwören
Sie haben geschworen	Sie hatten geschworen	Sie würden schwören
sie haben geschworen	sie hatten geschworen	sie würden schwören

SUBJUNCTIVE

PRESENT	PERFECT
ich schwöre	ich habe geschworen
du schwörest	du habest geschworen
er/sie schwöre	er/sie habe geschworen
wir schwören	wir haben geschworen
ihr schwöret	ihr habet geschworen
Sie schwören	Sie haben geschworen
sie schwören	sie haben geschworen

IMPERFECT *(1)*	PLUPERFECT
ich schwüre	ich hätte geschworen
du schwürest	du hättest geschworen
er/sie schwüre	er/sie hätte geschworen
wir schwüren	wir hätten geschworen
ihr schwüret	ihr hättet geschworen
Sie schwüren	Sie hätten geschworen
sie schwüren	sie hätten geschworen

INFINITIVE

PRESENT
schwören

PAST
geschworen haben

PARTICIPLE

PRESENT
schwörend

PAST
geschworen

IMPERATIVE

schwör(e)!
schwört!
schwören Sie!
schwören wir!

FUTURE PERFECT

ich werde geschworen
haben
du wirst geschworen
haben *etc*

NOTE

(1) ich schwöre etc is also possible

to see

PRESENT	IMPERFECT	FUTURE
ich sehe	ich sah	ich werde sehen
du siehst	du sahst	du wirst sehen
er/sie sieht	er/sie sah	er/sie wird sehen
wir sehen	wir sahen	wir werden sehen
ihr seht	ihr saht	ihr werdet sehen
Sie sehen	Sie sahen	Sie werden sehen
sie sehen	sie sahen	sie werden sehen

PERFECT	PLUPERFECT	CONDITIONAL
ich habe gesehen	ich hatte gesehen	ich würde sehen
du hast gesehen	du hattest gesehen	du würdest sehen
er/sie hat gesehen	er/sie hatte gesehen	er/sie würde sehen
wir haben gesehen	wir hatten gesehen	wir würden sehen
ihr habt gesehen	ihr hattet gesehen	ihr würdet sehen
Sie haben gesehen	Sie hatten gesehen	Sie würden sehen
sie haben gesehen	sie hatten gesehen	sie würden sehen

SUBJUNCTIVE

PRESENT	PERFECT
ich sehe	ich habe gesehen
du sehest	du habest gesehen
er/sie sehe	er/sie habe gesehen
wir sehen	wir haben gesehen
ihr sehet	ihr habet gesehen
Sie sehen	Sie haben gesehen
sie sehen	sie haben gesehen

IMPERFECT	PLUPERFECT
ich sähe	ich hätte gesehen
du sähest	du hättest gesehen
er/sie sähe	er/sie hätte gesehen
wir sähen	wir hätten gesehen
ihr sähet	ihr hättet gesehen
Sie sähen	Sie hätten gesehen
sie sähen	sie hätten gesehen

FUTURE PERFECT

ich werde gesehen haben
du wirst gesehen haben
etc

INFINITIVE

PRESENT
sehen

PAST
gesehen haben

PARTICIPLE

PRESENT
sehend

PAST
gesehen

IMPERATIVE

sieh(e)!
seht!
sehen Sie!
sehen wir!

SEIN
to be

PRESENT	IMPERFECT	FUTURE
ich bin	ich war	ich werde sein
du bist	du warst	du wirst sein
er/sie ist	er/sie war	er/sie wird sein
wir sind	wir waren	wir werden sein
ihr seid	ihr wart	ihr werdet sein
Sie sind	Sie waren	Sie werden sein
sie sind	sie waren	sie werden sein

PERFECT	PLUPERFECT	CONDITIONAL
ich bin gewesen	ich war gewesen	ich würde sein
du bist gewesen	du warst gewesen	du würdest sein
er/sie ist gewesen	er/sie war gewesen	er/sie würde sein
wir sind gewesen	wir waren gewesen	wir würden sein
ihr seid gewesen	ihr wart gewesen	ihr würdet sein
Sie sind gewesen	Sie waren gewesen	Sie würden sein
sie sind gewesen	sie waren gewesen	sie würden sein

SUBJUNCTIVE

PRESENT	PERFECT
ich sei	ich sei gewesen
du sei(e)st	du sei(e)st gewesen
er/sie sei	er/sie sei gewesen
wir seien	wir seien gewesen
ihr seiet	ihr seiet gewesen
Sie seien	Sie seien gewesen
sie seien	sie seien gewesen

IMPERFECT	PLUPERFECT
ich wäre	ich wäre gewesen
du wär(e)st	du wär(e)st gewesen
er/sie wäre	er/sie wäre gewesen
wir wären	wir wären gewesen
ihr wär(e)t	ihr wär(e)t gewesen
Sie wären	Sie wären gewesen
sie wären	sie wären gewesen

INFINITIVE

PRESENT
sein

PAST
gewesen sein

PARTICIPLE

PRESENT
seiend

PAST
gewesen

IMPERATIVE

sei!
seid!
seien Sie!
seien wir!

FUTURE PERFECT

ich werde gewesen sein
du wirst gewesen sein *etc*

PRESENT	**IMPERFECT**	**FUTURE**
ich sende	ich sandte	ich werde senden
du sendest	du sandtest	du wirst senden
er/sie sendet	er/sie sandte	er/sie wird senden
wir senden	wir sandten	wir werden senden
ihr sendet	ihr sandtet	ihr werdet senden
Sie senden	Sie sandten	Sie werden senden
sie senden	sie sandten	sie werden senden

PERFECT	**PLUPERFECT**	**CONDITIONAL**
ich habe gesandt	ich hatte gesandt	ich würde senden
du hast gesandt	du hattest gesandt	du würdest senden
er/sie hat gesandt	er/sie hatte gesandt	er/sie würde senden
wir haben gesandt	wir hatten gesandt	wir würden senden
ihr habt gesandt	ihr hattet gesandt	ihr würdet senden
Sie haben gesandt	Sie hatten gesandt	Sie würden senden
sie haben gesandt	sie hatten gesandt	sie würden senden

SUBJUNCTIVE

PRESENT	**PERFECT**	*INFINITIVE*
ich sende	ich habe gesandt	**PRESENT**
du sendest	du habest gesandt	senden
er/sie sende	er/sie habe gesandt	**PAST**
wir senden	wir haben gesandt	gesandt haben
ihr sendet	ihr habet gesandt	
Sie senden	Sie haben gesandt	*PARTICIPLE*
sie senden	sie haben gesandt	**PRESENT**
		sendend

IMPERFECT	**PLUPERFECT**	**PAST**
ich sendete	ich hätte gesandt	gesandt
du sendetest	du hättest gesandt	
er/sie sendete	er/sie hätte gesandt	*IMPERATIVE*
wir sendeten	wir hätten gesandt	send(e)!
ihr sendetet	ihr hättet gesandt	sendet!
Sie sendeten	Sie hätten gesandt	senden Sie!
sie sendeten	sie hätten gesandt	senden wir!

FUTURE PERFECT

ich werde gesandt haben
du wirst gesandt haben
etc

NOTE

(1) also a weak verb meaning 'to broadcast': ich
sendete, ich habe gesendet *etc*

150 SINGEN
to sing

PRESENT	IMPERFECT	FUTURE
ich singe	ich sang	ich werde singen
du singst	du sangst	du wirst singen
er/sie singt	er/sie sang	er/sie wird singen
wir singen	wir sangen	wir werden singen
ihr singt	ihr sangt	ihr werdet singen
Sie singen	Sie sangen	Sie werden singen
sie singen	sie sangen	sie werden singen

PERFECT	PLUPERFECT	CONDITIONAL
ich habe gesungen	ich hatte gesungen	ich würde singen
du hast gesungen	du hattest gesungen	du würdest singen
er/sie hat gesungen	er/sie hatte gesungen	er/sie würde singen
wir haben gesungen	wir hatten gesungen	wir würden singen
ihr habt gesungen	ihr hattet gesungen	ihr würdet singen
Sie haben gesungen	Sie hatten gesungen	Sie würden singen
sie haben gesungen	sie hatten gesungen	sie würden singen

SUBJUNCTIVE

PRESENT	PERFECT	INFINITIVE
ich singe	ich habe gesungen	**PRESENT**
du singest	du habest gesungen	singen
er/sie singe	er/sie habe gesungen	**PAST**
wir singen	wir haben gesungen	gesungen haben
ihr singet	ihr habet gesungen	
Sie singen	Sie haben gesungen	
sie singen	sie haben gesungen	

PARTICIPLE
PRESENT
singend

IMPERFECT	PLUPERFECT	
ich sänge	ich hätte gesungen	**PAST**
du sängest	du hättest gesungen	gesungen
er/sie sänge	er/sie hätte gesungen	
wir sängen	wir hätten gesungen	## IMPERATIVE
ihr sänget	ihr hättet gesungen	sing(e)!
Sie sängen	Sie hätten gesungen	singt!
sie sängen	sie hätten gesungen	singen Sie!
		singen wir!

FUTURE PERFECT

ich werde gesungen
haben
du wirst gesungen haben
etc

PRESENT	**IMPERFECT**	**FUTURE**
ich sinke	ich sank	ich werde sinken
du sinkst	du sankst	du wirst sinken
er/sie sinkt	er/sie sank	er/sie wird sinken
wir sinken	wir sanken	wir werden sinken
ihr sinkt	ihr sankt	ihr werdet sinken
Sie sinken	Sie sanken	Sie werden sinken
sie sinken	sie sanken	sie werden sinken

PERFECT	**PLUPERFECT**	**CONDITIONAL**
ich bin gesunken	ich war gesunken	ich würde sinken
du bist gesunken	du warst gesunken	du würdest sinken
er/sie ist gesunken	er/sie war gesunken	er/sie würde sinken
wir sind gesunken	wir waren gesunken	wir würden sinken
ihr seid gesunken	ihr wart gesunken	ihr würdet sinken
Sie sind gesunken	Sie waren gesunken	Sie würden sinken
sie sind gesunken	sie waren gesunken	sie würden sinken

SUBJUNCTIVE

PRESENT	**PERFECT**
ich sinke	ich sei gesunken
du sinkest	du sei(e)st gesunken
er/sie sinke	er/sie sei gesunken
wir sinken	wir seien gesunken
ihr sinket	ihr seiet gesunken
Sie sinken	Sie seien gesunken
sie sinken	sie seien gesunken

IMPERFECT	**PLUPERFECT**
ich sänke	ich wäre gesunken
du sänkest	du wär(e)st gesunken
er/sie sänke	er/sie wäre gesunken
wir sänken	wir wären gesunken
ihr sänket	ihr wär(e)t gesunken
Sie sänken	Sie wären gesunken
sie sänken	sie wären gesunken

FUTURE PERFECT

ich werde gesunken
sein
du wirst gesunken sein
etc

INFINITIVE

PRESENT
sinken

PAST
gesunken sein

PARTICIPLE

PRESENT
sinkend

PAST
gesunken

IMPERATIVE

sink(e)!
sinkt!
sinken Sie!
sinken wir!

152 SINNEN
to ponder, meditate

PRESENT	IMPERFECT	FUTURE
ich sinne	ich sann	ich werde sinnen
du sinnst	du sannst	du wirst sinnen
er/sie sinnt	er/sie sann	er/sie wird sinnen
wir sinnen	wir sannen	wir werden sinnen
ihr sinnt	ihr sannt	ihr werdet sinnen
Sie sinnen	Sie sannen	Sie werden sinnen
sie sinnen	sie sannen	sie werden sinnen

PERFECT	PLUPERFECT	CONDITIONAL
ich habe gesonnen	ich hatte gesonnen	ich würde sinnen
du hast gesonnen	du hattest gesonnen	du würdest sinnen
er/sie hat gesonnen	er/sie hatte gesonnen	er/sie würde sinnen
wir haben gesonnen	wir hatten gesonnen	wir würden sinnen
ihr habt gesonnen	ihr hattet gesonnen	ihr würdet sinnen
Sie haben gesonnen	Sie hatten gesonnen	Sie würden sinnen
sie haben gesonnen	sie hatten gesonnen	sie würden sinnen

SUBJUNCTIVE

PRESENT	PERFECT
ich sinne	ich habe gesonnen
du sinnest	du habest gesonnen
er/sie sinne	er/sie habe gesonnen
wir sinnen	wir haben gesonnen
ihr sinnet	ihr habet gesonnen
Sie sinnen	Sie haben gesonnen
sie sinnen	sie haben gesonnen

IMPERFECT	PLUPERFECT
ich sänne	ich hätte gesonnen
du sännest	du hättest gesonnen
er/sie sänne	er/sie hätte gesonnen
wir sännen	wir hätten gesonnen
ihr sännet	ihr hättet gesonnen
Sie sännen	Sie hätten gesonnen
sie sännen	sie hätten gesonnen

FUTURE PERFECT
ich werde gesonnen
haben
du wirst gesonnen haben
etc

INFINITIVE

PRESENT
sinnen

PAST
gesonnen haben

PARTICIPLE

PRESENT
sinnend

PAST
gesonnen

IMPERATIVE

sinn(e)!
sinnt!
sinnen Sie!
sinnen wir!

SITZEN
to sit

PRESENT	**IMPERFECT**	**FUTURE**
ich sitze	ich saß	ich werde sitzen
du sitzst	du saßest	du wirst sitzen
er/sie sitzt	er/sie saß	er/sie wird sitzen
wir sitzen	wir saßen	wir werden sitzen
ihr sitzt	ihr saßt	ihr werdet sitzen
Sie sitzen	Sie saßen	Sie werden sitzen
sie sitzen	sie saßen	sie werden sitzen

PERFECT	**PLUPERFECT**	**CONDITIONAL**
ich habe gesessen	ich hatte gesessen	ich würde sitzen
du hast gesessen	du hattest gesessen	du würdest sitzen
er/sie hat gesessen	er/sie hatte gesessen	er/sie würde sitzen
wir haben gesessen	wir hatten gesessen	wir würden sitzen
ihr habt gesessen	ihr hattet gesessen	ihr würdet sitzen
Sie haben gesessen	Sie hatten gesessen	Sie würden sitzen
sie haben gesessen	sie hatten gesessen	sie würden sitzen

SUBJUNCTIVE

INFINITIVE

PRESENT	**PERFECT**	**PRESENT**
ich sitze	ich habe gesessen	sitzen
du sitzest	du habest gesessen	**PAST**
er/sie sitze	er/sie habe gesessen	gesessen haben
wir sitzen	wir haben gesessen	
ihr sitzet	ihr habet gesessen	**PARTICIPLE**
Sie sitzen	Sie haben gesessen	**PRESENT**
sie sitzen	sie haben gesessen	sitzend

IMPERFECT	**PLUPERFECT**	**PAST**
ich säße	ich hätte gesessen	gesessen
du säßest	du hättest gesessen	
er/sie säße	er/sie hätte gesessen	**IMPERATIVE**
wir säßen	wir hätten gesessen	
ihr säßet	ihr hättet gesessen	sitz(e)!
Sie säßen	Sie hätten gesessen	sitzt!
sie säßen	sie hätten gesessen	sitzen Sie!
		sitzen wir!

FUTURE PERFECT

ich werde gesessen
haben
du wirst gesessen haben
etc

154

SOLLEN
to be supposed to

PRESENT	IMPERFECT	FUTURE
ich soll	ich sollte	ich werde sollen
du sollst	du solltest	du wirst sollen
er/sie soll	er/sie sollte	er/sie wird sollen
wir sollen	wir sollten	wir werden sollen
ihr sollt	ihr solltet	ihr werdet sollen
Sie sollen	Sie sollten	Sie werden sollen
sie sollen	sie sollten	sie werden sollen

PERFECT *(1)*	PLUPERFECT *(2)*	CONDITIONAL
ich habe gesollt	ich hatte gesollt	ich würde sollen
du hast gesollt	du hattest gesollt	du würdest sollen
er/sie hat gesollt	er/sie hatte gesollt	er/sie würde sollen
wir haben gesollt	wir hatten gesollt	wir würden sollen
ihr habt gesollt	ihr hattet gesollt	ihr würdet sollen
Sie haben gesollt	Sie hatten gesollt	Sie würden sollen
sie haben gesollt	sie hatten gesollt	sie würden sollen

SUBJUNCTIVE

PRESENT	PERFECT *(1)*
ich solle	ich habe gesollt
du sollest	du habest gesollt
er/sie solle	er/sie habe gesollt
wir sollen	wir haben gesollt
ihr sollet	ihr habet gesollt
Sie sollen	Sie haben gesollt
sie sollen	sie haben gesollt

IMPERFECT	PLUPERFECT *(3)*
ich sollte	ich hätte gesollt
du solltest	du hättest gesollt
er/sie sollte	er/sie hätte gesollt
wir sollten	wir hätten gesollt
ihr solltet	ihr hättet gesollt
Sie sollten	Sie hätten gesollt
sie sollten	sie hätten gesollt

INFINITIVE

PRESENT
sollen

PAST
gesollt haben

PARTICIPLE

PRESENT
sollend

PAST
gesollt

NOTE

*when preceded by an infinitive: (1) ich habe ...
sollen etc (2) ich hatte ... sollen etc (3) ich
hätte ... sollen etc*

SPEIEN
to spit

PRESENT	**IMPERFECT**	**FUTURE**
ich speie	ich spie	ich werde speien
du speist	du spiest	du wirst speien
er/sie speit	er/sie spie	er/sie wird speien
wir speien	wir spien	wir werden speien
ihr speit	ihr spiet	ihr werdet speien
Sie speien	Sie spien	Sie werden speien
sie speien	sie spien	sie werden speien

PERFECT	**PLUPERFECT**	**CONDITIONAL**
ich habe gespie(e)n	ich hatte gespie(e)n	ich würde speien
du hast gespie(e)n	du hattest gespie(e)n	du würdest speien
er/sie hat gespie(e)n	er/sie hatte gespie(e)n	er/sie würde speien
wir haben gespie(e)n	wir hatten gespie(e)n	wir würden speien
ihr habt gespie(e)n	ihr hattet gespie(e)n	ihr würdet speien
Sie haben gespie(e)n	Sie hatten gespie(e)n	Sie würden speien
sie haben gespie(e)n	sie hatten gespie(e)n	sie würden speien

SUBJUNCTIVE

PRESENT	**PERFECT**
ich speie	ich habe gespie(e)n
du speiest	du habest gespie(e)n
er/sie speie	er/sie habe gespie(e)n
wir speien	wir haben gespie(e)n
ihr speiet	ihr habet gespie(e)n
Sie speien	Sie haben gespie(e)n
sie speien	sie haben gespie(e)n

IMPERFECT	**PLUPERFECT**
ich spiee	ich hätte gespie(e)n
du spieest	du hättest gespie(e)n
er/sie spiee	er/sie hätte gespie(e)n
wir spieen	wir hätten gespie(e)n
ihr spieet	ihr hättet gespie(e)n
Sie spieen	Sie hätten gespie(e)n
sie spieen	sie hätten gespie(e)n

FUTURE PERFECT
ich werde gespie(e)n
haben
du wirst gespie(e)n
haben *etc*

INFINITIVE

PRESENT
speien

PAST
gespie(e)n haben

PARTICIPLE

PRESENT
speiend

PAST
gespie(e)n

IMPERATIVE

spei(e)!
speit!
speien Sie!
speien wir!

SPINNEN
to spin

PRESENT	IMPERFECT	FUTURE
ich spinne	ich spann	ich werde spinnen
du spinnst	du spannst	du wirst spinnen
er/sie spinnt	er/sie spann	er/sie wird spinnen
wir spinnen	wir spannen	wir werden spinnen
ihr spinnt	ihr spannt	ihr werdet spinnen
Sie spinnen	Sie spannen	Sie werden spinnen
sie spinnen	sie spannen	sie werden spinnen

PERFECT	PLUPERFECT	CONDITIONAL
ich habe gesponnen	ich hatte gesponnen	ich würde spinnen
du hast gesponnen	du hattest gesponnen	du würdest spinnen
er/sie hat gesponnen	er/sie hatte gesponnen	er/sie würde spinnen
wir haben gesponnen	wir hatten gesponnen	wir würden spinnen
ihr habt gesponnen	ihr hattet gesponnen	ihr würdet spinnen
Sie haben gesponnen	Sie hatten gesponnen	Sie würden spinnen
sie haben gesponnen	sie hatten gesponnen	sie würden spinnen

SUBJUNCTIVE

PRESENT	PERFECT	INFINITIVE
ich spinne	ich habe gesponnen	**PRESENT**
du spinnest	du habest gesponnen	spinnen
er/sie spinne	er/sie habe gesponnen	**PAST**
wir spinnen	wir haben gesponnen	gesponnen haben
ihr spinnet	ihr habet gesponnen	
Sie spinnen	Sie haben gesponnen	**PARTICIPLE**
sie spinnen	sie haben gesponnen	**PRESENT**
		spinnend

IMPERFECT (1)	PLUPERFECT	
ich spönne	ich hätte gesponnen	**PAST**
du spönnest	du hättest gesponnen	gesponnen
er/sie spönne	er/sie hätte gesponnen	**IMPERATIVE**
wir spönnen	wir hätten gesponnen	spinn(e)!
ihr spönnet	ihr hättet gesponnen	spinnt!
Sie spönnen	Sie hätten gesponnen	spinnen Sie!
sie spönnen	sie hätten gesponnen	spinnen wir!

FUTURE PERFECT
ich werde gesponnen
haben
du wirst gesponnen
haben *etc*

NOTE

(1) ich spänne etc is also possible

SPRECHEN
to speak

PRESENT	IMPERFECT	FUTURE
ich spreche	ich sprach	ich werde sprechen
du sprichst	du sprachst	du wirst sprechen
er/sie spricht	er/sie sprach	er/sie wird sprechen
wir sprechen	wir sprachen	wir werden sprechen
ihr sprecht	ihr spracht	ihr werdet sprechen
Sie sprechen	Sie sprachen	Sie werden sprechen
sie sprechen	sie sprachen	sie werden sprechen

PERFECT	PLUPERFECT	CONDITIONAL
ich habe gesprochen	ich hatte gesprochen	ich würde sprechen
du hast gesprochen	du hattest gesprochen	du würdest sprechen
er/sie hat gesprochen	er/sie hatte gesprochen	er/sie würde sprechen
wir haben gesprochen	wir hatten gesprochen	wir würden sprechen
ihr habt gesprochen	ihr hattet gesprochen	ihr würdet sprechen
Sie haben gesprochen	Sie hatten gesprochen	Sie würden sprechen
sie haben gesprochen	sie hatten gesprochen	sie würden sprechen

SUBJUNCTIVE

PRESENT	PERFECT	INFINITIVE
ich spreche	ich habe gesprochen	**PRESENT**
du sprechest	du habest gesprochen	sprechen
er/sie spreche	er/sie habe gesprochen	**PAST**
wir sprechen	wir haben gesprochen	gesprochen haben
ihr sprechet	ihr habet gesprochen	
Sie sprechen	Sie haben gesprochen	
sie sprechen	sie haben gesprochen	

PARTICIPLE

IMPERFECT	PLUPERFECT	PRESENT
ich spräche	ich hätte gesprochen	sprechend
du sprächest	du hättest gesprochen	**PAST**
er/sie spräche	er/sie hätte gesprochen	gesprochen
wir sprächen	wir hätten gesprochen	
ihr sprächet	ihr hättet gesprochen	**IMPERATIVE**
Sie sprächen	Sie hätten gesprochen	sprich!
sie sprächen	sie hätten gesprochen	sprecht!
		sprechen Sie!
		sprechen wir!

FUTURE PERFECT

ich werde gesprochen
haben
du wirst gesprochen
haben *etc*

158 SPRIESSEN
to sprout

PRESENT	IMPERFECT	FUTURE
ich sprieße	ich sproß	ich werde sprießen
du sprießt	du sprossest	du wirst sprießen
er/sie sprießt	er/sie sproß	er/sie wird sprießen
wir sprießen	wir sprossen	wir werden sprießen
ihr sprießt	ihr sproßt	ihr werdet sprießen
Sie sprießen	Sie sprossen	Sie werden sprießen
sie sprießen	sie sprossen	sie werden sprießen

PERFECT	PLUPERFECT	CONDITIONAL
ich bin gesprossen	ich war gesprossen	ich würde sprießen
du bist gesprossen	du warst gesprossen	du würdest sprießen
er/sie ist gesprossen	er/sie war gesprossen	er/sie würde sprießen
wir sind gesprossen	wir waren gesprossen	wir würden sprießen
ihr seid gesprossen	ihr wart gesprossen	ihr würdet sprießen
Sie sind gesprossen	Sie waren gesprossen	Sie würden sprießen
sie sind gesprossen	sie waren gesprossen	sie würden sprießen

SUBJUNCTIVE

PRESENT	PERFECT	INFINITIVE
ich sprieße	ich sei gesprossen	**PRESENT**
du sprießest	du sei(e)st gesprossen	sprießen
er/sie sprieße	er/sie sei gesprossen	**PAST**
wir sprießen	wir seien gesprossen	gesprossen sein
ihr sprießet	ihr seiet gesprossen	
Sie sprießen	Sie seien gesprossen	
sie sprießen	sie seien gesprossen	

PARTICIPLE

PRESENT
sprießend

IMPERFECT	PLUPERFECT	PAST
ich sprösse	ich wäre gesprossen	gesprossen
du sprössest	du wär(e)st gesprossen	
er/sie sprösse	er/sie wäre gesprossen	**IMPERATIVE**
wir sprössen	wir wären gesprossen	
ihr sprösset	ihr wär(e)t gesprossen	sprieß(e)!
Sie sprössen	Sie wären gesprossen	sprießt!
sie sprössen	sie wären gesprossen	sprießen Sie!
		sprießen wir!

FUTURE PERFECT

ich werde gesprossen sein
du wirst gesprossen sein
etc

SPRINGEN
to jump

PRESENT	**IMPERFECT**	**FUTURE**
ich springe	ich sprang	ich werde springen
du springst	du sprangst	du wirst springen
er/sie springt	er/sie sprang	er/sie wird springen
wir springen	wir sprangen	wir werden springen
ihr springt	ihr sprangt	ihr werdet springen
Sie springen	Sie sprangen	Sie werden springen
sie springen	sie sprangen	sie werden springen

PERFECT	**PLUPERFECT**	**CONDITIONAL**
ich bin gesprungen	ich war gesprungen	ich würde springen
du bist gesprungen	du warst gesprungen	du würdest springen
er/sie ist gesprungen	er/sie war gesprungen	er/sie würde springen
wir sind gesprungen	wir waren gesprungen	wir würden springen
ihr seid gesprungen	ihr wart gesprungen	ihr würdet springen
Sie sind gesprungen	Sie waren gesprungen	Sie würden springen
sie sind gesprungen	sie waren gesprungen	sie würden springen

SUBJUNCTIVE

PRESENT	**PERFECT**
ich springe	ich sei gesprungen
du springest	du sei(e)st gesprungen
er/sie springe	er/sie sei gesprungen
wir springen	wir seien gesprungen
ihr springet	ihr seiet gesprungen
Sie springen	Sie seien gesprungen
sie springen	sie seien gesprungen

IMPERFECT	**PLUPERFECT**
ich spränge	ich wäre gesprungen
du sprängest	du wärest gesprungen
er/sie spränge	er/sie wäre gesprungen
wir sprängen	wir wären gesprungen
ihr spränget	ihr wär(e)t gesprungen
Sie sprängen	Sie wären gesprungen
sie sprängen	sie wären gesprungen

FUTURE PERFECT

ich werde gesprungen
sein
du wirst gesprungen
sein *etc*

INFINITIVE

PRESENT
springen

PAST
gesprungen sein

PARTICIPLE

PRESENT
springend

PAST
gesprungen

IMPERATIVE

spring(e)!
springt!
springen Sie!
springen wir!

STECHEN
to sting, prick

PRESENT	IMPERFECT	FUTURE
ich steche	ich stach	ich werde stechen
du stichst	du stachst	du wirst stechen
er/sie sticht	er/sie stach	er/sie wird stechen
wir stechen	wir stachen	wir werden stechen
ihr stecht	ihr stacht	ihr werdet stechen
Sie stechen	Sie stachen	Sie werden stechen
sie stechen	sie stachen	sie werden stechen

PERFECT	PLUPERFECT	CONDITIONAL
ich habe gestochen	ich hatte gestochen	ich würde stechen
du hast gestochen	du hattest gestochen	du würdest stechen
er/sie hat gestochen	er/sie hatte gestochen	er/sie würde stechen
wir haben gestochen	wir hatten gestochen	wir würden stechen
ihr habt gestochen	ihr hattet gestochen	ihr würdet stechen
Sie haben gestochen	Sie hatten gestochen	Sie würden stechen
sie haben gestochen	sie hatten gestochen	sie würden stechen

SUBJUNCTIVE

PRESENT	PERFECT	INFINITIVE
ich steche	ich habe gestochen	**PRESENT**
du stechest	du habest gestochen	stechen
er/sie steche	er/sie habe gestochen	**PAST**
wir stechen	wir haben gestochen	gestochen haben
ihr stechet	ihr habet gestochen	
Sie stechen	Sie haben gestochen	
sie stechen	sie haben gestochen	

PARTICIPLE
PRESENT
stechend

IMPERFECT	PLUPERFECT	
ich stäche	ich hätte gestochen	**PAST**
du stächest	du hättest gestochen	gestochen
er/sie stäche	er/sie hätte gestochen	
wir stächen	wir hätten gestochen	
ihr stächet	ihr hättet gestochen	
Sie stächen	Sie hätten gestochen	
sie stächen	sie hätten gestochen	

IMPERATIVE
stich!
stecht!
stechen Sie!
stechen wir!

FUTURE PERFECT
ich werde gestochen
haben
du wirst gestochen haben
etc

to be (stuck) *(1)*

PRESENT	**IMPERFECT** *(2)*	**FUTURE**
ich stecke	ich stak	ich werde stecken
du steckst	du stakst	du wirst stecken
er/sie steckt	er/sie stak	er/sie wird stecken
wir stecken	wir staken	wir werden stecken
ihr steckt	ihr stakt	ihr werdet stecken
Sie stecken	Sie staken	Sie werden stecken
sie stecken	sie staken	sie werden stecken

PERFECT	**PLUPERFECT**	**CONDITIONAL**
ich habe gesteckt	ich hatte gesteckt	ich würde stecken
du hast gesteckt	du hattest gesteckt	du würdest stecken
er/sie hat gesteckt	er/sie hatte gesteckt	er/sie würde stecken
wir haben gesteckt	wir hatten gesteckt	wir würden stecken
ihr habt gesteckt	ihr hattet gesteckt	ihr würdet stecken
Sie haben gesteckt	Sie hatten gesteckt	Sie würden stecken
sie haben gesteckt	sie hatten gesteckt	sie würden stecken

SUBJUNCTIVE

PRESENT	**PERFECT**
ich stecke	ich habe gesteckt
du steckest	du habest gesteckt
er/sie stecke	er/sie habe gesteckt
wir stecken	wir haben gesteckt
ihr stecket	ihr habet gesteckt
Sie stecken	Sie haben gesteckt
sie stecken	sie haben gesteckt

IMPERFECT	**PLUPERFECT**
ich stäke	ich hätte gesteckt
du stäkest	du hättest gesteckt
er/sie stäke	er/sie hätte gesteckt
wir stäken	wir hätten gesteckt
ihr stäket	ihr hättet gesteckt
Sie stäken	Sie hätten gesteckt
sie stäken	sie hätten gesteckt

INFINITIVE

PRESENT
stecken

PAST
gesteckt haben

PARTICIPLE

PRESENT
steckend

PAST
gesteckt

IMPERATIVE

steck(e)!
steckt!
stecken Sie!
stecken wir!

FUTURE PERFECT

ich werde gesteckt haben
du wirst gesteckt haben
etc

NOTE

(1) also a weak verb meaning 'to put': ich steckte etc

(2) ich steckte, du stecktest etc is also possible

STEHEN
to stand

PRESENT	IMPERFECT	FUTURE
ich stehe	ich stand	ich werde stehen
du stehst	du standst	du wirst stehen
er/sie steht	er/sie stand	er/sie wird stehen
wir stehen	wir standen	wir werden stehen
ihr steht	ihr standet	ihr werdet stehen
Sie stehen	Sie standen	Sie werden stehen
sie stehen	sie standen	sie werden stehen

PERFECT	PLUPERFECT	CONDITIONAL
ich habe gestanden	ich hatte gestanden	ich würde stehen
du hast gestanden	du hattest gestanden	du würdest stehen
er/sie hat gestanden	er/sie hatte gestanden	er/sie würde stehen
wir haben gestanden	wir hatten gestanden	wir würden stehen
ihr habt gestanden	ihr hattet gestanden	ihr würdet stehen
Sie haben gestanden	Sie hatten gestanden	Sie würden stehen
sie haben gestanden	sie hatten gestanden	sie würden stehen

SUBJUNCTIVE

PRESENT	PERFECT
ich stehe	ich habe gestanden
du stehest	du habest gestanden
er/sie stehe	er/sie habe gestanden
wir stehen	wir haben gestanden
ihr stehet	ihr habet gestanden
Sie stehen	Sie haben gestanden
sie stehen	sie haben gestanden

IMPERFECT (1)	PLUPERFECT
ich stünde	ich hätte gestanden
du stündest	du hättest gestanden
er/sie stünde	er/sie hätte gestanden
wir stünden	wir hätten gestanden
ihr stündet	ihr hättet gestanden
Sie stünden	Sie hätten gestanden
sie stünden	sie hätten gestanden

FUTURE PERFECT

ich werde gestanden haben
du wirst gestanden haben
etc

INFINITIVE

PRESENT
stehen

PAST
gestanden haben

PARTICIPLE

PRESENT
stehend

PAST
gestanden

IMPERATIVE

steh(e)!
steht!
stehen Sie!
stehen wir!

NOTE

(1) ich stände, du ständest etc is also possible

STEHLEN
to steal

PRESENT	IMPERFECT	FUTURE
ich stehle	ich stahl	ich werde stehlen
du stiehlst	du stahlst	du wirst stehlen
er/sie stiehlt	er/sie stahl	er/sie wird stehlen
wir stehlen	wir stahlen	wir werden stehlen
ihr stehlt	ihr stahlt	ihr werdet stehlen
Sie stehlen	Sie stahlen	Sie werden stehlen
sie stehlen	sie stahlen	sie werden stehlen

PERFECT	PLUPERFECT	CONDITIONAL
ich habe gestohlen	ich hatte gestohlen	ich würde stehlen
du hast gestohlen	du hattest gestohlen	du würdest stehlen
er/sie hat gestohlen	er/sie hatte gestohlen	er/sie würde stehlen
wir haben gestohlen	wir hatten gestohlen	wir würden stehlen
ihr habt gestohlen	ihr hattet gestohlen	ihr würdet stehlen
Sie haben gestohlen	Sie hatten gestohlen	Sie würden stehlen
sie haben gestohlen	sie hatten gestohlen	sie würden stehlen

SUBJUNCTIVE

PRESENT	PERFECT
ich stehle	ich habe gestohlen
du stehlest	du habest gestohlen
er/sie stehle	er/sie habe gestohlen
wir stehlen	wir haben gestohlen
ihr stehlet	ihr habet gestohlen
Sie stehlen	Sie haben gestohlen
sie stehlen	sie haben gestohlen

IMPERFECT	PLUPERFECT
ich stähle	ich hätte gestohlen
du stählest	du hättest gestohlen
er/sie stähle	er/sie hätte gestohlen
wir stählen	wir hätten gestohlen
ihr stählet	ihr hättet gestohlen
Sie stählen	Sie hätten gestohlen
sie stählen	sie hätten gestohlen

FUTURE PERFECT

ich werde gestohlen
haben
du wirst gestohlen haben
etc

INFINITIVE

PRESENT
stehlen

PAST
gestohlen haben

PARTICIPLE

PRESENT
stehlend

PAST
gestohlen

IMPERATIVE

stiehl!
stehlt!
stehlen Sie!
stehlen wir!

STEIGEN
to climb

PRESENT	IMPERFECT	FUTURE
ich steige	ich stieg	ich werde steigen
du steigst	du stiegst	du wirst steigen
er/sie steigt	er/sie stieg	er/sie wird steigen
wir steigen	wir stiegen	wir werden steigen
ihr steigt	ihr stiegt	ihr werdet steigen
Sie steigen	Sie stiegen	Sie werden steigen
sie steigen	sie stiegen	sie werden steigen

PERFECT	PLUPERFECT	CONDITIONAL
ich bin gestiegen	ich war gestiegen	ich würde steigen
du bist gestiegen	du warst gestiegen	du würdest steigen
er/sie ist gestiegen	er/sie war gestiegen	er/sie würde steigen
wir sind gestiegen	wir waren gestiegen	wir würden steigen
ihr seid gestiegen	ihr wart gestiegen	ihr würdet steigen
Sie sind gestiegen	Sie waren gestiegen	Sie würden steigen
sie sind gestiegen	sie waren gestiegen	sie würden steigen

SUBJUNCTIVE

PRESENT	PERFECT	INFINITIVE
		PRESENT
ich steige	ich sei gestiegen	steigen
du steigest	du sei(e)st gestiegen	**PAST**
er/sie steige	er/sie sei gestiegen	gestiegen sein
wir steigen	wir seien gestiegen	
ihr steiget	ihr seiet gestiegen	*PARTICIPLE*
Sie steigen	Sie seien gestiegen	**PRESENT**
sie steigen	sie seien gestiegen	steigend

IMPERFECT	PLUPERFECT	PAST
		gestiegen
ich stiege	ich wäre gestiegen	
du stiegest	du wär(e)st gestiegen	*IMPERATIVE*
er/sie stiege	er/sie wäre gestiegen	
wir stiegen	wir wären gestiegen	steig(e)!
ihr stieget	ihr wär(e)t gestiegen	steigt!
Sie stiegen	Sie wären gestiegen	steigen Sie!
sie stiegen	sie wären gestiegen	steigen wir!

FUTURE PERFECT

ich werde gestiegen sein
du wirst gestiegen sein
etc

PRESENT	IMPERFECT	FUTURE
ich sterbe	ich starb	ich werde sterben
du stirbst	du starbst	du wirst sterben
er/sie stirbt	er/sie starb	er/sie wird sterben
wir sterben	wir starben	wir werden sterben
ihr sterbt	ihr starbt	ihr werdet sterben
Sie sterben	Sie starben	Sie werden sterben
sie sterben	sie starben	sie werden sterben

PERFECT	PLUPERFECT	CONDITIONAL
ich bin gestorben	ich war gestorben	ich würde sterben
du bist gestorben	du warst gestorben	du würdest sterben
er/sie ist gestorben	er/sie war gestorben	er/sie würde sterben
wir sind gestorben	wir waren gestorben	wir würden sterben
ihr seid gestorben	ihr wart gestorben	ihr würdet sterben
Sie sind gestorben	Sie waren gestorben	Sie würden sterben
sie sind gestorben	sie waren gestorben	sie würden sterben

SUBJUNCTIVE

PRESENT	PERFECT
ich sterbe	ich sei gestorben
du sterbest	du sei(e)st gestorben
er/sie sterbe	er/sie sei gestorben
wir sterben	wir seien gestorben
ihr sterbet	ihr seiet gestorben
Sie sterben	Sie seien gestorben
sie sterben	sie seien gestorben

IMPERFECT	PLUPERFECT
ich stürbe	ich wäre gestorben
du stürbest	du wärest gestorben
er/sie stürbe	er/sie wäre gestorben
wir stürben	wir wären gestorben
ihr stürbet	ihr wär(e)t gestorben
Sie stürben	Sie wären gestorben
sie stürben	sie wären gestorben

INFINITIVE

PRESENT
sterben

PAST
gestorben sein

PARTICIPLE

PRESENT
sterbend

PAST
gestorben

IMPERATIVE

stirb!
sterbt!
sterben Sie!
sterben wir!

FUTURE PERFECT

ich werde gestorben
sein
du wirst gestorben sein
etc

STINKEN
to stink

PRESENT	IMPERFECT	FUTURE
ich stinke	ich stank	ich werde stinken
du stinkst	du stankst	du wirst stinken
er/sie stinkt	er/sie stank	er/sie wird stinken
wir stinken	wir stanken	wir werden stinken
ihr stinkt	ihr stankt	ihr werdet stinken
Sie stinken	Sie stanken	Sie werden stinken
sie stinken	sie stanken	sie werden stinken

PERFECT	PLUPERFECT	CONDITIONAL
ich habe gestunken	ich hatte gestunken	ich würde stinken
du hast gestunken	du hattest gestunken	du würdest stinken
er/sie hat gestunken	er/sie hatte gestunken	er/sie würde stinken
wir haben gestunken	wir hatten gestunken	wir würden stinken
ihr habt gestunken	ihr hattet gestunken	ihr würdet stinken
Sie haben gestunken	Sie hatten gestunken	Sie würden stinken
sie haben gestunken	sie hatten gestunken	sie würden stinken

SUBJUNCTIVE

PRESENT	PERFECT
ich stinke	ich habe gestunken
du stinkest	du habest gestunken
er/sie stinke	er/sie habe gestunken
wir stinken	wir haben gestunken
ihr stinket	ihr habet gestunken
Sie stinken	Sie haben gestunken
sie stinken	sie haben gestunken

IMPERFECT	PLUPERFECT
ich stänke	ich hätte gestunken
du stänkest	du hättest gestunken
er/sie stänke	er/sie hätte gestunken
wir stänken	wir hätten gestunken
ihr stänket	ihr hättet gestunken
Sie stänken	Sie hätten gestunken
sie stänken	sie hätten gestunken

FUTURE PERFECT

ich werde gestunken
haben
du wirst gestunken haben
etc

INFINITIVE

PRESENT
stinken

PAST
gestunken haben

PARTICIPLE

PRESENT
stinkend

PAST
gestunken

IMPERATIVE

stink(e)!
stinkt!
stinken Sie!
stinken wir!

PRESENT	IMPERFECT	FUTURE
ich stoße	ich stieß	ich werde stoßen
du stößt	du stießt	du wirst stoßen
er/sie stößt	er/sie stieß	er/sie wird stoßen
wir stoßen	wir stießen	wir werden stoßen
ihr stoßt	ihr stießt	ihr werdet stoßen
Sie stoßen	Sie stießen	Sie werden stoßen
sie stoßen	sie stießen	sie werden stoßen

PERFECT (1)	PLUPERFECT (2)	CONDITIONAL
ich habe gestoßen	ich hatte gestoßen	ich würde stoßen
du hast gestoßen	du hattest gestoßen	du würdest stoßen
er/sie hat gestoßen	er/sie hatte gestoßen	er/sie würde stoßen
wir haben gestoßen	wir hatten gestoßen	wir würden stoßen
ihr habt gestoßen	ihr hattet gestoßen	ihr würdet stoßen
Sie haben gestoßen	Sie hatten gestoßen	Sie würden stoßen
sie haben gestoßen	sie hatten gestoßen	sie würden stoßen

SUBJUNCTIVE

PRESENT	PERFECT (3)
ich stoße	ich habe gestoßen
du stoßest	du habest gestoßen
er/sie stoße	er/sie habe gestoßen
wir stoßen	wir haben gestoßen
ihr stoßet	ihr habet gestoßen
Sie stoßen	Sie haben gestoßen
sie stoßen	sie haben gestoßen

IMPERFECT	PLUPERFECT (4)
ich stieße	ich hätte gestoßen
du stießest	du hättest gestoßen
er/sie stieße	er/sie hätte gestoßen
wir stießen	wir hätten gestoßen
ihr stießet	ihr hättet gestoßen
Sie stießen	Sie hätten gestoßen
sie stießen	sie hätten gestoßen

INFINITIVE

PRESENT
stoßen

PAST (6)
gestoßen haben

PARTICIPLE

PRESENT
stoßend

PAST
gestoßen

IMPERATIVE

stoß(e)!
stoßt!
stoßen Sie!
stoßen wir!

FUTURE PERFECT (5)	NOTE
ich werde gestoßen haben	*also intransitive with preposition ('to run into'):* (1)
du wirst gestoßen haben	ich bin gestoßen *etc* (2) ich war gestoßen *etc* (3)
etc	ich sei gestoßen *etc* (4) ich wäre gestoßen *etc* (5)
	ich werde gestoßen sein *etc* (6) gestoßen sein

STREICHEN
to paint, spread, stroke, delete

PRESENT	IMPERFECT	FUTURE
ich streiche	ich strich	ich werde streichen
du streichst	du strichst	du wirst streichen
er/sie streicht	er/sie strich	er/sie wird streichen
wir streichen	wir strichen	wir werden streichen
ihr streicht	ihr stricht	ihr werdet streichen
Sie streichen	Sie strichen	Sie werden streichen
sie streichen	sie strichen	sie werden streichen

PERFECT (1)	PLUPERFECT (2)	CONDITIONAL
ich habe gestrichen	ich hatte gestrichen	ich würde streichen
du hast gestrichen	du hattest gestrichen	du würdest streichen
er/sie hat gestrichen	er/sie hatte gestrichen	er/sie würde streichen
wir haben gestrichen	wir hatten gestrichen	wir würden streichen
ihr habt gestrichen	ihr hattet gestrichen	ihr würdet streichen
Sie haben gestrichen	Sie hatten gestrichen	Sie würden streichen
sie haben gestrichen	sie hatten gestrichen	sie würden streichen

SUBJUNCTIVE

PRESENT	PERFECT (3)
ich streiche	ich habe gestrichen
du streichest	du habest gestrichen
er/sie streiche	er/sie habe gestrichen
wir streichen	wir haben gestrichen
ihr streichet	ihr habet gestrichen
Sie streichen	Sie haben gestrichen
sie streichen	sie haben gestrichen

IMPERFECT	PLUPERFECT (4)
ich striche	ich hätte gestrichen
du strichest	du hättest gestrichen
er/sie striche	er/sie hätte gestrichen
wir strichen	wir hätten gestrichen
ihr strichet	ihr hättet gestrichen
Sie strichen	Sie hätten gestrichen
sie strichen	sie hätten gestrichen

INFINITIVE

PRESENT
streichen
PAST (6)
gestrichen haben

PARTICIPLE

PRESENT
streichend
PAST
gestrichen

IMPERATIVE

streich(e)!
streicht!
streichen Sie!
streichen wir!

FUTURE PERFECT (5) *NOTE*

ich werde gestrichen
haben
du wirst gestrichen haben
etc

also intransitive with preposition ('to sweep, brush past'): (1) ich bin gestrichen etc (2) ich war gestrichen etc (3) ich sei gestrichen etc (4) ich wäre gestrichen etc (5) ich werde gestrichen sein etc (6) gestrichen sein

STREITEN
to quarrel

PRESENT	IMPERFECT	FUTURE
ich streite	ich stritt	ich werde streiten
du streitest	du strittst	du wirst streiten
er/sie streitet	er/sie stritt	er/sie wird streiten
wir streiten	wir stritten	wir werden streiten
ihr streitet	ihr strittet	ihr werdet streiten
Sie streiten	Sie stritten	Sie werden streiten
sie streiten	sie stritten	sie werden streiten

PERFECT	PLUPERFECT	CONDITIONAL
ich habe gestritten	ich hatte gestritten	ich würde streiten
du hast gestritten	du hattest gestritten	du würdest streiten
er/sie hat gestritten	er/sie hatte gestritten	er/sie würde streiten
wir haben gestritten	wir hatten gestritten	wir würden streiten
ihr habt gestritten	ihr hattet gestritten	ihr würdet streiten
Sie haben gestritten	Sie hatten gestritten	Sie würden streiten
sie haben gestritten	sie hatten gestritten	sie würden streiten

SUBJUNCTIVE

PRESENT	PERFECT
ich streite	ich habe gestritten
du streitest	du habest gestritten
er/sie streite	er/sie habe gestritten
wir streiten	wir haben gestritten
ihr streitet	ihr habet gestritten
Sie streiten	Sie haben gestritten
sie streiten	sie haben gestritten

IMPERFECT	PLUPERFECT
ich stritte	ich hätte gestritten
du strittest	du hättest gestritten
er/sie stritte	er/sie hätte gestritten
wir stritten	wir hätten gestritten
ihr strittet	ihr hättet gestritten
Sie stritten	Sie hätten gestritten
sie stritten	sie hätten gestritten

INFINITIVE

PRESENT
streiten

PAST
gestritten haben

PARTICIPLE

PRESENT
streitend

PAST
gestritten

IMPERATIVE

streit(e)!
streitet!
streiten Sie!
streiten wir!

FUTURE PERFECT

ich werde gestritten
haben
du wirst gestritten haben
etc

170 STÜRZEN
to drop

PRESENT	IMPERFECT	FUTURE
ich stürze	ich stürzte	ich werde stürzen
du stürzt	du stürztest	du wirst stürzen
er/sie stürzt	er/sie stürzte	er/sie wird stürzen
wir stürzen	wir stürzten	wir werden stürzen
ihr stürzt	ihr stürztet	ihr werdet stürzen
Sie stürzen	Sie stürzten	Sie werden stürzen
sie stürzen	sie stürzten	sie werden stürzen

PERFECT	PLUPERFECT	CONDITIONAL
ich bin gestürzt	ich war gestürzt	ich würde stürzen
du bist gestürzt	du warst gestürzt	du würdest stürzen
er/sie ist gestürzt	er/sie war gestürzt	er/sie würde stürzen
wir sind gestürzt	wir waren gestürzt	wir würden stürzen
ihr seid gestürzt	ihr wart gestürzt	ihr würdet stürzen
Sie sind gestürzt	Sie waren gestürzt	Sie würden stürzen
sie sind gestürzt	sie waren gestürzt	sie würden stürzen

SUBJUNCTIVE

PRESENT	PERFECT
ich stürze	ich sei gestürzt
du stürzest	du sei(e)st gestürzt
er/sie stürze	er/sie sei gestürzt
wir stürzen	wir seien gestürzt
ihr stürzet	ihr seiet gestürzt
Sie stürzen	Sie seien gestürzt
sie stürzen	sie seien gestürzt

IMPERFECT	PLUPERFECT
ich stürzte	ich wäre gestürzt
du stürztest	du wär(e)st gestürzt
er/sie stürzte	er/sie wäre gestürzt
wir stürzten	wir wären gestürzt
ihr stürztet	ihr wär(e)t gestürzt
Sie stürzten	Sie wären gestürzt
sie stürzten	sie wären gestürzt

FUTURE PERFECT

ich werde gestürzt sein
du wirst gestürzt sein *etc*

INFINITIVE

PRESENT
stürzen

PAST
gestürzt sein

PARTICIPLE

PRESENT
stürzend

PAST
gestürzt

IMPERATIVE

stürz(e)!
stürzt!
stürzen Sie!
stürzen wir!

TRAGEN
to carry, wear

PRESENT	**IMPERFECT**	**FUTURE**
ich trage	ich trug	ich werde tragen
du trägst	du trugst	du wirst tragen
er/sie trägt	er/sie trug	er/sie wird tragen
wir tragen	wir trugen	wir werden tragen
ihr tragt	ihr trugt	ihr werdet tragen
Sie tragen	Sie trugen	Sie werden tragen
sie tragen	sie trugen	sie werden tragen

PERFECT	**PLUPERFECT**	**CONDITIONAL**
ich habe getragen	ich hatte getragen	ich würde tragen
du hast getragen	du hattest getragen	du würdest tragen
er/sie hat getragen	er/sie hatte getragen	er/sie würde tragen
wir haben getragen	wir hatten getragen	wir würden tragen
ihr habt getragen	ihr hattet getragen	ihr würdet tragen
Sie haben getragen	Sie hatten getragen	Sie würden tragen
sie haben getragen	sie hatten getragen	sie würden tragen

SUBJUNCTIVE

PRESENT	**PERFECT**
ich trage	ich habe getragen
du tragest	du habest getragen
er/sie trage	er/sie habe getragen
wir tragen	wir haben getragen
ihr traget	ihr habet getragen
Sie tragen	Sie haben getragen
sie tragen	sie haben getragen

IMPERFECT	**PLUPERFECT**
ich trüge	ich hätte getragen
du trügest	du hättest getragen
er/sie trüge	er/sie hätte getragen
wir trügen	wir hätten getragen
ihr trüget	ihr hättet getragen
Sie trügen	Sie hätten getragen
sie trügen	sie hätten getragen

FUTURE PERFECT

ich werde getragen
haben
du wirst getragen
haben *etc*

INFINITIVE

PRESENT
tragen

PAST
getragen haben

PARTICIPLE

PRESENT
tragend

PAST
getragen

IMPERATIVE

trag(e)!
tragt!
tragen Sie!
tragen wir!

172

TREFFEN
to meet, hit

PRESENT	IMPERFECT	FUTURE
ich treffe	ich traf	ich werde treffen
du triffst	du trafst	du wirst treffen
er/sie trifft	er/sie traf	er/sie wird treffen
wir treffen	wir trafen	wir werden treffen
ihr trefft	ihr traft	ihr werdet treffen
Sie treffen	Sie trafen	Sie werden treffen
sie treffen	sie trafen	sie werden treffen

PERFECT	PLUPERFECT	CONDITIONAL
ich habe getroffen	ich hatte getroffen	ich würde treffen
du hast getroffen	du hattest getroffen	du würdest treffen
er/sie hat getroffen	er/sie hatte getroffen	er/sie würde treffen
wir haben getroffen	wir hatten getroffen	wir würden treffen
ihr habt getroffen	ihr hattet getroffen	ihr würdet treffen
Sie haben getroffen	Sie hatten getroffen	Sie würden treffen
sie haben getroffen	sie hatten getroffen	sie würden treffen

SUBJUNCTIVE

PRESENT	PERFECT	INFINITIVE
		PRESENT
ich treffe	ich habe getroffen	treffen
du treffest	du habest getroffen	PAST
er/sie treffe	er/sie habe getroffen	getroffen haben
wir treffen	wir haben getroffen	
ihr treffet	ihr habet getroffen	PARTICIPLE
Sie treffen	Sie haben getroffen	PRESENT
sie treffen	sie haben getroffen	treffend

IMPERFECT	PLUPERFECT	PAST
ich träfe	ich hätte getroffen	getroffen
du träfest	du hättest getroffen	
er/sie träfe	er/sie hätte getroffen	IMPERATIVE
wir träfen	wir hätten getroffen	
ihr träfet	ihr hättet getroffen	triff!
Sie träfen	Sie hätten getroffen	trefft!
sie träfen	sie hätten getroffen	treffen Sie!
		treffen wir!

FUTURE PERFECT

ich werde getroffen
haben
du wirst getroffen haben
etc

to drive, float

PRESENT	IMPERFECT	FUTURE
ich treibe	ich trieb	ich werde treiben
du treibst	du triebst	du wirst treiben
er/sie treibt	er/sie trieb	er/sie wird treiben
wir treiben	wir trieben	wir werden treiben
ihr treibt	ihr triebt	ihr werdet treiben
Sie treiben	Sie trieben	Sie werden treiben
sie treiben	sie trieben	sie werden treiben

PERFECT (1)	PLUPERFECT (2)	CONDITIONAL
ich habe getrieben	ich hatte getrieben	ich würde treiben
du hast getrieben	du hattest getrieben	du würdest treiben
er/sie hat getrieben	er/sie hatte getrieben	er/sie würde treiben
wir haben getrieben	wir hatten getrieben	wir würden treiben
ihr habt getrieben	ihr hattet getrieben	ihr würdet treiben
Sie haben getrieben	Sie hatten getrieben	Sie würden treiben
sie haben getrieben	sie hatten getrieben	sie würden treiben

SUBJUNCTIVE

PRESENT	PERFECT (3)
ich treibe	ich habe getrieben
du treibest	du habest getrieben
er/sie treibe	er/sie habe getrieben
wir treiben	wir haben getrieben
ihr treibet	ihr habet getrieben
Sie treiben	Sie haben getrieben
sie treiben	sie haben getrieben

IMPERFECT	PLUPERFECT (4)
ich triebe	ich hätte getrieben
du triebest	du hättest getrieben
er/sie triebe	er/sie hätte getrieben
wir trieben	wir hätten getrieben
ihr triebet	ihr hättet getrieben
Sie trieben	Sie hätten getrieben
sie trieben	sie hätten getrieben

INFINITIVE

PRESENT
treiben

PAST (6)
getrieben haben

PARTICIPLE

PRESENT
treibend

PAST
getrieben

IMPERATIVE

treib(e)!
treibt!
treiben Sie!
treiben wir!

FUTURE PERFECT (5)	NOTE
ich werde getrieben haben	*also intransitive ('to drift'): (1)* ich bin getrieben *etc (2)* ich war getrieben *etc (3)* ich sei getrieben *etc (4)* ich wäre getrieben *etc (5)* ich werde getrieben sein *etc (6)* getrieben sein
du wirst getrieben haben	
etc	

TRETEN
to kick, tread

PRESENT	IMPERFECT	FUTURE
ich trete	ich trat	ich werde treten
du trittst	du tratst	du wirst treten
er/sie tritt	er/sie trat	er/sie wird treten
wir treten	wir traten	wir werden treten
ihr tretet	ihr tratet	ihr werdet treten
Sie treten	Sie traten	Sie werden treten
sie treten	sie traten	sie werden treten

PERFECT (1)	PLUPERFECT (2)	CONDITIONAL
ich habe getreten	ich hatte getreten	ich würde treten
du hast getreten	du hattest getreten	du würdest treten
er/sie hat getreten	er/sie hatte getreten	er/sie würde treten
wir haben getreten	wir hatten getreten	wir würden treten
ihr habt getreten	ihr hattet getreten	ihr würdet treten
Sie haben getreten	Sie hatten getreten	Sie würden treten
sie haben getreten	sie hatten getreten	sie würden treten

SUBJUNCTIVE

PRESENT	PERFECT (3)
ich trete	ich habe getreten
du tretest	du habest getreten
er/sie trete	er/sie habe getreten
wir treten	wir haben getreten
ihr tretet	ihr habet getreten
Sie treten	Sie haben getreten
sie treten	sie haben getreten

IMPERFECT	PLUPERFECT (4)
ich träte	ich hätte getreten
du trätest	du hättest getreten
er/sie träte	er/sie hätte getreten
wir träten	wir hätten getreten
ihr trätet	ihr hättet getreten
Sie träten	Sie hätten getreten
sie träten	sie hätten getreten

INFINITIVE

PRESENT
treten

PAST (6)
getreten haben

PARTICIPLE

PRESENT
tretend

PAST
getreten

IMPERATIVE

tritt!
tretet!
treten Sie!
treten wir!

FUTURE PERFECT (5)
ich werde getreten haben
du wirst getreten haben
etc

NOTE

also intransitive ('to step'): (1) ich bin getreten etc (2) ich war getreten etc (3) ich sei getreten etc (4) ich wäre getreten etc (5) ich werde getreten sein etc (6) getreten sein

TRINKEN
to drink

PRESENT	IMPERFECT	FUTURE
ich trinke	ich trank	ich werde trinken
du trinkst	du trankst	du wirst trinken
er/sie trinkt	er/sie trank	er/sie wird trinken
wir trinken	wir tranken	wir werden trinken
ihr trinkt	ihr trankt	ihr werdet trinken
Sie trinken	Sie tranken	Sie werden trinken
sie trinken	sie tranken	sie werden trinken

PERFECT	PLUPERFECT	CONDITIONAL
ich habe getrunken	ich hatte getrunken	ich würde trinken
du hast getrunken	du hattest getrunken	du würdest trinken
er/sie hat getrunken	er/sie hatte getrunken	er/sie würde trinken
wir haben getrunken	wir hatten getrunken	wir würden trinken
ihr habt getrunken	ihr hattet getrunken	ihr würdet trinken
Sie haben getrunken	Sie hatten getrunken	Sie würden trinken
sie haben getrunken	sie hatten getrunken	sie würden trinken

SUBJUNCTIVE

PRESENT	PERFECT
ich trinke	ich habe getrunken
du trinkest	du habest getrunken
er/sie trinke	er/sie habe getrunken
wir trinken	wir haben getrunken
ihr trinket	ihr habet getrunken
Sie trinken	Sie haben getrunken
sie trinken	sie haben getrunken

IMPERFECT	PLUPERFECT
ich tränke	ich hätte getrunken
du tränkest	du hättest getrunken
er/sie tränke	er/sie hätte getrunken
wir tränken	wir hätten getrunken
ihr tränket	ihr hättet getrunken
Sie tränken	Sie hätten getrunken
sie tränken	sie hätten getrunken

INFINITIVE

PRESENT
trinken

PAST
getrunken haben

PARTICIPLE

PRESENT
trinkend

PAST
getrunken

IMPERATIVE

trink(e)!
trinkt!
trinken Sie!
trinken wir!

FUTURE PERFECT

ich werde getrunken
haben
du wirst getrunken haben
etc

TROCKNEN
to dry

PRESENT	IMPERFECT	FUTURE
ich trockne	ich trocknete	ich werde trocknen
du trocknest	du trocknetest	du wirst trocknen
er/sie trocknet	er/sie trocknete	er/sie wird trocknen
wir trocknen	wir trockneten	wir werden trocknen
ihr trocknet	ihr trocknetet	ihr werdet trocknen
Sie trocknen	Sie trockneten	Sie werden trocknen
sie trocknen	sie trockneten	sie werden trocknen

PERFECT	PLUPERFECT	CONDITIONAL
ich habe getrocknet	ich hatte getrocknet	ich würde trocknen
du hast getrocknet	du hattest getrocknet	du würdest trocknen
er/sie hat getrocknet	er/sie hatte getrocknet	er/sie würde trocknen
wir haben getrocknet	wir hatten getrocknet	wir würden trocknen
ihr habt getrocknet	ihr hattet getrocknet	ihr würdet trocknen
Sie haben getrocknet	Sie hatten getrocknet	Sie würden trocknen
sie haben getrocknet	sie hatten getrocknet	sie würden trocknen

SUBJUNCTIVE

PRESENT	PERFECT
ich trockne	ich habe getrocknet
du trocknest	du habest getrocknet
er/sie trockne	er/sie habe getrocknet
wir trocknen	wir haben getrocknet
ihr trocknet	ihr habet getrocknet
Sie trocknen	Sie haben getrocknet
sie trocknen	sie haben getrocknet

IMPERFECT	PLUPERFECT
ich trocknete	ich hätte getrocknet
du trocknetest	du hättest getrocknet
er/sie trocknete	er/sie hätte getrocknet
wir trockneten	wir hätten getrocknet
ihr trocknetet	ihr hättet getrocknet
Sie trockneten	Sie hätten getrocknet
sie trockneten	sie hätten getrocknet

INFINITIVE

PRESENT
trocknen

PAST
getrocknet haben

PARTICIPLE

PRESENT
trocknend

PAST
getrocknet

IMPERATIVE

trockne!
trocknet!
trocknen Sie!
trocknen wir!

FUTURE PERFECT

ich werde getrocknet
haben
du wirst getrocknet
haben *etc*

TRÜGEN
to deceive

PRESENT	IMPERFECT	FUTURE
ich trüge	ich trog	ich werde trügen
du trügst	du trogst	du wirst trügen
er/sie trügt	er/sie trog	er/sie wird trügen
wir trügen	wir trogen	wir werden trügen
ihr trügt	ihr trogt	ihr werdet trügen
Sie trügen	Sie trogen	Sie werden trügen
sie trügen	sie trogen	sie werden trügen

PERFECT	PLUPERFECT	CONDITIONAL
ich habe getrogen	ich hatte getrogen	ich würde trügen
du hast getrogen	du hattest getrogen	du würdest trügen
er/sie hat getrogen	er/sie hatte getrogen	er/sie würde trügen
wir haben getrogen	wir hatten getrogen	wir würden trügen
ihr habt getrogen	ihr hattet getrogen	ihr würdet trügen
Sie haben getrogen	Sie hatten getrogen	Sie würden trügen
sie haben getrogen	sie hatten getrogen	sie würden trügen

SUBJUNCTIVE

INFINITIVE

PRESENT	PERFECT	
ich trüge	ich habe getrogen	**PRESENT**
du trügest	du habest getrogen	trügen
er/sie trüge	er/sie habe getrogen	**PAST**
wir trügen	wir haben getrogen	getrogen haben
ihr trüget	ihr habet getrogen	
Sie trügen	Sie haben getrogen	
sie trügen	sie haben getrogen	

PARTICIPLE

PRESENT

trügend

IMPERFECT	PLUPERFECT	
ich tröge	ich hätte getrogen	**PAST**
du trögest	du hättest getrogen	getrogen
er/sie tröge	er/sie hätte getrogen	
wir trögen	wir hätten getrogen	### IMPERATIVE
ihr tröget	ihr hättet getrogen	
Sie trögen	Sie hätten getrogen	trüg(e)!
sie trögen	sie hätten getrogen	trügt!
		trügen Sie!
		trügen wir!

FUTURE PERFECT

ich werde getrogen
haben
du wirst getrogen
haben *etc*

TUN
to do

PRESENT	IMPERFECT	FUTURE
ich tue	ich tat	ich werde tun
du tust	du tatst	du wirst tun
er/sie tut	er/sie tat	er/sie wird tun
wir tun	wir taten	wir werden tun
ihr tut	ihr tatet	ihr werdet tun
Sie tun	Sie taten	Sie werden tun
sie tun	sie taten	sie werden tun

PERFECT	PLUPERFECT	CONDITIONAL
ich habe getan	ich hatte getan	ich würde tun
du hast getan	du hattest getan	du würdest tun
er/sie hat getan	er/sie hatte getan	er/sie würde tun
wir haben getan	wir hatten getan	wir würden tun
ihr habt getan	ihr hattet getan	ihr würdet tun
Sie haben getan	Sie hatten getan	Sie würden tun
sie haben getan	sie hatten getan	sie würden tun

SUBJUNCTIVE

PRESENT	PERFECT
ich tue	ich habe getan
du tuest	du habest getan
er/sie tue	er/sie habe getan
wir tuen	wir haben getan
ihr tuet	ihr habet getan
Sie tuen	Sie haben getan
sie tuen	sie haben getan

IMPERFECT	PLUPERFECT
ich täte	ich hätte getan
du tätest	du hättest getan
er/sie täte	er/sie hätte getan
wir täten	wir hätten getan
ihr tätet	ihr hättet getan
Sie täten	Sie hätten getan
sie täten	sie hätten getan

FUTURE PERFECT

ich werde getan haben
du wirst getan haben *etc*

INFINITIVE

PRESENT
tun

PAST
getan haben

PARTICIPLE

PRESENT
tuend

PAST
getan

IMPERATIVE

tu(e)!
tut!
tun Sie!
tun wir!

to spoil, ruin

PRESENT	IMPERFECT	FUTURE
ich verderbe	ich verdarb	ich werde verderben
du verdirbst	du verdarbst	du wirst verderben
er/sie verdirbt	er/sie verdarb	er/sie wird verderben
wir verderben	wir verdarben	wir werden verderben
ihr verderbt	ihr verdarbt	ihr werdet verderben
Sie verderben	Sie verdarben	Sie werden verderben
sie verderben	sie verdarben	sie werden verderben

PERFECT (1)	PLUPERFECT (2)	CONDITIONAL
ich habe verdorben	ich hatte verdorben	ich würde verderben
du hast verdorben	du hattest verdorben	du würdest verderben
er/sie hat verdorben	er/sie hatte verdorben	er/sie würde verderben
wir haben verdorben	wir hatten verdorben	wir würden verderben
ihr habt verdorben	ihr hattet verdorben	ihr würdet verderben
Sie haben verdorben	Sie hatten verdorben	Sie würden verderben
sie haben verdorben	sie hatten verdorben	sie würden verderben

SUBJUNCTIVE

PRESENT	PERFECT (3)
ich verderbe	ich habe verdorben
du verderbest	du habest verdorben
er/sie verderbe	er/sie habe verdorben
wir verderben	wir haben verdorben
ihr verderbet	ihr habet verdorben
Sie verderben	Sie haben verdorben
sie verderben	sie haben verdorben

IMPERFECT	PLUPERFECT (4)
ich verdürbe	ich hätte verdorben
du verdürbest	du hättest verdorben
er/sie verdürbe	er/sie hätte verdorben
wir verdürben	wir hätten verdorben
ihr verdürbet	ihr hättet verdorben
Sie verdürben	Sie hätten verdorben
sie verdürben	sie hätten verdorben

INFINITIVE

PRESENT
verderben

PAST (6)
verdorben haben

PARTICIPLE

PRESENT
verderbend

PAST
verdorben

IMPERATIVE

verdirb!
verderbt!
verderben Sie!
verderben wir!

FUTURE PERFECT (5)

ich werde verdorben
haben
du wirst verdorben haben
etc

NOTE

also intransitive ('to be ruined, go bad'): (1) ich bin
verdorben etc (2) ich war verdorben etc (3) ich sei
verdorben etc (4) ich wäre verdorben etc (5) ich
werde verdorben sein etc (6) verdorben sein etc

VERDRIESSEN
to irritate, annoy

PRESENT	IMPERFECT	FUTURE
ich verdrieße	ich verdroß	ich werde verdrießen
du verdrießt	du verdrossest	du wirst verdrießen
er/sie verdrießt	er/sie verdroß	er/sie wird verdrießen
wir verdrießen	wir verdrossen	wir werden verdrießen
ihr verdrießt	ihr verdroßt	ihr werdet verdrießen
Sie verdrießen	Sie verdrossen	Sie werden verdrießen
sie verdrießen	sie verdrossen	sie werden verdrießen

PERFECT	PLUPERFECT	CONDITIONAL
ich habe verdrossen	ich hatte verdrossen	ich würde verdrießen
du hast verdrossen	du hattest verdrossen	du würdest verdrießen
er/sie hat verdrossen	er/sie hatte verdrossen	er/sie würde verdrießen
wir haben verdrossen	wir hatten verdrossen	wir würden verdrießen
ihr habt verdrossen	ihr hattet verdrossen	ihr würdet verdrießen
Sie haben verdrossen	Sie hatten verdrossen	Sie würden verdrießen
sie haben verdrossen	sie hatten verdrossen	sie würden verdrießen

SUBJUNCTIVE

PRESENT	PERFECT	INFINITIVE
ich verdrieße	ich habe verdrossen	**PRESENT** verdrießen
du verdrießest	du habest verdrossen	**PAST** verdrossen haben
er/sie verdrieße	er/sie habe verdrossen	
wir verdrießen	wir haben verdrossen	
ihr verdrießet	ihr habet verdrossen	**PARTICIPLE**
Sie verdrießen	Sie haben verdrossen	**PRESENT** verdrießend
sie verdrießen	sie haben verdrossen	

IMPERFECT	PLUPERFECT	PAST verdrossen
ich verdrösse	ich hätte verdrossen	
du verdrössest	du hättest verdrossen	**IMPERATIVE**
er/sie verdrösse	er/sie hätte verdrossen	
wir verdrössen	wir hätten verdrossen	verdrieß(e)!
ihr verdrösset	ihr hättet verdrossen	verdrießt!
Sie verdrössen	Sie hätten verdrossen	verdrießen Sie!
sie verdrössen	sie hätten verdrossen	verdrießen wir!

FUTURE PERFECT

ich werde verdrossen
haben
du wirst verdrossen
haben *etc*

VERGESSEN
to forget

PRESENT	IMPERFECT	FUTURE
ich vergesse	ich vergaß	ich werde vergessen
du vergißt	du vergaßt	du wirst vergessen
er/sie vergißt	er/sie vergaß	er/sie wird vergessen
wir vergessen	wir vergaßen	wir werden vergessen
ihr vergeßt	ihr vergaßt	ihr werdet vergessen
Sie vergessen	Sie vergaßen	Sie werden vergessen
sie vergessen	sie vergaßen	sie werden vergessen

PERFECT	PLUPERFECT	CONDITIONAL
ich habe vergessen	ich hatte vergessen	ich würde vergessen
du hast vergessen	du hattest vergessen	du würdest vergessen
er/sie hat vergessen	er/sie hatte vergessen	er/sie würde vergessen
wir haben vergessen	wir hatten vergessen	wir würden vergessen
ihr habt vergessen	ihr hattet vergessen	ihr würdet vergessen
Sie haben vergessen	Sie hatten vergessen	Sie würden vergessen
sie haben vergessen	sie hatten vergessen	sie würden vergessen

SUBJUNCTIVE

PRESENT	PERFECT
ich vergesse	ich habe vergessen
du vergessest	du habest vergessen
er/sie vergesse	er/sie habe vergessen
wir vergessen	wir haben vergessen
ihr vergesset	ihr habet vergessen
Sie vergessen	Sie haben vergessen
sie vergessen	sie haben vergessen

IMPERFECT	PLUPERFECT
ich vergäße	ich hätte vergessen
du vergäßest	du hättest vergessen
er/sie vergäße	er/sie hätte vergessen
wir vergäßen	wir hätten vergessen
ihr vergäßet	ihr hättet vergessen
Sie vergäßen	Sie hätten vergessen
sie vergäßen	sie hätten vergessen

FUTURE PERFECT

ich werde vergessen
haben
du wirst vergessen
haben *etc*

INFINITIVE

PRESENT
vergessen
PAST
vergessen haben

PARTICIPLE

PRESENT
vergessend
PAST
vergessen

IMPERATIVE

vergiß!
vergeßt!
vergessen Sie!
vergessen wir!

VERLIEREN
to lose

PRESENT	IMPERFECT	FUTURE
ich verliere	ich verlor	ich werde verlieren
du verlierst	du verlorst	du wirst verlieren
er/sie verliert	er/sie verlor	er/sie wird verlieren
wir verlieren	wir verloren	wir werden verlieren
ihr verliert	ihr verlort	ihr werdet verlieren
Sie verlieren	Sie verloren	Sie werden verlieren
sie verlieren	sie verloren	sie werden verlieren

PERFECT	PLUPERFECT	CONDITIONAL
ich habe verloren	ich hatte verloren	ich würde verlieren
du hast verloren	du hattest verloren	du würdest verlieren
er/sie hat verloren	er/sie hatte verloren	er/sie würde verlieren
wir haben verloren	wir hatten verloren	wir würden verlieren
ihr habt verloren	ihr hattet verloren	ihr würdet verlieren
Sie haben verloren	Sie hatten verloren	Sie würden verlieren
sie haben verloren	sie hatten verloren	sie würden verlieren

SUBJUNCTIVE

PRESENT	PERFECT
ich verliere	ich habe verloren
du verlierest	du habest verloren
er/sie verliere	er/sie habe verloren
wir verlieren	wir haben verloren
ihr verlieret	ihr habet verloren
Sie verlieren	Sie haben verloren
sie verlieren	sie haben verloren

IMPERFECT	PLUPERFECT
ich verlöre	ich hätte verloren
du verlörest	du hättest verloren
er/sie verlöre	er/sie hätte verloren
wir verlören	wir hätten verloren
ihr verlöret	ihr hättet verloren
Sie verlören	Sie hätten verloren
sie verlören	sie hätten verloren

FUTURE PERFECT
ich werde verloren haben
du wirst verloren haben
etc

INFINITIVE

PRESENT
verlieren

PAST
verloren haben

PARTICIPLE

PRESENT
verlierend

PAST
verloren

IMPERATIVE

verlier(e)!
verliert!
verlieren Sie!
verlieren wir!

VERSCHLEISSEN

to wear out

PRESENT	**IMPERFECT**	**FUTURE**
ich verschleiße	ich verschliß	ich werde verschleißen
du verschleißt	du verschliß	du wirst verschleißen
er/sie verschleißt	er/sie verschliß	er/sie wird verschleißen
wir verschleißen	wir verschlissen	wir werden verschleißen
ihr verschleißt	ihr verschließt	ihr werdet verschleißen
Sie verschleißen	Sie verschlissen	Sie werden verschleißen
sie verschleißen	sie verschlissen	sie werden verschleißen

PERFECT *(1)*	**PLUPERFECT** *(2)*	**CONDITIONAL**
ich habe verschlissen	ich hatte verschlissen	ich würde verschleißen
du hast verschlissen	du hattest verschlissen	du würdest verschleißen
er/sie hat verschlissen	er/sie hatte verschlissen	er/sie würde verschleißen
wir haben verschlissen	wir hatten verschlissen	wir würden verschleißen
ihr habt verschlissen	ihr hattet verschlissen	ihr würdet verschleißen
Sie haben verschlissen	Sie hatten verschlissen	Sie würden verschleißen
sie haben verschlissen	sie hatten verschlissen	sie würden verschleißen

SUBJUNCTIVE

PRESENT	**PERFECT** *(3)*	**INFINITIVE**
ich verschleiße	ich habe verschlissen	**PRESENT**
du verschleißest	du habest verschlissen	verschleißen
er/sie verschleiße	er/sie habe verschlissen	**PAST** *(6)*
wir verschleißen	wir haben verschlissen	verschlissen haben
ihr verschleißet	ihr habet verschlissen	
Sie verschleißen	Sie haben verschlissen	**PARTICIPLE**
sie verschleißen	sie haben verschlissen	**PRESENT**
		verschleißend

IMPERFECT	**PLUPERFECT** *(4)*	**PAST**
ich verschlisse	ich hätte verschlissen	verschlissen
du verschlissest	du hättest verschlissen	
er/sie verschlisse	er/sie hätte verschlissen	**IMPERATIVE**
wir verschlissen	wir hätten verschlissen	
ihr verschlisset	ihr hättet verschlissen	verschleiß(e)!
Sie verschlissen	Sie hätten verschlissen	verschleißt!
sie verschlissen	sie hätten verschlissen	verschleißen Sie!
		verschleißen wir!

FUTURE PERFECT *(5)*
ich werde verschlissen haben
du wirst verschlissen haben *etc*

NOTE

also intransitive: (1) ich bin verschlissen *etc (2)* ich war verschlissen *etc (3)* ich sei verschlissen *etc (4)* ich wäre verschlissen *etc (5)* ich werde verschlissen sein *etc (6)* verschlissen sein

184 VERZEIHEN
to forgive

PRESENT	IMPERFECT	FUTURE
ich verzeihe	ich verzieh	ich werde verzeihen
du verzeihst	du verziehst	du wirst verzeihen
er/sie verzeiht	er/sie verzieh	er/sie wird verzeihen
wir verzeihen	wir verziehen	wir werden verzeihen
ihr verzeiht	ihr verzieht	ihr werdet verzeihen
Sie verzeihen	Sie verziehen	Sie werden verzeihen
sie verzeihen	sie verziehen	sie werden verzeihen

PERFECT	PLUPERFECT	CONDITIONAL
ich habe verziehen	ich hatte verziehen	ich würde verzeihen
du hast verziehen	du hattest verziehen	du würdest verzeihen
er/sie hat verziehen	er/sie hatte verziehen	er/sie würde verzeihen
wir haben verziehen	wir hatten verziehen	wir würden verzeihen
ihr habt verziehen	ihr hattet verziehen	ihr würdet verzeihen
Sie haben verziehen	Sie hatten verziehen	Sie würden verzeihen
sie haben verziehen	sie hatten verziehen	sie würden verzeihen

SUBJUNCTIVE

PRESENT	PERFECT
ich verzeihe	ich habe verziehen
du verzeihest	du habest verziehen
er/sie verzeihe	er/sie habe verziehen
wir verzeihen	wir haben verziehen
ihr verzeihet	ihr habet verziehen
Sie verzeihen	Sie haben verziehen
sie verzeihen	sie haben verziehen

IMPERFECT	PLUPERFECT
ich verziehe	ich hätte verziehen
du verziehest	du hättest verziehen
er/sie verziehe	er/sie hätte verziehen
wir verziehen	wir hätten verziehen
ihr verziehet	ihr hättet verziehen
Sie verziehen	Sie hätten verziehen
sie verziehen	sie hätten verziehen

INFINITIVE
PRESENT
verzeihen
PAST
verziehen haben

PARTICIPLE
PRESENT
verzeihend
PAST
verziehen

IMPERATIVE
verzeih(e)!
verzeiht!
verzeihen Sie!
verzeihen wir!

FUTURE PERFECT
ich werde verziehen
haben
du wirst verziehen haben
etc

NOTE
takes the dative: ich verzeihe ihm, ich habe ihm
verziehen *etc*

PRESENT	IMPERFECT	FUTURE
ich habe vor	ich hatte vor	ich werde vorhaben
du hast vor	du hattest vor	du wirst vorhaben
er/sie hat vor	er/sie hatte vor	er/sie wird vorhaben
wir haben vor	wir hatten vor	wir werden vorhaben
ihr habt vor	ihr hattet vor	ihr werdet vorhaben
Sie haben vor	Sie hatten vor	Sie werden vorhaben
sie haben vor	sie hatten vor	sie werden vorhaben

PERFECT	PLUPERFECT	CONDITIONAL
ich habe vorgehabt	ich hatte vorgehabt	ich würde vorhaben
du hast vorgehabt	du hattest vorgehabt	du würdest vorhaben
er/sie hat vorgehabt	er/sie hatte vorgehabt	er/sie würde vorhaben
wir haben vorgehabt	wir hatten vorgehabt	wir würden vorhaben
ihr habt vorgehabt	ihr hattet vorgehabt	ihr würdet vorhaben
Sie haben vorgehabt	Sie hatten vorgehabt	Sie würden vorhaben
sie haben vorgehabt	sie hatten vorgehabt	sie würden vorhaben

SUBJUNCTIVE

PRESENT	PERFECT
ich habe vor	ich habe vorgehabt
du habest vor	du habest vorgehabt
er/sie habe vor	er/sie habe vorgehabt
wir haben vor	wir haben vorgehabt
ihr habet vor	ihr habet vorgehabt
Sie haben vor	Sie haben vorgehabt
sie haben vor	sie haben vorgehabt

IMPERFECT	PLUPERFECT
ich hätte vor	ich hätte vorgehabt
du hättest vor	du hättest vorgehabt
er/sie hätte vor	er/sie hätte vorgehabt
wir hätten vor	wir hätten vorgehabt
ihr hättet vor	ihr hättet vorgehabt
Sie hätten vor	Sie hätten vorgehabt
sie hätten vor	sie hätten vorgehabt

INFINITIVE

PRESENT
vorhaben

PAST
vorgehabt haben

PARTICIPLE

PRESENT
vorhabend

PAST
vorgehabt

IMPERATIVE

hab(e) vor!
habt vor!
haben Sie vor!
haben wir vor!

FUTURE PERFECT

ich werde vorgehabt
haben
du wirst vorgehabt haben
etc

PRESENT	IMPERFECT	FUTURE
ich wachse	ich wuchs	ich werde wachsen
du wächst	du wuchsest	du wirst wachsen
er/sie wächst	er/sie wuchs	er/sie wird wachsen
wir wachsen	wir wuchsen	wir werden wachsen
ihr wachst	ihr wuchst	ihr werdet wachsen
Sie wachsen	Sie wuchsen	Sie werden wachsen
sie wachsen	sie wuchsen	sie werden wachsen

PERFECT	PLUPERFECT	CONDITIONAL
ich bin gewachsen	ich war gewachsen	ich würde wachsen
du bist gewachsen	du warst gewachsen	du würdest wachsen
er/sie ist gewachsen	er/sie war gewachsen	er/sie würde wachsen
wir sind gewachsen	wir waren gewachsen	wir würden wachsen
ihr seid gewachsen	ihr wart gewachsen	ihr würdet wachsen
Sie sind gewachsen	Sie waren gewachsen	Sie würden wachsen
sie sind gewachsen	sie waren gewachsen	sie würden wachsen

SUBJUNCTIVE

PRESENT	PERFECT
ich wachse	ich sei gewachsen
du wachsest	du sei(e)st gewachsen
er/sie wachse	er/sie sei gewachsen
wir wachsen	wir seien gewachsen
ihr wachset	ihr seiet gewachsen
Sie wachsen	Sie seien gewachsen
sie wachsen	sie seien gewachsen

IMPERFECT	PLUPERFECT
ich wüchse	ich wäre gewachsen
du wüchsest	du wär(e)st gewachsen
er/sie wüchse	er/sie wäre gewachsen
wir wüchsen	wir wären gewachsen
ihr wüchset	ihr wär(e)t gewachsen
Sie wüchsen	Sie wären gewachsen
sie wüchsen	sie wären gewachsen

INFINITIVE

PRESENT
wachsen

PAST
gewachsen sein

PARTICIPLE

PRESENT
wachsend

PAST
gewachsen

IMPERATIVE

wachs(e)!
wachst!
wachsen Sie!
wachsen wir!

FUTURE PERFECT
ich werde gewachsen sein
du wirst gewachsen sein
etc

NOTE

(1) also a weak verb meaning 'to wax': ich wachste, ich habe gewachst *etc*

PRESENT	IMPERFECT	FUTURE
ich warte	ich wartete	ich werde warten
du wartest	du wartetest	du wirst warten
er/sie wartet	er/sie wartete	er/sie wird warten
wir warten	wir warteten	wir werden warten
ihr wartet	ihr wartetet	ihr werdet warten
Sie warten	Sie warteten	Sie werden warten
sie warten	sie warteten	sie werden warten

PERFECT	PLUPERFECT	CONDITIONAL
ich habe gewartet	ich hatte gewartet	ich würde warten
du hast gewartet	du hattest gewartet	du würdest warten
er/sie hat gewartet	er/sie hatte gewartet	er/sie würde warten
wir haben gewartet	wir hatten gewartet	wir würden warten
ihr habt gewartet	ihr hattet gewartet	ihr würdet warten
Sie haben gewartet	Sie hatten gewartet	Sie würden warten
sie haben gewartet	sie hatten gewartet	sie würden warten

SUBJUNCTIVE

PRESENT	PERFECT
ich warte	ich habe gewartet
du wartest	du habest gewartet
er/sie warte	er/sie habe gewartet
wir warten	wir haben gewartet
ihr wartet	ihr habet gewartet
Sie warten	Sie haben gewartet
sie warten	sie haben gewartet

IMPERFECT	PLUPERFECT
ich wartete	ich hätte gewartet
du wartetest	du hättest gewartet
er/sie wartete	er/sie hätte gewartet
wir warteten	wir hätten gewartet
ihr wartetet	ihr hättet gewartet
Sie warteten	Sie hätten gewartet
sie warteten	sie hätten gewartet

FUTURE PERFECT

ich werde gewartet
haben
du wirst gewartet
haben *etc*

INFINITIVE

PRESENT
warten

PAST
gewartet haben

PARTICIPLE

PRESENT
wartend

PAST
gewartet

IMPERATIVE

warte(e)!
wartet!
warten Sie!
warten wir!

WASCHEN
to wash

PRESENT	IMPERFECT	FUTURE
ich wasche	ich wusch	ich werde waschen
du wäschst	du wuschst	du wirst waschen
er/sie wäscht	er/sie wusch	er/sie wird waschen
wir waschen	wir wuschen	wir werden waschen
ihr wascht	ihr wuscht	ihr werdet waschen
Sie waschen	Sie wuschen	Sie werden waschen
sie waschen	sie wuschen	sie werden waschen

PERFECT	PLUPERFECT	CONDITIONAL
ich habe gewaschen	ich hatte gewaschen	ich würde waschen
du hast gewaschen	du hattest gewaschen	du würdest waschen
er/sie hat gewaschen	er/sie hatte gewaschen	er/sie würde waschen
wir haben gewaschen	wir hatten gewaschen	wir würden waschen
ihr habt gewaschen	ihr hattet gewaschen	ihr würdet waschen
Sie haben gewaschen	Sie hatten gewaschen	Sie würden waschen
sie haben gewaschen	sie hatten gewaschen	sie würden waschen

SUBJUNCTIVE

PRESENT	PERFECT
ich wasche	ich habe gewaschen
du waschest	du habest gewaschen
er/sie wasche	er/sie habe gewaschen
wir waschen	wir haben gewaschen
ihr waschet	ihr habet gewaschen
Sie waschen	Sie haben gewaschen
sie waschen	sie haben gewaschen

IMPERFECT	PLUPERFECT
ich wüsche	ich hätte gewaschen
du wüschest	du hättest gewaschen
er/sie wüsche	er/sie hätte gewaschen
wir wüschen	wir hätten gewaschen
ihr wüschet	ihr hättet gewaschen
Sie wüschen	Sie hätten gewaschen
sie wüschen	sie hätten gewaschen

FUTURE PERFECT

ich werde gewaschen
haben
du wirst gewaschen
haben *etc*

INFINITIVE

PRESENT
waschen
PAST
gewaschen haben

PARTICIPLE

PRESENT
waschend
PAST
gewaschen

IMPERATIVE

wasch(e)!
wascht!
waschen Sie!
waschen wir!

WEBEN
to weave

PRESENT	**IMPERFECT**	**FUTURE**
ich webe	ich wob	ich werde weben
du webst	du wobst	du wirst weben
er/sie webt	er/sie wob	er/sie wird weben
wir weben	wir woben	wir werden weben
ihr webt	ihr wobt	ihr werdet weben
Sie weben	Sie woben	Sie werden weben
sie weben	sie woben	sie werden weben

PERFECT	**PLUPERFECT**	**CONDITIONAL**
ich habe gewoben	ich hatte gewoben	ich würde weben
du hast gewoben	du hattest gewoben	du würdest weben
er/sie hat gewoben	er/sie hatte gewoben	er/sie würde weben
wir haben gewoben	wir hatten gewoben	wir würden weben
ihr habt gewoben	ihr hattet gewoben	ihr würdet weben
Sie haben gewoben	Sie hatten gewoben	Sie würden weben
sie haben gewoben	sie hatten gewoben	sie würden weben

SUBJUNCTIVE

PRESENT	**PERFECT**	*INFINITIVE*
		PRESENT
ich webe	ich habe gewoben	weben
du webest	du habest gewoben	**PAST**
er/sie webe	er/sie habe gewoben	gewoben haben
wir weben	wir haben gewoben	
ihr webet	ihr habet gewoben	*PARTICIPLE*
Sie weben	Sie haben gewoben	**PRESENT**
sie weben	sie haben gewoben	webend

IMPERFECT	**PLUPERFECT**	**PAST**
		gewoben
ich wöbe	ich hätte gewoben	
du wöbest	du hättest gewoben	*IMPERATIVE*
er/sie wöbe	er/sie hätte gewoben	web(e)!
wir wöben	wir hätten gewoben	webt!
ihr wöbet	ihr hättet gewoben	weben Sie!
Sie wöben	Sie hätten gewoben	weben wir!
sie wöben	sie hätten gewoben	

FUTURE PERFECT	**NOTE**
ich werde gewoben haben	*also a weak verb:* ich webte, ich habe gewebt *etc*
du wirst gewoben haben *etc*	

190 WECHSELN
to change

PRESENT	IMPERFECT	FUTURE
ich wechsle	ich wechselte	ich werde wechseln
du wechselst	du wechseltest	du wirst wechseln
er/sie wechselt	er/sie wechselte	er/sie wird wechseln
wir wechseln	wir wechselten	wir werden wechseln
ihr wechselt	ihr wechseltet	ihr werdet wechseln
Sie wechseln	Sie wechselten	Sie werden wechseln
sie wechseln	sie wechselten	sie werden wechseln

PERFECT	PLUPERFECT	CONDITIONAL
ich habe gewechselt	ich hatte gewechselt	ich würde wechseln
du hast gewechselt	du hattest gewechselt	du würdest wechseln
er/sie hat gewechselt	er/sie hatte gewechselt	er/sie würde wechseln
wir haben gewechselt	wir hatten gewechselt	wir würden wechseln
ihr habt gewechselt	ihr hattet gewechselt	ihr würdet wechseln
Sie haben gewechselt	Sie hatten gewechselt	Sie würden wechseln
sie haben gewechselt	sie hatten gewechselt	sie würden wechseln

SUBJUNCTIVE

PRESENT	PERFECT
ich wechsle	ich habe gewechselt
du wechslest	du habest gewechselt
er/sie wechsle	er/sie habe gewechselt
wir wechslen	wir haben gewechselt
ihr wechslen	ihr habet gewechselt
Sie wechslen	Sie haben gewechselt
sie wechslen	sie haben gewechselt

IMPERFECT	PLUPERFECT
ich wechselte	ich hätte gewechselt
du wechseltest	du hättest gewechselt
er/sie wechselte	er/sie hätte gewechselt
wir wechselten	wir hätten gewechselt
ihr wechseltet	ihr hättet gewechselt
Sie wechselten	Sie hätten gewechselt
sie wechselten	sie hätten gewechselt

FUTURE PERFECT

ich werde gewechselt
haben
du wirst gewechselt
haben *etc*

INFINITIVE

PRESENT
wechseln

PAST
gewechselt haben

PARTICIPLE

PRESENT
wechselnd

PAST
gewechselt

IMPERATIVE

wechsel(e)!
wechselt!
wechseln Sie!
wechseln wir!

to hurt oneself

PRESENT	IMPERFECT	FUTURE
ich tue mir weh	ich tat mir weh	ich werde mir weh tun
du tust dir weh	du tatest dir weh	du wirst dir weh tun
er/sie tut sich weh	er/sie tat sich weh	er/sie wird sich weh tun
wir tun uns weh	wir taten uns weh	wir werden uns weh tun
ihr tut euch weh	ihr tatet euch weh	ihr werdet euch weh tun
Sie tun sich weh	Sie taten sich weh	Sie werden sich weh tun
sie tun sich weh	sie taten sich weh	sie werden sich weh tun

PERFECT	PLUPERFECT	CONDITIONAL
ich habe mir weh getan	ich hatte mir weh getan	ich würde mir weh tun
du hast dir weh getan	du hattest dir weh getan	du würdest dir weh tun
er/sie hat sich weh getan	er/sie hatte sich weh getan	er/sie würde sich weh tun
wir haben uns weh getan	wir hatten uns weh getan	wir würden uns weh tun
ihr habt euch weh getan	ihr hattet euch weh getan	ihr würdet euch weh tun
Sie haben sich weh getan	Sie hatten sich weh getan	Sie würden sich weh tun
sie haben sich weh getan	sie hatten sich weh getan	sie würden sich weh tun

SUBJUNCTIVE

PRESENT

	PERFECT	INFINITIVE

PRESENT
sich weh tun

PRESENT	PERFECT
ich tue mir weh	ich habe mir weh getan
du tuest dir weh	du habest dir weh getan
er/sie tue sich weh	er/sie habe sich weh getan
wir tuen uns weh	wir haben uns weh getan
ihr tuet euch weh	ihr habet euch weh getan
Sie tuen sich weh	Sie haben sich weh getan
sie tuen sich weh	sie haben sich weh getan

PAST
sich weh getan haben

PARTICIPLE

PRESENT
mir/sich *etc* weh tuend

IMPERFECT	PLUPERFECT
ich täte mir weh	ich hätte mir weh getan
du tätest dir weh	du hättest dir weh getan
er/sie täte sich weh	er/sie hätte sich weh getan
wir täten uns weh	wir hätten uns weh getan
ihr tätet euch weh	ihr hättet euch weh getan
Sie täten sich weh	Sie hätten sich weh getan
sie täten sich weh	sie hätten sich weh getan

IMPERATIVE

tu(e) dir weh!
tut euch weh!
tun Sie sich weh!
tun wir uns weh!

FUTURE PERFECT

ich werde mir weh getan
haben
du wirst dir weh getan
haben *etc*

WEICHEN
to yield *(1)*

PRESENT	IMPERFECT	FUTURE
ich weiche	ich wich	ich werde weichen
du weichest	du wichst	du wirst weichen
er/sie weicht	er/sie wich	er/sie wird weichen
wir weichen	wir wichen	wir werden weichen
ihr weicht	ihr wicht	ihr werdet weichen
Sie weichen	Sie wichen	Sie werden weichen
sie weichen	sie wichen	sie werden weichen

PERFECT	PLUPERFECT	CONDITIONAL
ich bin gewichen	ich war gewichen	ich würde weichen
du bist gewichen	du warst gewichen	du würdest weichen
er/sie ist gewichen	er/sie war gewichen	er/sie würde weichen
wir sind gewichen	wir waren gewichen	wir würden weichen
ihr seid gewichen	ihr wart gewichen	ihr würdet weichen
Sie sind gewichen	Sie waren gewichen	Sie würden weichen
sie sind gewichen	sie waren gewichen	sie würden weichen

SUBJUNCTIVE

PRESENT	PERFECT
ich weiche	ich sei gewichen
du weichest	du sei(e)st gewichen
er/sie weiche	er/sie sei gewichen
wir weichen	wir seien gewichen
ihr weichet	ihr seiet gewichen
Sie weichen	Sie seien gewichen
sie weichen	sie seien gewichen

IMPERFECT	PLUPERFECT
ich wiche	ich wäre gewichen
du wichest	du wär(e)st gewichen
er/sie wiche	er/sie wäre gewichen
wir wichen	wir wären gewichen
ihr wichet	ihr wär(e)t gewichen
Sie wichen	Sie wären gewichen
sie wichen	sie wären gewichen

INFINITIVE

PRESENT
weichen

PAST
gewichen sein

PARTICIPLE

PRESENT
weichend

PAST
gewichen

IMPERATIVE

weich(e)!
weicht!
weichen Sie!
weichen wir!

FUTURE PERFECT	NOTE
ich werde gewichen sein	*(1) also a weak verb meaning 'to soak':* ich
du wirst gewichen sein *etc*	weichte, ich habe geweicht *etc*

WEISEN
to show

PRESENT	**IMPERFECT**	**FUTURE**
ich weise	ich wies	ich werde weisen
du weist	du wiest	du wirst weisen
er/sie weist	er/sie wies	er/sie wird weisen
wir weisen	wir wiesen	wir werden weisen
ihr weist	ihr wiest	ihr werdet weisen
Sie weisen	Sie wiesen	Sie werden weisen
sie weisen	sie wiesen	sie werden weisen

PERFECT	**PLUPERFECT**	**CONDITIONAL**
ich habe gewiesen	ich hatte gewiesen	ich würde weisen
du hast gewiesen	du hattest gewiesen	du würdest weisen
er/sie hat gewiesen	er/sie hatte gewiesen	er/sie würde weisen
wir haben gewiesen	wir hatten gewiesen	wir würden weisen
ihr habt gewiesen	ihr hattet gewiesen	ihr würdet weisen
Sie haben gewiesen	Sie hatten gewiesen	Sie würden weisen
sie haben gewiesen	sie hatten gewiesen	sie würden weisen

SUBJUNCTIVE

PRESENT	**PERFECT**	*INFINITIVE*
ich weise	ich habe gewiesen	**PRESENT**
du weisest	du habest gewiesen	weisen
er/sie weise	er/sie habe gewiesen	**PAST**
wir weisen	wir haben gewiesen	gewiesen haben
ihr weiset	ihr habet gewiesen	
Sie weisen	Sie haben gewiesen	*PARTICIPLE*
sie weisen	sie haben gewiesen	**PRESENT**
		weisend

IMPERFECT	**PLUPERFECT**	**PAST**
ich wiese	ich hätte gewiesen	gewiesen
du wiesest	du hättest gewiesen	
er/sie wiese	er/sie hätte gewiesen	*IMPERATIVE*
wir wiesen	wir hätten gewiesen	weis(e)!
ihr wieset	ihr hättet gewiesen	weist!
Sie wiesen	Sie hätten gewiesen	weisen Sie!
sie wiesen	sie hätten gewiesen	weisen wir!

FUTURE PERFECT

ich werde gewiesen
haben
du wirst gewiesen haben
etc

194 WENDEN
to turn

PRESENT	**IMPERFECT**	**FUTURE**
ich wende	ich wandte	ich werde wenden
du wendest	du wandtest	du wirst wenden
er/sie wendet	er/sie wandte	er/sie wird wenden
wir wenden	wir wandten	wir werden wenden
ihr wendet	ihr wandtet	ihr werdet wenden
Sie wenden	Sie wandten	Sie werden wenden
sie wenden	sie wandten	sie werden wenden

PERFECT	**PLUPERFECT**	**CONDITIONAL**
ich habe gewandt	ich hatte gewandt	ich würde wenden
du hast gewandt	du hattest gewandt	du würdest wenden
er/sie hat gewandt	er/sie hatte gewandt	er/sie würde wenden
wir haben gewandt	wir hatten gewandt	wir würden wenden
ihr habt gewandt	ihr hattet gewandt	ihr würdet wenden
Sie haben gewandt	Sie hatten gewandt	Sie würden wenden
sie haben gewandt	sie hatten gewandt	sie würden wenden

SUBJUNCTIVE

PRESENT	**PERFECT**
ich wende	ich habe gewandt
du wendest	du habest gewandt
er/sie wende	er/sie habe gewandt
wir wenden	wir haben gewandt
ihr wendet	ihr habet gewandt
Sie wenden	Sie haben gewandt
sie wenden	sie haben gewandt

IMPERFECT	**PLUPERFECT**
ich wendete	ich hätte gewandt
du wendetest	du hättest gewandt
er/sie wendete	er/sie hätte gewandt
wir wendeten	wir hätten gewandt
ihr wendetet	ihr hättet gewandt
Sie wendeten	Sie hätten gewandt
sie wendeten	sie hätten gewandt

INFINITIVE

PRESENT
wenden

PAST
gewandt haben

PARTICIPLE

PRESENT
wendend

PAST
gewandt

IMPERATIVE

wend(e)!
wendet!
wenden Sie!
wenden wir!

FUTURE PERFECT	**NOTE**
ich werde gewandt haben	*also a weak verb:* ich wendete, ich habe gewendet
du wirst gewandt haben	*etc*
etc	

WERBEN
to advertise

PRESENT	IMPERFECT	FUTURE
ich werbe	ich warb	ich werde werben
du wirbst	du warbst	du wirst werben
er/sie wirbt	er/sie warb	er/sie wird werben
wir werben	wir warben	wir werden werben
ihr werbt	ihr warbt	ihr werdet werben
Sie werben	Sie warben	Sie werden werben
sie werben	sie warben	sie werden werben

PERFECT	PLUPERFECT	CONDITIONAL
ich habe geworben	ich hatte geworben	ich würde werben
du hast geworben	du hattest geworben	du würdest werben
er/sie hat geworben	er/sie hatte geworben	er/sie würde werben
wir haben geworben	wir hatten geworben	wir würden werben
ihr habt geworben	ihr hattet geworben	ihr würdet werben
Sie haben geworben	Sie hatten geworben	Sie würden werben
sie haben geworben	sie hatten geworben	sie würden werben

SUBJUNCTIVE

PRESENT	PERFECT
ich werbe	ich habe geworben
du werbest	du habest geworben
er/sie werbe	er/sie habe geworben
wir werben	wir haben geworben
ihr werbet	ihr habet geworben
Sie werben	Sie haben geworben
sie werben	sie haben geworben

IMPERFECT	PLUPERFECT
ich würbe	ich hätte geworben
du würbest	du hättest geworben
er/sie würbe	er/sie hätte geworben
wir würben	wir hätten geworben
ihr würbet	ihr hättet geworben
Sie würben	Sie hätten geworben
sie würben	sic hätten geworben

FUTURE PERFECT

ich werde geworben
haben
du wirst geworben
haben *etc*

INFINITIVE

PRESENT
werben

PAST
geworben haben

PARTICIPLE

PRESENT
werbend

PAST
geworben

IMPERATIVE

wirb!
werbt!
werben Sie!
werben wir!

WERDEN
to become

PRESENT	IMPERFECT	FUTURE
ich werde	ich wurde	ich werde werden
du wirst	du wurdest	du wirst werden
er/sie wird	er/sie wurde	er/sie wird werden
wir werden	wir wurden	wir werden werden
ihr werdet	ihr wurdet	ihr werdet werden
Sie werden	Sie wurden	Sie werden werden
sie werden	sie wurden	sie werden werden

PERFECT (1)	PLUPERFECT (2)	CONDITIONAL
ich bin geworden	ich war geworden	ich würde werden
du bist geworden	du warst geworden	du würdest werden
er/sie ist geworden	er/sie war geworden	er/sie würde werden
wir sind geworden	wir waren geworden	wir würden werden
ihr seid geworden	ihr wart geworden	ihr würdet werden
Sie sind geworden	Sie waren geworden	Sie würden werden
sie sind geworden	sie waren geworden	sie würden werden

SUBJUNCTIVE

PRESENT	PERFECT (3)	INFINITIVE
ich werde	ich sei geworden	**PRESENT**
du werdest	du sei(e)st geworden	werden
er/sie werde	er/sie sei geworden	**PAST** (6)
wir werden	wir seien geworden	geworden sein
ihr werdet	ihr seiet geworden	
Sie werden	Sie seien geworden	*PARTICIPLE*
sie werden	sie seien geworden	**PRESENT**
		werdend

IMPERFECT	PLUPERFECT (4)	PAST
ich würde	ich wäre geworden	geworden
du würdest	du wär(e)st geworden	
er/sie würde	er/sie wäre geworden	*IMPERATIVE*
wir würden	wir wären geworden	werde!
ihr würdet	ihr wär(e)t geworden	werdet!
Sie würden	Sie wären geworden	werden Sie!
sie würden	sie wären geworden	werden wir!

FUTURE PERFECT (5) **NOTE**

ich werde geworden sein
du wirst geworden sein
etc

when preceded by a past participle to form the passive: (1) ich bin ... worden *etc* (2) ich war ... worden *etc* (3) ich sei ... worden *etc* (4) ich wäre ... worden *etc* (5) ich werde ... worden sein *etc* (6) ... worden sein

to throw

PRESENT

ich werfe
du wirfst
er/sie wirft
wir werfen
ihr werft
Sie werfen
sie werfen

IMPERFECT

ich warf
du warfst
er/sie warf
wir warfen
ihr warft
Sie warfen
sie warfen

FUTURE

ich werde werfen
du wirst werfen
er/sie wird werfen
wir werden werfen
ihr werdet werfen
Sie werden werfen
sie werden werfen

PERFECT

ich habe geworfen
du hast geworfen
er/sie hat geworfen
wir haben geworfen
ihr habt geworfen
Sie haben geworfen
sie haben geworfen

PLUPERFECT

ich hatte geworfen
du hattest geworfen
er/sie hatte geworfen
wir hatten geworfen
ihr hattet geworfen
Sie hatten geworfen
sie hatten geworfen

CONDITIONAL

ich würde werfen
du würdest werfen
er/sie würde werfen
wir würden werfen
ihr würdet werfen
Sie würden werfen
sie würden werfen

SUBJUNCTIVE

PRESENT

ich werfe
du werfest
er/sie werfe
wir werfen
ihr werfet
Sie werfen
sie werfen

PERFECT

ich habe geworfen
du habest geworfen
er/sie habe geworfen
wir haben geworfen
ihr habet geworfen
Sie haben geworfen
sie haben geworfen

INFINITIVE

PRESENT

werfen

PAST

geworfen haben

PARTICIPLE

PRESENT

werfend

IMPERFECT

ich würfe
du würfest
er/sie würfe
wir würfen
ihr würfet
Sie würfen
sie würfen

PLUPERFECT

ich hätte geworfen
du hättest geworfen
er/sie hätte geworfen
wir hätten geworfen
ihr hättet geworfen
Sie hätten geworfen
sie hätten geworfen

PAST

geworfen

IMPERATIVE

wirf!
werft!
werfen Sie!
werfen wir!

FUTURE PERFECT

ich werde geworfen
haben
du wirst geworfen haben
etc

WIDMEN
to dedicate

PRESENT	IMPERFECT	FUTURE
ich widme	ich widmete	ich werde widmen
du widmest	du widmetest	du wirst widmen
er/sie widmet	er/sie widmete	er/sie wird widmen
wir widmen	wir widmeten	wir werden widmen
ihr widmet	ihr widmetet	ihr werdet widmen
Sie widmen	Sie widmeten	Sie werden widmen
sie widmen	sie widmeten	sie werden widmen

PERFECT	PLUPERFECT	CONDITIONAL
ich habe gewidmet	ich hatte gewidmet	ich würde widmen
du hast gewidmet	du hattest gewidmet	du würdest widmen
er/sie hat gewidmet	er/sie hatte gewidmet	er/sie würde widmen
wir haben gewidmet	wir hatten gewidmet	wir würden widmen
ihr habt gewidmet	ihr hattet gewidmet	ihr würdet widmen
Sie haben gewidmet	Sie hatten gewidmet	Sie würden widmen
sie haben gewidmet	sie hatten gewidmet	sie würden widmen

SUBJUNCTIVE

PRESENT	PERFECT
ich widme	ich habe gewidmet
du widmest	du habest gewidmet
er/sie widme	er/sie habe gewidmet
wir widmen	wir haben gewidmet
ihr widmet	ihr habet gewidmet
Sie widmen	Sie haben gewidmet
sie widmen	sie haben gewidmet

IMPERFECT	PLUPERFECT
ich widmete	ich hätte gewidmet
du widmetest	du hättest gewidmet
er/sie widmete	er/sie hätte gewidmet
wir widmeten	wir hätten gewidmet
ihr widmetet	ihr hättet gewidmet
Sie widmeten	Sie hätten gewidmet
sie widmeten	sie hätten gewidmet

FUTURE PERFECT

ich werde gewidmet
haben
du wirst gewidmet haben
etc

INFINITIVE

PRESENT
widmen

PAST
gewidmet haben

PARTICIPLE

PRESENT
widmend

PAST
gewidmet

IMPERATIVE

widme!
widmet!
widmen Sie!
widmen wir!

WIEGEN
to weigh (1)

PRESENT	**IMPERFECT**	**FUTURE**
ich wiege	ich wog	ich werde wiegen
du wiegst	du wogst	du wirst wiegen
er/sie wiegt	er/sie wog	er/sie wird wiegen
wir wiegen	wir wogen	wir werden wiegen
ihr wiegt	ihr wogt	ihr werdet wiegen
Sie wiegen	Sie wogen	Sie werden wiegen
sie wiegen	sie wogen	sie werden wiegen

PERFECT	**PLUPERFECT**	**CONDITIONAL**
ich habe gewogen	ich hatte gewogen	ich würde wiegen
du hast gewogen	du hattest gewogen	du würdest wiegen
er/sie hat gewogen	er/sie hatte gewogen	er/sie würde wiegen
wir haben gewogen	wir hatten gewogen	wir würden wiegen
ihr habt gewogen	ihr hattet gewogen	ihr würdet wiegen
Sie haben gewogen	Sie hatten gewogen	Sie würden wiegen
sie haben gewogen	sie hatten gewogen	sie würden wiegen

SUBJUNCTIVE

PRESENT	**PERFECT**	**INFINITIVE**
ich wiege	ich habe gewogen	**PRESENT**
du wiegest	du habest gewogen	wiegen
er/sie wiege	er/sie habe gewogen	**PAST**
wir wiegen	wir haben gewogen	gewogen haben
ihr wieget	ihr habet gewogen	
Sie wiegen	Sie haben gewogen	**PARTICIPLE**
sie wiegen	sie haben gewogen	**PRESENT**
		wiegend

IMPERFECT	**PLUPERFECT**	**PAST**
ich wöge	ich hätte gewogen	gewogen
du wögest	du hättest gewogen	
er/sie wöge	er/sie hätte gewogen	**IMPERATIVE**
wir wögen	wir hätten gewogen	
ihr wöget	ihr hättet gewogen	wieg(e)!
Sie wögen	Sie hätten gewogen	wiegt!
sie wögen	sie hätten gewogen	wiegen Sie!
		wiegen wir!

FUTURE PERFECT

ich werde gewogen
haben
du wirst gewogen haben
etc

NOTE

(1) also a weak verb meaning 'to rock, sway': ich
wiegte, ich habe gewiegt etc

WINDEN
to wind

PRESENT	IMPERFECT	FUTURE
ich winde	ich wand	ich werde winden
du windest	du wandest	du wirst winden
er/sie windet	er/sie wand	er/sie wird winden
wir winden	wir wanden	wir werden winden
ihr windet	ihr wandet	ihr werdet winden
Sie winden	Sie wanden	Sie werden winden
sie winden	sie wanden	sie werden winden

PERFECT	PLUPERFECT	CONDITIONAL
ich habe gewunden	ich hatte gewunden	ich würde winden
du hast gewunden	du hattest gewunden	du würdest winden
er/sie hat gewunden	er/sie hatte gewunden	er/sie würde winden
wir haben gewunden	wir hatten gewunden	wir würden winden
ihr habt gewunden	ihr hattet gewunden	ihr würdet winden
Sie haben gewunden	Sie hatten gewunden	Sie würden winden
sie haben gewunden	sie hatten gewunden	sie würden winden

SUBJUNCTIVE

PRESENT	PERFECT
ich winde	ich habe gewunden
du windest	du habest gewunden
er/sie winde	er/sie habe gewunden
wir winden	wir haben gewunden
ihr windet	ihr habet gewunden
Sie winden	Sie haben gewunden
sie winden	sie haben gewunden

IMPERFECT	PLUPERFECT
ich wände	ich hätte gewunden
du wändest	du hättest gewunden
er/sie wände	er/sie hätte gewunden
wir wänden	wir hätten gewunden
ihr wändet	ihr hättet gewunden
Sie wänden	Sie hätten gewunden
sie wänden	sie hätten gewunden

FUTURE PERFECT

ich werde gewunden
haben
du wirst gewunden haben
etc

INFINITIVE

PRESENT
winden

PAST
gewunden haben

PARTICIPLE

PRESENT
windend

PAST
gewunden

IMPERATIVE

wind(e)!
windet!
winden Sie!
winden wir!

WISSEN
to know

PRESENT	**IMPERFECT**	**FUTURE**
ich weiß	ich wußte	ich werde wissen
du weißt	du wußtest	du wirst wissen
er/sie weiß	er/sie wußte	er/sie wird wissen
wir wissen	wir wußten	wir werden wissen
ihr wißt	ihr wußtet	ihr werdet wissen
Sie wissen	Sie wußten	Sie werden wissen
sie wissen	sie wußten	sie werden wissen

PERFECT	**PLUPERFECT**	**CONDITIONAL**
ich habe gewußt	ich hatte gewußt	ich würde wissen
du hast gewußt	du hattest gewußt	du würdest wissen
er/sie hat gewußt	er/sie hatte gewußt	er/sie würde wissen
wir haben gewußt	wir hatten gewußt	wir würden wissen
ihr habt gewußt	ihr hattet gewußt	ihr würdet wissen
Sie haben gewußt	Sie hatten gewußt	Sie würden wissen
sie haben gewußt	sie hatten gewußt	sie würden wissen

SUBJUNCTIVE

PRESENT	**PERFECT**
ich wisse	ich habe gewußt
du wissest	du habest gewußt
er/sie wisse	er/sie habe gewußt
wir wissen	wir haben gewußt
ihr wisset	ihr habet gewußt
Sie wissen	Sie haben gewußt
sie wissen	sie haben gewußt

IMPERFECT	**PLUPERFECT**
ich wüßte	ich hätte gewußt
du wüßtest	du hättest gewußt
er/sie wüßte	er/sie hätte gewußt
wir wüßten	wir hätten gewußt
ihr wüßtet	ihr hättet gewußt
Sie wüßten	Sie hätten gewußt
sie wüßten	sie hätten gewußt

INFINITIVE

PRESENT
wissen

PAST
gewußt haben

PARTICIPLE

PRESENT
wissend

PAST
gewußt

IMPERATIVE

wisse!
wißt!, wisset!
wissen Sie!
wissen wir!

WOLLEN
to want (to)

PRESENT	IMPERFECT	FUTURE
ich will	ich wollte	ich werde wollen
du willst	du wolltest	du wirst wollen
er/sie will	er/sie wollte	er/sie wird wollen
wir wollen	wir wollten	wir werden wollen
ihr wollt	ihr wolltet	ihr werdet wollen
Sie wollen	Sie wollten	Sie werden wollen
sie wollen	sie wollten	sie werden wollen

PERFECT *(1)*	PLUPERFECT *(2)*	CONDITIONAL
ich habe gewollt	ich hatte gewollt	ich würde wollen
du hast gewollt	du hattest gewollt	du würdest wollen
er/sie hat gewollt	er/sie hatte gewollt	er/sie würde wollen
wir haben gewollt	wir hatten gewollt	wir würden wollen
ihr habt gewollt	ihr hattet gewollt	ihr würdet wollen
Sie haben gewollt	Sie hatten gewollt	Sie würden wollen
sie haben gewollt	sie hatten gewollt	sie würden wollen

SUBJUNCTIVE

PRESENT	PERFECT *(1)*
ich wolle	ich habe gewollt
du wollest	du habest gewollt
er/sie wolle	er/sie habe gewollt
wir wollen	wir haben gewollt
ihr wollet	ihr habet gewollt
Sie wollen	Sie haben gewollt
sie wollen	sie haben gewollt

IMPERFECT	PLUPERFECT *(3)*
ich wollte	ich hätte gewollt
du wolltest	du hättest gewollt
er/sie wollte	er/sie hätte gewollt
wir wollten	wir hätten gewollt
ihr wolltet	ihr hättet gewollt
Sie wollten	Sie hätten gewollt
sie wollten	sie hätten gewollt

INFINITIVE

PRESENT
wollen

PAST
gewollt haben

PARTICIPLE

PRESENT
wollend

PAST
gewollt

IMPERATIVE

woll(e)!
wollt!
wollen Sie!
wollen wir!

NOTE

*when preceded by an infinitive: (1) ich habe ...
wollen etc (2) ich hatte ... wollen etc (3) ich
hätte ... wollen etc*

WRINGEN
to wring

PRESENT	IMPERFECT	FUTURE
ich wringe	ich wrang	ich werde wringen
du wringst	du wrangst	du wirst wringen
er/sie wringt	er/sie wrang	er/sie wird wringen
wir wringen	wir wrangen	wir werden wringen
ihr wringt	ihr wrangt	ihr werdet wringen
Sie wringen	Sie wrangen	Sie werden wringen
sie wringen	sie wrangen	sie werden wringen

PERFECT	PLUPERFECT	CONDITIONAL
ich habe gewrungen	ich hatte gewrungen	ich würde wringen
du hast gewrungen	du hattest gewrungen	du würdest wringen
er/sie hat gewrungen	er/sie hatte gewrungen	er/sie würde wringen
wir haben gewrungen	wir hatten gewrungen	wir würden wringen
ihr habt gewrungen	ihr hattet gewrungen	ihr würdet wringen
Sie haben gewrungen	Sie hatten gewrungen	Sie würden wringen
sie haben gewrungen	sie hatten gewrungen	sie würden wringen

SUBJUNCTIVE

PRESENT	PERFECT
ich wringe	ich habe gewrungen
du wringest	du habest gewrungen
er/sie wringe	er/sie habe gewrungen
wir wringen	wir haben gewrungen
ihr wringet	ihr habet gewrungen
Sie wringen	Sie haben gewrungen
sie wringen	sie haben gewrungen

IMPERFECT	PLUPERFECT
ich wränge	ich hätte gewrungen
du wrängest	du hättest gewrungen
er/sie wränge	er/sie hätte gewrungen
wir wrängen	wir hätten gewrungen
ihr wränget	ihr hättet gewrungen
Sie wrängen	Sie hätten gewrungen
sie wrängen	sie hätten gewrungen

FUTURE PERFECT

ich werde gewrungen
haben
du wirst gewrungen
haben *etc*

INFINITIVE

PRESENT
wringen

PAST
gewrungen haben

PARTICIPLE

PRESENT
wringend

PAST
gewrungen

IMPERATIVE

wring(e)!
wringt!
wringen Sie!
wringen wir!

PRESENT	**IMPERFECT**	**FUTURE**
ich wünsche mir	ich wünschte mir	ich werde mir wünschen
du wünschst dir	du wünschtest dir	du wirst dir wünschen
er/sie wünscht sich	er/sie wünschte sich	er/sie wird sich wünschen
wir wünschen uns	wir wünschten uns	wir werden uns wünschen
ihr wünscht euch	ihr wünschtet euch	ihr werdet euch wünschen
Sie wünschen sich	Sie wünschten sich	Sie werden sich wünschen
sie wünschen sich	sie wünschten sich	sie werden sich wünschen

PERFECT	**PLUPERFECT**	**CONDITIONAL**
ich habe mir gewünscht	ich hatte mir gewünscht	ich würde mir wünschen
du hast dir gewünscht	du hattest dir gewünscht	du würdest dir wünschen
er/sie hat sich gewünscht	er/sie hatte sich gewünscht	er/sie würde sich wünschen
wir haben uns gewünscht	wir hatten uns gewünscht	wir würden uns wünschen
ihr habt euch gewünscht	ihr hattet euch gewünscht	ihr würdet euch wünschen
Sie haben sich gewünscht	Sie hatten sich gewünscht	Sie würden sich wünschen
sie haben sich gewünscht	sie hatten sich gewünscht	sie würden sich wünschen

SUBJUNCTIVE

PRESENT	**PERFECT**	***INFINITIVE***
ich wünsche mir	ich habe mir gewünscht	**PRESENT**
du wünschest dir	du habest dir gewünscht	sich wünschen
er/sie wünsche sich	er/sie habe sich gewünscht	**PAST**
wir wünschen uns	wir haben uns gewünscht	sich gewünscht haben
ihr wünschet euch	ihr habet euch gewünscht	
Sie wünschen sich	Sie haben sich gewünscht	***PARTICIPLE***
sie wünschen sich	sie haben sich gewünscht	**PRESENT**
		mir/sich *etc* wünschend

IMPERFECT	**PLUPERFECT**	
ich wünschte mir	ich hätte mir gewünscht	
du wünschtest dir	du hättest dir gewünscht	
er/sie wünschte sich	er/sie hätte sich gewünscht	***IMPERATIVE***
wir wünschten uns	wir hätten uns gewünscht	
ihr wünschtet euch	ihr hättet euch gewünscht	wünsch(e) dir!
Sie wünschten sich	Sie hätten sich gewünscht	wünscht euch!
sie wünschten sich	sie hätten sich gewünscht	wünschen Sie sich!
		wünschen wir uns!

FUTURE PERFECT

ich werde mir gewünscht
haben
du wirst dir gewünscht
haben *etc*

ZIEHEN
to pull

PRESENT	**IMPERFECT**	**FUTURE**
ich ziehe	ich zog	ich werde ziehen
du ziehst	du zogst	du wirst ziehen
er/sie zieht	er/sie zog	er/sie wird ziehen
wir ziehen	wir zogen	wir werden ziehen
ihr zieht	ihr zogt	ihr werdet ziehen
Sie ziehen	Sie zogen	Sie werden ziehen
sie ziehen	sie zogen	sie werden ziehen

PERFECT *(1)*	**PLUPERFECT** *(2)*	**CONDITIONAL**
ich habe gezogen	ich hatte gezogen	ich würde ziehen
du hast gezogen	du hattest gezogen	du würdest ziehen
er/sie hat gezogen	er/sie hatte gezogen	er/sie würde ziehen
wir haben gezogen	wir hatten gezogen	wir würden ziehen
ihr habt gezogen	ihr hattet gezogen	ihr würdet ziehen
Sie haben gezogen	Sie hatten gezogen	Sie würden ziehen
sie haben gezogen	sie hatten gezogen	sie würden ziehen

SUBJUNCTIVE

PRESENT	**PERFECT** *(3)*
ich ziehe	ich habe gezogen
du ziehest	du habest gezogen
er/sie ziehe	er/sie habe gezogen
wir ziehen	wir haben gezogen
ihr ziehet	ihr habet gezogen
Sie ziehen	Sie haben gezogen
sie ziehen	sie haben gezogen

IMPERFECT	**PLUPERFECT** *(4)*
ich zöge	ich hätte gezogen
du zögest	du hättest gezogen
er/sie zöge	er/sie hätte gezogen
wir zögen	wir hätten gezogen
ihr zöget	ihr hättet gezogen
Sie zögen	Sie hätten gezogen
sie zögen	sie hätten gezogen

INFINITIVE

PRESENT
ziehen

PAST *(6)*
gezogen haben

PARTICIPLE

PRESENT
ziehend

PAST
gezogen

IMPERATIVE

zieh(e)!
zieht!
ziehen Sie!
ziehen wir!

FUTURE PERFECT *(5)*	*NOTE*
ich werde gezogen haben	*also intransitive ('to move') (1)* ich bin gezogen *etc*
du wirst gezogen haben	*(2)* ich war gezogen *etc (3)* ich sei gezogen *etc (4)*
etc	ich wäre gezogen *etc (5)* ich werde gezogen sein
	etc (6) gezogen sein

ZUMACHEN
to close, shut

PRESENT	IMPERFECT	FUTURE
ich mache zu	ich machte zu	ich werde zumachen
du machst zu	du machtest zu	du wirst zumachen
er/sie macht zu	er/sie machte zu	er/sie wird zumachen
wir machen zu	wir machten zu	wir werden zumachen
ihr macht zu	ihr machtet zu	ihr werdet zumachen
Sie machen zu	Sie machten zu	Sie werden zumachen
sie machen zu	sie machten zu	sie werden zumachen

PERFECT	PLUPERFECT	CONDITIONAL
ich habe zugemacht	ich hatte zugemacht	ich würde zumachen
du hast zugemacht	du hattest zugemacht	du würdest zumachen
er/sie hat zugemacht	er/sie hatte zugemacht	er/sie würde zumachen
wir haben zugemacht	wir hatten zugemacht	wir würden zumachen
ihr habt zugemacht	ihr hattet zugemacht	ihr würdet zumachen
Sie haben zugemacht	Sie hatten zugemacht	Sie würden zumachen
sie haben zugemacht	sie hatten zugemacht	sie würden zumachen

SUBJUNCTIVE

PRESENT	PERFECT
ich mache zu	ich habe zugemacht
du machest zu	du habest zugemacht
er/sie mache zu	er/sie habe zugemacht
wir machen zu	wir haben zugemacht
ihr machet zu	ihr habet zugemacht
Sie machen zu	Sie haben zugemacht
sie machen zu	sie haben zugemacht

IMPERFECT	PLUPERFECT
ich machte zu	ich hätte zugemacht
du machtest zu	du hättest zugemacht
er/sie machte zu	er/sie hätte zugemacht
wir machten zu	wir hätten zugemacht
ihr machtet zu	ihr hättet zugemacht
Sie machten zu	Sie hätten zugemacht
sie machten zu	sie hätten zugemacht

FUTURE PERFECT

ich werde zugemacht
haben
du wirst zugemacht
haben *etc*

INFINITIVE

PRESENT
zumachen

PAST
zugemacht haben

PARTICIPLE

PRESENT
zumachend

PAST
zugemacht

IMPERATIVE

mach(e) zu!
macht zu!
machen Sie zu!
machen wir zu!

ZWINGEN
to force

PRESENT	IMPERFECT	FUTURE
ich zwinge	ich zwang	ich werde zwingen
du zwingst	du zwangst	du wirst zwingen
er/sie zwingt	er/sie zwang	er/sie wird zwingen
wir zwingen	wir zwangen	wir werden zwingen
ihr zwingt	ihr zwangt	ihr werdet zwingen
Sie zwingen	Sie zwangen	Sie werden zwingen
sie zwingen	sie zwangen	sie werden zwingen

PERFECT	PLUPERFECT	CONDITIONAL
ich habe gezwungen	ich hatte gezwungen	ich würde zwingen
du hast gezwungen	du hattest gezwungen	du würdest zwingen
er/sie hat gezwungen	er/sie hatte gezwungen	er/sie würde zwingen
wir haben gezwungen	wir hatten gezwungen	wir würden zwingen
ihr habt gezwungen	ihr hattet gezwungen	ihr würdet zwingen
Sie haben gezwungen	Sie hatten gezwungen	Sie würden zwingen
sie haben gezwungen	sie hatten gezwungen	sie würden zwingen

SUBJUNCTIVE

PRESENT	PERFECT
ich zwinge	ich habe gezwungen
du zwingest	du habest gezwungen
er/sie zwinge	er/sie habe gezwungen
wir zwingen	wir haben gezwungen
ihr zwinget	ihr habet gezwungen
Sie zwingen	Sie haben gezwungen
sie zwingen	sie haben gezwungen

IMPERFECT	PLUPERFECT
ich zwänge	ich hätte gezwungen
du zwängest	du hättest gezwungen
er/sie zwänge	er/sie hätte gezwungen
wir zwängen	wir hätten gezwungen
ihr zwänget	ihr hättet gezwungen
Sie zwängen	Sie hätten gezwungen
sie zwängen	sie hätten gezwungen

FUTURE PERFECT
ich werde gezwungen
haben
du wirst gezwungen
haben *etc*

INFINITIVE

PRESENT
zwingen

PAST
gezwungen haben

PARTICIPLE

PRESENT
zwingend

PAST
gezwungen

IMPERATIVE

zwing(e)!
zwingt!
zwingen Sie!
zwingen wir!

INDEX

ab+beißen 14
ab+berufen 118 (*)
ab+bestellen 18
ab+biegen 20
ab+brechen 28
ab+decken 1
ab+drehen 1
ab+fahren 43
ab+fallen 44
ab+färben 1
ab+fertigen 1
ab+finden (sich) 47
ab+geben 56
abgebissen see abbeißen
abgebogen see abbiegen
abgebrochen see
  abbrechen
abgefunden see abfinden
abgegangen see abgehen
ab+gehen 58
abgehoben see abheben
abgelegen see abliegen
abgenommen see
  abnehmen
abgerissen see abreißen
abgesandt see absenden
abgeschlossen see
  abschließen
abgeschnitten see
  abschneiden
abgeschrieben see
  abschreiben
abgesehen see absehen
abgesprochen see
  absprechen
abgestiegen see
  absteigen
abgewandt see
  abwenden
ab+gewinnen 65
ab+gewöhnen 18
ab+halten 73
ab+hängen 74
ab+härten (sich) 187
  (7)

ab+heben (sich) 76
ab+holen 1
ab+hören 1
ab+kaufen 1
ab+kommen 84
ab+kürzen 1
ab+laden 88
ab+lassen 90
ab+laufen 91
ab+legen 1
ab+lehnen 1
ab+lenken 1
ab+liegen 96
ab+lösen 1
ab+machen 206
ab+nehmen 103
ab+nutzen 1
abonnieren 110
ab+raten 109
ab+rechnen 176
ab+reisen 2
ab+reißen 112
ab+rufen 118
ab+schaffen 1
ab+schalten 187
ab+schleppen 1
ab+schließen 133
ab+schneiden 137
ab+schreiben 138
ab+sehen 147
ab+senden 149
ab+setzen 1
ab+sprechen 157
ab+steigen 164
ab+stellen 1
ab+stimmen 1
ab+stürzen 170
ab+trocknen 176
ab+verlangen 18
ab+warten 187
ab+waschen 188
ab+wechseln 190
ab+wehren 1
ab+weichen 192
ab+wenden (sich)
  194

achten 187
acht+geben 56
addieren 110
ahnen 92
akzeptieren 110
altern 8 (s)
an+bauen 1
an+beten 187
an+bieten 21
an+blicken 1
an+bringen 30
ändern (sich) 3
an+fangen 4
an+fassen 105
an+flehen 1
an+geben 56
angeboten see anbieten
angefangen see
  anfangen
angegriffen see
  angreifen
an+gehen 58
an+gehören 18
angeln 190
angenommen see
  annehmen
angeschlossen see
  anschließen
angestiegen see
  ansteigen
angewandt see
  anwenden
angewesen see ansein
an+gewöhnen 18
angezogen see anziehen
an+greifen 70
ängstigen (sich) 87
an+haben 185
an+halten 73
an+hören (sich dat) 5
an+kleben 1
an+kleiden 187
an+klopfen 1
an+knüpfen 1
an+kommen 6
an+kündigen 1

INDEX

The verbs given in full in the tables on the preceding pages are used as models for all other German verbs given in this index. The number in the index is that of the corresponding *verb table*.

The index also contains irregular verb forms. These are each referred to the respective infinitive form of the same verb.

All verbs in this index have been referred to model verbs with corresponding features wherever possible. A weak verb is referred to a weak model verb, a strong verb to a strong model verb, a separable verb to a separable model verb *etc*.

Bold type denotes a verb that is itself given as a model.

A '+' after a prefix indicates that a verb is separable.

(*+dat*) denotes a verb that takes a dative object.

A second number in brackets refers to a reflexive verb model.

An asterisk in brackets (*) indicates that a verb, contrary to the model verb that it is referred to, does not form its past participle with 'ge-'.

An 's' or 'h' in brackets indicates that a verb, contrary to the model verb that it is referred to, forms its compound tenses using 'sein' or 'haben' respectively.

an+lassen 90
an+lasten 1
an+legen 1
an+lehnen 1
an+leiten 187
an+machen 206
an+melden (sich) 7
an+nähen 1
an+nehmen 103
an+ordnen 176
an+passen 105
an+probieren 110
an+regen 1
an+richten 187
an+rufen 118
an+schalten 187
an+schließen 133
an+sehen 147
an+sein 31
an+setzen 1
an+spannen 1
an+spielen 1
an+spornen 1
an+starren 1
an+stecken 1
an+steigen 164
an+stoßen 167
an+strengen (sich) 1
an+treten 174
antworten 187
an+vertrauen 18
an+wenden 194
an+zeigen 1
an+ziehen 205
an+zünden 187
appellieren 110
arbeiten 187
ärgern (sich) 8
aß, äße see essen
atmen 198
auf+bauen 1
auf+bewahren 18
auf+brechen 28
auf+drehen 1
auf+fallen (+dat) 44
auf+fangen 4

auf+fassen 105
auf+fordern 8
auf+führen 1
auf+geben 56
aufgebrochen see
 aufbrechen
aufgegangen see
 aufgehen
auf+gehen 58
aufgehoben see
 aufheben
aufgenommen see
 aufnehmen
aufgeschlossen see
 aufschließen
aufgestanden see
 aufstehen
aufgewesen see aufsein
auf+halten 73
auf+hängen 74
auf+heben 76
auf+hören 1
auf+klären 1
auf+kleben 1
auf+lesen 95
auf+lösen 1
auf+machen 206
auf+muntern 8
auf+nehmen 103
auf+passen 105
auf+räumen 1
auf+regen (sich) 1
auf+sagen 1
auf+schlagen 130
auf+schließen 133
auf+sein 31
auf+setzen 1
auf+spannen 1
auf+stehen 162
auf+stellen 1
auf+treten 174
auf+wachen 2
auf+wärmen 1
auf+wecken 1
aus+bessern 8
aus+bilden 187

aus+brechen 28
aus+breiten 187
aus+dehnen 1
aus+drücken 1
auseinander+nehmen
 103
aus+fallen 44
aus+fragen 52
aus+führen 1
aus+füllen 1
aus+geben 56
ausgebrochen see
 ausbrechen
ausgegangen see
 ausgehen
aus+gehen 58
ausgekannt see
 auskennen
ausgeliehen see
 ausleihen
ausgerissen see
 ausreißen
ausgesprochen see
 aussprechen
ausgestiegen see
 aussteigen
ausgestorben see
 aussterben
ausgewesen see aussein
ausgewichen see
 ausweichen
ausgezogen see
 ausziehen
aus+halten 73
aus+holen 1
aus+kennen, sich 79
aus+kommen 6
aus+lachen 1
aus+leihen 94
aus+löschen 1
aus+machen 206
aus+merzen 1
aus+packen 1
aus+probieren 110
aus+reichen 1
aus+reißen 112

INDEX

aus+rufen 118
aus+ruhen (sich) 1
aus+schalten 187
aus+schlafen (sich) 129
aus+schütten 187
aus+sehen 147
aus+sein 31
äußern 8
aus+spannen 1
aus+sprechen 157
aus+steigen 164
aus+sterben 165
aus+stoßen 167
aus+strecken (sich) 1
aus+üben 1
aus+wählen 1
aus+weichen (+dat) 192
aus+ziehen 205

backen 9
bäckst, bäckt see backen
baden 187
band, bände see binden
bändigen 92
bangen 87
barg, bärge see bergen
barst, bärste see bersten
basieren 110
basteln 190
bat, bäte see bitten
bauen 92
baumeln 190
beabsichtigen 18
beachten 18
beantworten 18
beauftragen 18
beben 92
bedanken, sich 18
bedauern 8 (*)
bedecken 18
bedenken 32 (*)
bedeuten 18
bedienen (sich) 18

bedingen 18
bedrohen 18
bedürfen 35 (*)
beeilen, sich 10
beeinträchtigen 18
beenden 187 (*)
befahl, befähle see befehlen
befassen, sich 105 (*)
befehlen 11
befestigen 18
befinden (sich) 47 (*)
beföhle, befohlen see befehlen
befördern 8 (*)
befragen 52 (*)
befreien 18
befriedigen 18
befruchten 18
befunden see befinden
befürchten 187 (*)
befürworten 187 (*)
begangen see begehen
begann, begänne see beginnen
begeben, sich 56 (*)
begegnen (+dat) 12
begehen 58 (*)
begeistern 8 (*)
beginnen 13
begleiten 187 (*)
beglückwünschen 18
begnadigen 18
begnügen, sich 18
begonnen see beginnen
begraben 69 (*)
begreifen 70 (*)
begriffen see begreifen
begründen 187 (*)
begrüßen 71 (*)
begutachten 187 (*)
behalten 73 (*)
behandeln 190 (*)
beharren 18
behaupten 187 (*)
behelfen, sich 78 (*)

beherrschen 18
behindern 8 (*)
beholfen see behelfen
behüten 187 (*)
bei+bringen 30
beichten 187
bei+fügen 1
beigebracht see beibringen
beigetragen see beitragen
bei+setzen 1
beißen 14
bei+tragen 171
bei+treten (+dat) 174
bejahen 18
bekam, bekäme see bekommen
bekannt+geben 56
bekannt+machen 206
beklagen (sich) 18
bekleiden 187 (*)
bekommen 15
beladen 88 (*)
belasten 187 (*)
belästigen 18
beleben 92 (*)
belegen 18
belehren 18
beleidigen 18
beleuchten 187 (*)
belichten 187 (*)
bellen 87
belohnen 18
belustigen (sich) 18
bemerken 18
bemitleiden 187 (*)
bemühen (sich) 18
benachrichtigen 18
benachteiligen 18
benannt see benennen
benehmen, sich 103 (*)
beneiden 187 (*)

benennen 104 (*)
benommen see
  benehmen
benötigen 18
benutzen 18
beobachten 187 (*)
beraten 109 (*)
bereuen 18
bergen 16
berichten 187 (*)
berichtigen 18
bersten 17
berücksichtigen 18
berufen (sich) 118 (*)
beruhen 18
beruhigen (sich) 18
berühren 18
besann, besannen see
  besinnen
beschädigen 18
beschäftigen (sich) 18
bescheinigen 18
beschleunigen 18
beschließen 133 (*)
beschlossen see
  beschließen
beschmutzen 18
beschränken (sich) 18
beschreiben 138 (*)
beschrieben see
  beschreiben
beschuldigen 18
beschützen 18
beschweren (sich) 18
beschwichtigen 18
beseitigen 18
besessen see besitzen
besetzen 18
besichtigen 18
besiedeln 190 (*)
besiegen 18
besinnen, sich 152 (*)
besitzen 153 (*)
besonnen see besinnen
besorgen (sich *dat*)
18 (204*)

besprechen 157
bestanden see bestehen
bestärken 18
bestätigen 18
bestechen 160 (*)
bestehen 162 (*)
bestellen 18
bestimmen 18
bestochen see bestechen
bestrafen 18
bestreiten 169 (*)
bestritten see bestreiten
besuchen 18
betätigen 18
betäuben 18
beteiligen (sich) 18
beten 187
betonen 18
betreten 187 (*)
betrinken, sich
  175 (*)
betrogen see betrügen
betrügen 177 (*)
betrunken see betrinken
betteln 190
beugen 92
beunruhigen 18
beurteilen 18
bevor+stehen 162
bevorzugen 18
bewachen 18
bewahren 18
bewähren, sich 18
bewegen (sich) 19
beweisen 193 (*)
bewerben, sich
  195 (*)
bewies, bewiesen see
  beweisen
bewirken 18
bewog, bewöge see
  bewegen
bewohnen 18
beworben see bewerben
bewundern 8 (*)
bezahlen 18

bezeichnen 18
beziehen (sich)
  205 (*)
bezogen see beziehen
bezweifeln 18
biegen 20
bieten 21
bilden 187
billigen 92
bin see sein
binden 22
birg, birgt see bergen
birst see bersten
biß, bissen see beißen
bist see sein
bitten 23
blamieren (sich) 110
blasen 24
bläst see blasen
blättern 8
bleiben 25
blicken 87
blieb see bleiben
blies see blasen
blinzeln 190
blitzen 87
blühen 92
bluten 187
bog, böge see biegen
bohren 92
bombardieren 110
borgen (sich) 92
bot, böte see bieten
boxen 87
brach, bräche see
  brechen
brachte, brächte see
  bringen
brannte see brennen
brät, brätst see braten
braten 26
brauchen 27
brauen 92
bräunen 92
brechen 28
bremsen 92

INDEX

brennen 29
brich, bricht *see* brechen
briet *see* braten
bringen 30
brüllen 87
brüten 187
buchen 27
buchstabieren 110
bücken, sich 87
bügeln 190
buk, buken *see* backen
bürsten 187
büßen 71

campen 87
charakterisieren 110

dachte, dächte *see* denken
dagestanden *see* dastehen
dagewesen *see* dasein
dämmern 8
dampfen 87
dämpfen 87
danken (+*dat*) 87
darf, darfst *see* dürfen
dar+legen 1
dar+stellen 1
da+sein 31
da+stehen 162
datieren 110
dauern 8
davon+laufen 91
debattieren 110
decken 87
dehnen 92
demütigen 92
denken 32
deuten 187
dichten 187
dienen (+*dat*) 92
diktieren 110
dirigieren 110

diskutieren 110
dividieren 110
donnern 8
drang, dränge *see* dringen
drängen 92
drehen 92
dreschen 33
dringen 34
drisch *see* dreschen
drohen 92
drosch, drösche *see* dreschen
drosseln 190
drucken 87
drücken 87
duften 187
dulden 187
düngen 92
dünsten 187
durch+führen 1
durch+lassen 90
durch+lesen 95
durchqueren 18
durchsuchen 18
dürfen 35
durfte *see* dürfen
duschen 87
duzen 71

eignen, sich 176
eilen 36
ein+bauen 1
ein+bilden, sich (+*dat*) 187
ein+brechen 28
ein+fallen 44
ein+flößen 1
ein+führen 1
ein+geben 56
eingebrochen *see* einbrechen
eingegangen *see* eingehen
eingegriffen *see*

eingreifen
ein+gehen 58
eingenommen *see* einnehmen
eingeschritten *see* einschreiten
eingeworfen *see* einwerfen
eingezogen *see* einziehen
ein+greifen 70
ein+holen 1
einigen, sich 92
ein+kaufen 1
ein+laden 88
ein+lassen (sich) 90
ein+laufen 91
ein+lösen 1
ein+nehmen 103
ein+packen 1
ein+richten 187
ein+schalten 187
ein+schärfen 1
ein+schenken 1
ein+schlafen 129 (s)
ein+schlagen 130
ein+schränken 1
ein+schreiben, sich 138
ein+schreiten 140
ein+sehen 147
ein+setzen (sich) 1
ein+sperren 1
ein+steigen 164
ein+stellen 1
ein+stürzen 170
ein+teilen 1
ein+treten 174
ein+weichen 1
ein+weihen 1
ein+werfen 197
ein+wickeln 190
ein+willigen 1
ein+zahlen 1
ein+ziehen 205
ekeln (sich) 190 (3)

empfahl, empfähle see empfehlen
empfangen 45 (*)
empfehlen 37
empfiehlst, empfiehlt see empfehlen
empfinden 47 (*)
empföhle, empfohlen see empfehlen
empfunden see empfinden
empören (sich) 18 (10)
enden 187
entbinden 22 (*)
entbunden see entbinden
entdecken 18
entführen 18
entgangen see entgehen
entgegen+bringen 30
entgegen+halten 73
entgegnen (+dat) 176
entgehen (+dat) 58 (*)
entgelten 60 (*)
entgleisen 18 (s)
entgolten see entgelten
enthalten (sich) 73 (*)
entkommen (+dat) 84 (*)
entladen 88
entlassen 90 (*)
entlasten 187 (*)
entleihen 94 (*)
entliehen see entleihen
entlocken 18
entnehmen 103
entnommen see entnehmen
entreißen 112 (*)
entrissen see entreißen
entrüsten (sich) 187 (*)
entschädigen 18

entscheiden 38
entschied, entschieden see entscheiden
entschließen (sich) 133 (*)
entschuldigen (sich) 18 (10)
entsetzen 18
entsinnen, sich 152 (*)
entsonnen see entsinnen
entspannen 18
entstanden see entstehen
entstehen 162 (*, s)
enttäuschen 18
entwerten 187 (*)
entwickeln (sich) 190 (*)
entziehen 205 (*)
entzogen see entziehen
entzücken 18
entzünden 187 (*)
erbarmen (sich) 18 (10)
erbauen 18
erben 92
erblassen 105 (*, s)
erblinden 12
erbrechen 28 (*)
ereignen, sich 198 (*)
erfahren 43 (*,h)
erfassen 105 (*)
erfinden 47 (*)
erfordern 8 (*)
erforschen 18
erfreuen (sich) 18 (10)
erfrieren 54 (*, s)
erfrischen 18
erfroren see erfrieren
erfüllen 18
erfunden see erfinden
ergeben (sich) 56 (*)
ergreifen 70
ergriffen see ergreifen
erhalten 73 (*)

erheben (sich) 76 (*)
erhellen (sich) 18 (10)
erhitzen 18
erhoben see erheben
erholen, sich 10
erinnern (sich) 8 (3)
erkälten, sich 187
erkannt see erkennen
erkennen 79 (*)
erklären 18
erklimmen 39
erklomm, erklömme see erklimmen
erklommen see erklimmen
erkranken 18 (s)
erkundigen, sich 10
erlangen 18
erlassen 90 (*)
erlauben 18
erläutern 8 (*)
erleben 92 (*)
erledigen 18
erleichtern 8 (*)
erleuchten 187 (*)
erlösen 18
ermächtigen 18
ermahnen 18
ermäßigen 18
ermöglichen 18
ermorden 187 (*)
ermüden 187 (*)
ermuntern 8 (*)
ermutigen 18
ernähren 18
ernannt see ernennen
ernennen 104
erneuern 8 (*)
ernten 187
erobern 8 (*)
erpressen 105 (*)
erregen 18
erreichen 18
errichten 187 (*)
erringen 116 (*)
erröten 12

INDEX

errungen *see* erringen
erschaffen 121 (*)
erscheinen 124 (*)
erschießen 128 (*)
erschlagen 130 (*)
erschöpfen 18
erschossen *see*
   erschießen
erschrak, erschräke *see*
   erschrecken
erschrecken 40
erschrickst, erschrickt
   see erschrecken
erschrocken *see*
   erschrecken
erschüttern 8 (*)
erschweren 18
ersetzen 18
ersparen 18
erstaunen 18
erstechen 160 (*)
ersticken 18 (h/s)
erstochen *see* erstechen
erstrecken, sich 10
erteilen 18
ertragen 171 (*)
ertrinken 175 (*)
ertrunken *see* ertrinken
erwachen 18 (s)
erwachsen 186 (*)
erwägen 41
erwähnen 18
erwärmen 18
erwarten 187 (*)
erweisen 193 (*)
erweitern 8 (*)
erwerben 195 (*)
erwidern 8 (*)
erwischen 18
erwog, erwöge,
   erwogen *see* erwägen
erworben *see* erwerben
erwürgen 18
erzählen 18
erzeugen 18
erziehen 205 (*)

erzielen 18
erzogen *see* erziehen
essen 42
eßt *see* essen
existieren 110
explodieren 110 (s)
exportieren 110

fachsimpeln 190
fahnden 187
fahren 43
fährst, fährt *see* fahren
fallen 44
fällen 87
fallen+lassen 90 (*)
fällst, fällt *see* fallen
fälschen 87
falten 187
fand, fände *see* finden
fangen 45
fängst, fängt *see* fangen
färben 92
fassen 105
fauchen 27
faulenzen 71
fechten 46
fegen 92
fehlen 92
feiern 8
feilschen 27
fern+sehen 147
fertig+machen 206
fesseln 190
fest+binden 22
fest+halten 73
fest+machen 206
fest+stehen 162
fest+stellen 80
feuern 8
fichst, ficht *see* fechten
fiel, fielen *see* fallen
filmen 92
finden 47
fing *see* fangen
fischen 87

flackern 8
flattern 8
flechten 48
flehen 92
flichst, flicht *see* flechten
flicken 87
fliegen 49
fliehen 50
fließen 51
flimmern 8
flocht, flöchte *see*
   flechten
flog, flöge *see* fliegen
floh, flöhe *see* fliehen
floß, flösse, flossen *see*
   fließen
fluchen 87
flüchten 89
flüstern 8
focht, föchte *see* fechten
folgen (+*dat*) 36
folgern 8
fordern 8
fördern 8
formen 92
forschen 87
fort+fahren 43
fort+gehen 58
fort+pflanzen (sich)
   80
fort+setzen 80
fotografieren 110
fragen (sich) 52
frankieren 110
fraß, fräße *see* fressen
frei+halten 73
frei+lassen 90
frei+sprechen 157
fressen 53
freuen (sich) 92
frieren 54
friß, frißt *see* fressen
fror, fröre *see* frieren
frug *see* fragen
frühstücken 87
fügen 92

fühlen (sich) 92
fuhr, führe *see* fahren
führen 92
füllen 87
funkeln 190
funken 87
funktionieren 110
fürchten (sich) 187
fußen 71
füttern 8

gab, gäbe, gaben, gäben
  see geben
gähnen 92
galt, gälte *see* gelten
garantieren 110
gebacken *see* backen
gebar *see* gebären
gebären 55
geben 56
gebeten *see* bitten
gebier *see* gebären
gebissen *see* beißen
geblasen *see* blasen
geblieben *see* bleiben
gebogen *see* biegen
geboren *see* gebären
geborgen *see* bergen
geborsten *see* bersten
geboten *see* bieten
gebracht *see* bringen
gebrannt *see* brennen
gebraten *see* braten
gebrauchen 18
gebrochen *see* brechen
gebunden *see* binden
gedacht *see* denken,
  gedenken
gedeihen 57
gedenken 32
gedieh, gediehen *see*
  gedeihen
gedroschen *see* dreschen
gedrungen *see* dringen
gedulden, sich 187

gedurft *see* dürfen
gefährden 187
gefahren *see* fahren
gefallen[1] (+*dat*) 44
  (*, h)
gefallen[2] *see* fallen,
  gefallen[1]
gefangen *see* fangen
gefangen+nehmen 103
geflochten *see* flechten
geflogen *see* fliegen
geflohen *see* fliehen
geflossen *see* fließen
gefochten *see* fechten
gefressen *see* fressen
gefrieren 54 (*)
gefroren *see* frieren,
  gefrieren
gefunden *see* finden
gegangen *see* gehen
gegeben *see* geben
gegessen *see* essen
geglichen *see* gleichen
geglitten *see* gleiten
gegolten *see* gelten
gegossen *see* gießen
gegraben *see* graben
gegriffen *see* greifen
gehalten *see* halten
gehangen *see* hängen
gehauen *see* hauen
geheißen *see* heißen
gehen 58
gehoben *see* heben
geholfen *see* helfen
gehorchen (+*dat*) 18
gehören (+*dat*) 18
gekannt *see* kennen
geklungen *see* klingen
gekniffen *see* kneifen
gekommen *see* kommen
gekonnt *see* können
gekrochen *see* kriechen
geladen *see* laden
gelang, gelänge *see*
  gelingen

gelangen 18 (s)
gelassen *see* lassen
gelaufen *see* laufen
gelegen *see* liegen
geleiten 187 (*)
gelesen *see* lesen
geliehen *see* leihen
gelingen 59
gelitten *see* leiden
gelogen *see* lügen
gelten 60
gelungen *see* gelingen
gemahlen *see* mahlen
gemessen *see* messen
gemieden *see* meiden
gemocht *see* mögen
gemußt *see* müssen
genannt *see* nennen
genas, genäse *see*
  genesen
genehmigen 18
genesen 61
genieren (sich) 110
genießen 62
genommen *see* nehmen
genoß, genösse *see*
  genießen
genossen *see* genießen
genügen (+*dat*) 18
gepfiffen *see* pfeifen
gepriesen *see* preisen
gequollen *see* quellen
gerannt *see* rennen
gerät, gerätst *see*
  geraten
geraten[1] 63
geraten[2] *see* raten,
  geraten[1]
gerieben *see* reiben
geriet *see* geraten
gerinnen 117 (*)
gerissen *see* reißen
geritten *see* reiten
gerochen *see* riechen
geronnen *see* rinnen,
  gerinnen

INDEX

gerufen see rufen
gerungen see ringen
gesandt see senden
geschaffen see schaffen
geschah, geschähe see geschehen
geschehen 64
geschieden see scheiden
geschienen see scheinen
geschlafen see schlafen
geschlagen see schlagen
geschlichen see schleichen
geschliffen see schleifen
geschlossen see schließen
geschlungen see schlingen
geschmissen see schmeißen
geschmolzen see schmelzen
geschnitten see schneiden
geschoben see schieben
geschollen see schallen
gescholten see schelten
geschoren see scheren
geschossen see schießen
geschrieben see schreiben
geschrie(e)n see schreien
geschritten see schreiten
geschwiegen see schweigen
geschwollen see schwellen
geschwommen see schwimmen
geschworen see schwören
geschwunden see schwinden
geschwungen see schwingen

gesehen see sehen
gesessen see sitzen
gesoffen see saufen
gesogen see saugen
gesonnen see sinnen
gespie(e)n see speien
gesponnen see spinnen
gesprochen see sprechen
gesprossen see sprießen
gesprungen see springen
gestand see gestehen
gestanden see stehen, gestehen
gestatten 187
gestehen 162 (*)
gestiegen see steigen
gestochen see stechen
gestohlen see stehlen
gestorben see sterben
gestoßen see stoßen
gestrichen see streichen
gestritten see streiten
gestunken see stinken
gesungen see singen
gesunken see sinken
getan see tun
getragen see tragen
getreten see treten
getrieben see treiben
getroffen see treffen
getrogen see trügen
getrunken see trinken
gewachsen see wachsen
gewähren 18
gewandt see wenden
gewann, gewänne see gewinnen
gewaschen see waschen
gewesen see sein
gewichen see weichen
gewiesen see weisen
gewinnen 65
gewoben see weben
gewogen see wiegen
gewöhnen 18
gewonnen see gewinnen

geworben see werben
geworden see werden
geworfen see werfen
gewrungen see wringen
gewunden see winden
gewußt see wissen
gezogen see ziehen
gezwungen see zwingen
gib, gibst, gibt see geben
gießen 66
gilt, giltst see gelten
ging, gingen see gehen
glänzen 71
glasieren 110
glätten 187
glauben 92
gleichen 67
gleiten 68
glich, glichen see gleichen
gliedern 8
glimmen 39
glitt, glitten see gleiten
glitzern 8
glücken 36
glühen 92
gölte see gelten
gönnen 92
goß, gösse, gossen see gießen
graben 69
gräbst, gräbt see graben
grämen, sich 92
gratulieren (+dat) 110
greifen 70
griff, griffen see greifen
grinsen 92
grub, grübe, grüben see graben
grübeln 190
gründen (sich) 187
grünen 92
grunzen 71
grüßen 71
gucken 87

machen 87
mag, magst *see* mögen
mähen 92
mahlen 98
mahnen 92
malen 92
mangeln 190
maskieren (sich) 110
maß, maße *see* messen
mäßigen 92
meckern 8
meiden 99
meinen 92
melden (sich) 187 (7)
melken 87
merken 87
messen 100
miauen 92
mied, mieden *see*
  meiden
mieten 187
mildern 8
mindern 8
mischen 27
miß, mißt *see* messen
mißgönnen 18
mißlingen 59
mißtrauen (+*dat*) 18
mißverstehen 162 (*)
mit+bringen 30
mit+geben 56
mitgebracht *see*
  mitbringen
mitgenommen *see*
  mitnehmen
mit+machen 206
mit+nehmen 103
mit+teilen 1
mit+wirken 1
möblieren 110
mochte, möchte *see*
  mögen
mögen 101
montieren 110
multiplizieren 110
münden 89

murmeln 190
musizieren 110
muß, mußte *see* müssen
müssen 102

nach+ahmen 1
nach+denken 32
nach+eifern (+*dat*) 1
nach+geben (+*dat*)
  56
nachgedacht *see*
  nachdenken
nachgegangen *see*
  nachgehen
nach+gehen (+*dat*)
  58
nachgesandt *see*
  nachsenden
nachgewiesen *see*
  nachweisen
nach+lassen 90
nach+laufen (+*dat*)
  91
nach+prüfen 1
nach+schlagen 130
nach+senden 149
nach+stellen 1
nach+weisen
  (+*dat*) 193
nagen 92
nahe+bringen 30
nahegebracht *see*
  nahebringen
nahe+legen 1
nähen 92
nähern (sich) 8 (3)
nahm, nähme, nahmen
  see nehmen
nähren 92
nannte, nannten *see*
  nennen
naschen 27
necken 87
nehmen 103
neigen (sich) 92

nennen 104
nicken 87
nieder+legen (sich) 1
niesen 92
nimm, nimmt *see*
  nehmen
nippen 87
nisten 187
nörgeln 190
normalisieren 110
notieren 110
nötigen 92
numerieren 110
nützen 87

öffnen 198
operieren 110
opfern 8
ordnen 176
organisieren 110
orientieren 110

pachten 187
packen 87
parken 87
passen (+*dat*) 105
passieren 110 (s)
paßt, paßten *see* passen
pensionieren 110
pfänden 187
pfeffern 8
pfeifen 106
pfiff, pfiffen *see* pfeifen
pflegen 92
pflügen 92
pfuschen 87
philosophieren 110
picken 87
plädieren 110
plagen 92
planen 92
plätschern 8
platzen 36
plaudern 8

INDEX

plündern 8
pochen 87
polieren 110
polstern 8
prägen 92
prahlen 92
prallen 36
predigen 92
preisen 107
pressen 105
pries, priesen see
  preisen
probieren 110
produzieren 110
prophezeien 92
protestieren 110
prüfen 27
prügeln 190
pumpen 92
purzeln 190
putzen 87

quälen 92
quatschen 27
quellen 108
quetschen 27
quietschen 27
quill, quillt see quellen
quittieren 110
quoll, quölle see quellen

rächen (sich) 87
radieren 110
raffen 87
rahmen 92
rang, ränge see ringen
rangieren 110
ranken 87
rann, ränne see rinnen
rannte, rannten see
  rennen
rascheln 190
rasen 36
rasieren (sich) 110

rasten 187
rät, rätst see raten
raten 109
rauben 92
rauchen 27
raufen 27
räumen 92
rauschen 27
reagieren 110
rechnen 176
rechtfertigen 92
recken 87
reden 187
referieren 110
reflektieren 110
regeln 190
regieren 110
regnen 176
reiben 111
reichen 27
reifen 27
reimen (sich) 92
reinigen 92
rein+kommen 6
reisen 92
reißen 112
reiten 113
reizen 71
rennen 114
reparieren 110
reservieren 110
resultieren 110
retten 187
richten 187
rieb, rieben see reiben
riechen 115
rief, riefen see rufen
riet, rieten see raten
ringen 116
rinnen 117
riß, rissen see reißen
ritt, ritten see reiten
roch, röche, rochen see
  riechen
rodeln 190 (h/s)

roden 187
rollen 87
röntgen 92
rosten 187
rösten 187
röten (sich) 187
rücken 87
rudern 8
rufen 118
ruhen 27
rühren (sich) 92
rümpfen 87
runzeln 190
rupfen 87
rüsten 187
rutschen 27

säen 92
sagen 92
sägen 92
sah, sähe, sahen see
  sehen
salzen 98
sammeln 190
sandte, sandten see
  senden
sang, sänge see singen
sank, sänke see sinken
sann, sänne see sinnen
saß, säße, saßen see
  sitzen
sättigen 92
sauber+machen 206
säubern 8
saufen 119
säufst, säuft see saufen
saugen 120
schaben 92
schaden (+dat) 92
schädigen 92
schaffen 121
schälen 92
schallen 122
schalt see schelten
schalten 187

INDEX

schämen, sich 92
schärfen 27
schätzen 87
schauen 27
scheiden **123**
scheinen **124**
scheißen 14
scheitern 8 (s)
schellen 87
schelten **125**
schenken 87
scheren **126**
scherzen 71
scheuen (sich) 27
schicken 87
schieben **127**
schied, schieden *see*
  scheiden
schien, schienen *see*
  scheinen
schießen **128**
schildern 8
schilt, schiltst *see*
  schelten
schimmeln 190
schimmern 8
schimpfen 87
schlachten 187
schlafen **129**
schläfst, schläft *see*
  schlafen
schlagen **130**
schlägst, schlägt *see*
  schlagen
schlang, schlänge *see*
  schlingen
schleichen **131**
schleifen **132**
schleppen 87
schleudern 8
schlich, schlichen *see*
  schleichen
schlichten 187
schlief, schliefen *see*
  schlafen
schließen (sich) **133**

schliff, schliffen *see*
  schleifen
schlingen **134**
schloß, schlösse *see*
  schließen
schluchzen 71
schlucken 87
schlug, schlüge *see*
  schlagen
schlüpfen 87
schmälern 8
schmecken 87
schmeicheln (+*dat*) 190
schmeißen **135**
schmelzen **136**
schmerzen 71
schmilzt *see* schmelzen
schminken 87
schmiß, schmissen *see*
  schmeißen
schmolz, schmölze *see*
  schmelzen
schmoren 92
schmücken 87
schmuggeln 190
schnappen 87
schnarchen 27
schnaufen 27
schneiden **137**
schneien 92
schnitt, schnitten *see*
  schneiden
schnitzen 87
schnüffeln 190
schnüren 92
schob, schöbe, schoben
  see schieben
scholl, schölle *see*
  schallen
schölte *see* schelten
schonen 92
schöpfen 87
schor, schöre *see*
  scheren
schoß, schösse *see*
  schießen

schreiben **138**
schreien **139**
schreiten **140**
schrie, schrie(e)n *see*
  schreien
schrieb, schrieben *see*
  schreiben
schritt, schritten *see*
  schreiten
schrumpfen 87
schuf, schüfe *see*
  schaffen
schulden 187
schütteln 190
schütten 187
schützen 87
schwamm, schwammen
  see schwimmen
schwand, schwände *see*
  schwinden
schwang, schwänge *see*
  schwingen
schwanken 87
schwärmen 92
schwatzen 87
schwätzen 87
schweben 92
schweifen 27
schweigen **141**
schweißen 71
schwellen **142**
schwenken 87
schwieg, schwiegen *see*
  schweigen
schwill, schwillt *see*
  schwellen
schwimmen **143**
schwindeln 190
schwinden **144**
schwingen **145**
schwitzen 87
schwoll, schwölle *see*
  schwellen
schwömme,
  schwömmen *see*
  schwimmen

INDEX

schwor, schworen *see* schwören

schwören 146

schwüre, schwüren *see* schwören

segeln 190 (h/s)

segnen 176

sehen 147

sehnen, sich 92

sei, seien *see* sein

seid *see* sein

sein 148

senden 149

senken 87

setzen (sich) 87

seufzen 71

sichern 8

sicher+stellen 80

siedeln 190

siegen 92

sieh(e) *see* sehen

siezen 71

sind *see* sein

singen 150

sinken 151

sinnen 152

sitzen 153

sitzen+bleiben 25

soff, söffe *see* saufen

sog, söge, sogen *see* saugen

sollen 154

sorgen (sich) 92

sortieren 110

spähen 92

spalten 187

spann, spänne *see* spinnen

spannen 87

sparen 92

spaßen 71

spazieren+gehen 58

speien 155

speisen 92

spekulieren 110

spendieren 110

sperren 87

spie, spie(e)n *see* speien

spiegeln (sich) 190 (3)

spielen 92

spionieren 110

spönne, spönnen *see* spinnen

spotten 187

sprach, spräche *see* sprechen

sprang, spränge *see* springen

sprechen 157

spreizen 71

sprengen 92

sprießen 158

springen 159

sproß, sprösse *see* sprießen

sprühen 92

spucken 87

spülen 92

spüren 92

stach, stäche *see* stechen

stahl, stähle *see* stehlen

stak, stäke, staken *see* stecken

stammen 87

stand, standen *see* stehen

stank, stänke *see* stinken

starb, starben *see* sterben

starten 187

statt+finden 47

stattgefunden *see* stattfinden

stauben 92

stauen 92

staunen 92

stechen 160

stecken 161

stehen 162

stehen+bleiben 25

stehen+lassen 90

stehlen 163

steigen 164

stellen 87

stemmen 87

stempeln 190

sterben 165

steuern 8

stich, sticht *see* stechen

sticken 87

stieg, stiegen *see* steigen

stiehl, stiehlt *see* stehlen

stieß, stießen *see* stoßen

stiften 187

stillen 87

still+halten 73

stimmen 87

stinken 166

stirb, stirbt *see* sterben

stöbern 8

stocken 87

stöhnen 92

stolpern 8 (s)

stopfen 87

stoppen 87

stören 92

stoßen 167

stößt *see* stoßen

stottern 8

strahlen 92

stranden 89

strapazieren 110

streben 92

strecken 87

streicheln 190

streichen 168

streifen 27

streiken 27

streiten (sich) 169

strich, strichen *see* streichen

stricken 87

stritt, stritten *see* streiten

strömen 36

sträuben, sich 92

studieren 110
stünde, stünden *see* stehen
stürbe, stürben *see* sterben
stürmen 92
stürzen 170
subtrahieren 110
suchen 27
summen 87

tadeln 190
tanken 87
tanzen 71 (h/s)
tapezieren 110
tat, täte, taten *see* tun
tauchen 27 (h/s)
tauen 92
taufen 27
taugen 92
taumeln 190 (s)
tauschen 27
täuschen (sich) 27
teilen 92
teilgenommen *see* teilnehmen
teil+haben 185
teil+nehmen 103
telefonieren 110
ticken 87
tilgen 92
toben 92
töten 187
trachten 187
traf, träfe *see* treffen
tragen 171
trägst, trägt *see* tragen
trainieren 110
trampen 92
trank, tränke *see* trinken
transportieren 110
trat, träte, traten *see* treten
trauen (+*dat*) 92
trauern 8

träumen 92
treffen 172
treiben 173
trennen 87
treten 174
trieb, trieben *see* treiben
triff, trifft *see* treffen
trinken 175
tritt, trittst *see* treten
trocknen 176
trog, tröge, trogen *see* trügen
trösten 187
trug, trüge, trugen *see* tragen
trügen 177
tu, tue *see* tun
tun 178
turnen 92
tust, tut *see* tun

übelgenommen *see* übelnehmen
übel+nehmen 103
üben 92
überblicken 18
übergangen *see* übergehen¹
übergeben (sich) 56
übergehen¹ 58 (*)
über+gehen² 58
überholen 18
überlassen 90 (*)
über+laufen 91
überleben 18
überlegen (sich *dat*) 18
überliefern 8 (*)
übermitteln 190 (*)
übernachten 187 (*)
übernehmen 103 (*)
übernommen *see* übernehmen
überqueren 18
überraschen 18
überreden 187 (*)

überreichen 18
überschreiten 140 (*)
überschwemmen 18
übersehen 147 (*)
übersetzen¹ 18
über+setzen² 1 (h/s)
überspringen 159 (*)
übersprungen *see* überspringen
überstanden *see* überstehen
überstehen 162 (*)
übertragen 171 (*)
übertreffen 172 (*)
übertreiben 173 (*)
übertreten 174 (*)
übertrieben *see* übertreiben
übertroffen *see* übertreffen
überwiegen 199 (*)
überwinden 200 (*)
überwogen *see* überwiegen
überwunden *see* überwinden
überzeugen 18
überziehen¹ 205 (*)
über+ziehen² 205
umarmen 18
um+binden 22
um+bringen 30
um+drehen (sich) 1
umfassen 105 (*)
umgangen *see* umgehen¹
umgeben 56 (*)
umgebracht *see* umbringen
umgebunden *see* umbinden
umgegangen *see* umgehen²
umgehen¹ 58 (*)
um+gehen² 58
umgestiegen *see* umsteigen

INDEX

umgeworfen *see*
   umwerfen
umgezogen *see*
   umziehen
um+kehren 1 (h/s)
um+kippen 1 (h/s)
um+kommen 84
um+legen 1
um+leiten 187
umschreiben 138 (*)
um+sehen, sich 147
um+steigen 164
um+tauschen 1
um+wandeln 190
um+werfen 197
um+ziehen (sich) 205
unterbrechen 28 (*)
unterbreiten 187 (*)
unterbrochen *see*
   unterbrechen
unterdrücken 18
untergegangen *see*
   untergehen
unter+gehen 58
unterhalten (sich)
   73 (*)
unterlassen 90 (*)
unterlegen *see*
   unterliegen
unterliegen 96 (s)
unterrichten 187 (*)
untersagen 18
unterscheiden (sich)
   123 (*)
unterschieden *see*
   unterscheiden
unterschlagen 130
unterschreiben
   138 (*)
unterschrieben *see*
   unterschreiben
unterstellen 18
unterstützen 18
untersuchen 18
urteilen 92

verabreden (sich)
   187 (*)
verabscheuen 18
verachten 187 (*)
verändern (sich) 8
   (3) (*)
veranlassen 105 (*)
veranschaulichen 18
veranstalten 187 (*)
verantworten 187 (*)
verarbeiten 187 (*)
veräußern 8 (*)
verbergen (sich)
   16 (*)
verbessern 8 (*)
verbeten *see* verbitten
verbeugen, sich 10
verbieten 21 (*)
verbinden 22 (*)
verbitten, sich 23 (*)
verbleiben 25 (*)
verblüffen 18
verblühen 18 (s)
verborgen *see* verbergen
verboten *see* verbieten
verbracht *see* verbringen
verbrannt *see*
   verbrennen
verbrauchen 18
verbreiten 187 (*)
verbrennen (sich)
   29 (*)
verbringen 30 (*)
verbunden *see*
   verbinden
verbürgen (sich) 18
   (10)
verdammen 18
verdanken 18
verdarb, verdarben *see*
   verderben
verdauen 18
verdecken 18
verderben 179
verdeutlichen 18
verdienen 18

verdirb, verdirbt *see*
   verderben
verdoppeln 190 (*)
verdorben *see*
   verderben
verdrießen 180
verdroß, verdrösse *see*
   verdrießen
verdrossen *see*
   verdrießen
verdünnen 18
verdunsten 187 (*)
verdürbe, verdürben *see*
   verderben
verehren 18
vereinbaren 18
vereinen 18
vereinfachen 18
vereinigen (sich) 18
   (10)
vereiteln 190 (*)
verfahren, sich 43 (*)
verfallen 44 (*)
verfärben, sich 10
verfaulen 18 (s)
verfehlen 18
verfolgen 18
verfügen 18
verführen 18
vergaß, vergäße *see*
   vergessen
vergeben 56 (*)
vergehen 58 (*)
vergessen 181
vergeuden 187 (*)
vergewaltigen 18
vergiften 187 (*)
vergiß, vergißt *see*
   vergessen
vergleichen 67
verglichen *see*
   vergleichen
vergnügen, sich 10
vergrößern 8 (*)
verhaften 187 (*)
verhalten, sich 73 (*)

verhandeln 190 (*)
verhängen 74 (*)
verheiraten 187 (*)
verhindern 8 (*)
verhungern 8 (*, s)
verhüten 187 (*)
verirren, sich 10
verkaufen 18
verkehren 18
verklagen 18
verkleiden 187 (*)
verkleinern 8 (*)
verkümmern 8 (*,s)
verkünden 187 (*)
verlangen 18
verlängern 8 (*)
verlassen 90 (*)
verlaufen 91 (*)
verlegen 18
verleiden 187 (*)
verleihen 94 (*)
verleiten 187 (*)
verletzen 18
verleumden 187 (*)
verlieben, sich 10
verliehen see verleihen
verlieren 182
verloben, sich 10
verlor, verlöre see
  verlieren
verloren see verlieren
vermachen 18
vermehren (sich) 18
  (10)
vermeiden 99 (*)
vermieden see
  vermeiden
vermieten 187 (*)
vermissen 105 (*)
vermitteln 190 (*)
vermuten 187 (*)
vernachlässigen 18
vernehmen 103 (*)
vernommen see
  vernehmen
verneinen 18

vernichten 187 (*)
vernommen see
  vernehmen
veröffentlichen 18
verordnen 176 (*)
verpacken 18
verpassen 105 (*)
verpflegen 18
verpflichten (sich)
  187 (*)
verraten 109 (*)
verreisen 18 (s)
verringern 8 (*)
versagen 18
versammeln 190 (*)
versäumen 18
verschaffen (sich *dat*)
  18
verschärfen 18
verschenken 18
verschieben 127 (*)
verschlafen 129 (*)
verschlechtern (sich)
  8 (3) (*)
verschleißen 183
verschließen 133
verschlimmern (sich)
  8 (*)
verschliß, verschlissen
  see verschleißen
verschlossen see
  verschließen
verschmähen 18
verschoben see
  verschieben
verschonen 18
verschreiben 138 (*)
verschrieben see
  verschreiben
verschütten 187 (*)
verschweigen 141 (*)
verschwenden 187 (*)
verschwiegen see
  verschweigen
verschwinden 144 (*)
versehen 147 (*)

versenken 18
versetzen 18
verseuchen 18
versichern 8 (*)
versiegeln 190 (*)
versöhnen 18
versorgen 18
verspäten, sich
  187 (*)
versprechen 157 (*)
versprochen see
  versprechen
verstanden see
  verstehen
verständigen (sich) 18
  (10)
verstärken 18
verstauchen 18
verstecken 18
verstehen 162 (*)
verstopfen 18
verstoßen 167 (*)
versuchen 18
verteidigen 18
verteilen 18
vertrauen (+*dat*) 18
vertreiben 173 (*)
vertreten 174 (*)
vertrocknen 176 (*)
verübeln 190 (*)
verunglücken 18 (s)
verursachen 18
verurteilen 18
vervielfältigen 18
verwalten 187 (*)
verwandeln 190 (*)
verwechseln 190 (*)
verwehren 18
verweigern 8 (*)
verweisen 193 (*)
verwelken 18 (s)
verwenden 187 (*)
verwiesen see verweisen
verwirklichen 18
verwöhnen 18
verzehren 18

INDEX

verzeihen 184
verzichten 187 (*)
verzieh, verziehen see
  verzeihen
verzieren 18
verzögern 8 (*)
verzollen 18
verzweifeln 190 (*, s)
vollbracht see
  vollbringen
vollbringen 30 (*)
vollenden 187 (*)
voran+gehen 58
voraus+setzen 80
vorbei+gehen 58
vor+bereiten (sich)
  187 (*)
vor+beugen 1
vor+enthalten 73 (*)
vor+geben 56
vorgegangen see
  vorgehen
vor+gehen 58
vorgeworfen see
  vorwerfen
vorgezogen see
  vorziehen
vor+haben 185
vorher+sagen 80
vorher+sehen 147
vor+kommen 6
vor+legen 1
vor+lesen 95
vor+machen 206
vor+merken 1
vor+rücken 2
vor+sagen 1
vor+schlagen 130
vor+sehen (sich) 147
vor+stehen (+dat)
  162
vor+stellen (sich) 1
vor+tragen 171
vorüber+gehen 58
vor+werfen 197
vor+ziehen 205

wachen 87
wachsen 186
wächst see wachsen
wackeln 190
wagen 92
wägen 41
wählen 92
wahr+nehmen 103
wälzen (sich) 71
wand, wände, wanden
  see winden
wandeln 190 (h/s)
wandern 8 (s)
wandte, wandten see
  wenden
war, wäre, waren see
  sein
warb, warben see
  werben
warf, warfen see werfen
wärmen 92
warnen 92
warten 187
waschen (sich) 188
wäschst, wäscht see
  waschen
waten 187 (s)
weben 189
wechseln 190
wecken 87
wedeln 190
weg+gehen 58
weg+machen 206
weg+nehmen 103
weg+werfen 197
wehen 92
wehren, sich 92
weh tun (sich dat) 191
weichen 192
weigern, sich 3
weinen 92
weisen 193
weiß, weißt see wissen
weiter+kommen 84
wenden (sich) 194
werben 195

werden 196
werfen 197
wetteifern 8
wetten 187
wich, wichen see
  weichen
wickeln 190
widerlegen 18
widersetzen, sich 10
widersprechen (+dat)
  157 (*)
widerstehen (+dat)
  162 (*)
widmen 198
wiederholen 18
wieder+sehen 147
wiegen 199
wiehern 8
wies, wiesen see weisen
will, willst see wollen
wimmeln 190
winden 200
winken 87
wirb, wirbt see werben
wirbeln 190
wird see werden
wirf, wirft see werfen
wirken 87
wirst see werden
wischen 27
wissen 201
wißt see wissen
wittern 8
wob, wöbe, woben see
  weben
wog, wöge, wogen see
  wiegen
wohnen 92
wollen 202
worden see werden
wrang, wränge see
  wringen
wringen 203
wuchs, wüchse see
  wachsen
wühlen 92

wundern (sich) 8 (3)
wünschen (sich *dat*)
  204
würbe, würben *see*
  werben
wurde, würde, wurden
  see werden
würfe, würfen *see*
  werfen
würgen 92
wurzeln 190
würzen 71
wusch, wüsche *see*
  waschen
wußte, wüßte, wußten
  see wissen
wüten 187

zahlen 92
zählen 92
zähmen 92
zaubern 8
zeichnen 176
zeigen 92
zensieren 110
zerbrechen 28 (*)
zerbrochen *see*
  zerbrechen
zerdrücken 18
zerlegen 18
zerreißen 112 (*)
zerrissen *see* zerreißen
zersetzen 18
zerstören 18
zerstreuen 18
ziehen 205
zielen 92
zieren 92
zischen 27
zitieren 110
zittern 8
zog, zöge, zogen *see*
  ziehen
zögern 8
zu+bereiten 187 (*)

zu+billigen 1
zu+bringen 30
züchten 187
zucken 87
zu+decken 1
zu+drehen 1
zu+geben 56
zugebracht *see*
  zubringen
zugegangen *see* zugehen
zugegriffen *see*
  zugreifen
zu+gehen 58
zügeln 190
zugenommen *see*
  zunehmen
zugesandt *see* zusenden
zugestanden *see*
  zugestehen
zu+gestehen 162 (*)
zugewandt *see*
  zuwenden
zugewesen *see* zusein
zu+greifen 70
zu+hören 1
zu+kommen 84
zu+lassen 90
zu+machen 206
zu+muten 187
zünden 187
zu+nehmen 103
zupfen 87
zurecht+finden 47
zurecht+weisen 193
zu+reden 187
zurück+geben 56
zurück+kehren 2
zurück+kommen 84
zurück+schlagen 130
zurück+schrecken 2
zurück+setzen 1
zurück+stellen 1
zurück+zahlen 1
zurück+ziehen 205
zu+rufen 118
zu+sagen 1

zusammen+arbeiten
  187
zusammen+brechen
  28 (s)
zusammen+fassen
  105
zusammen+nehmen
  (sich) 103
zusammen+setzen 1
zusammen+stoßen
  167
zusammen+treffen
  172 (s)
zu+schauen 1
zu+sehen (+*dat*) 147
zu+sein 31
zu+senden 149
zu+stellen 1
zu+stimmen (+*dat*) 1
zu+stoßen 167
zu+trauen 1
zu+treffen 172
zu+wenden (sich) 194
zwang, zwänge *see*
  zwingen
zweifeln 190
zwingen 207
zwitschern 8